珍藏本
纪念版

汉译世界学术名著丛书

法学导论

（修订译本）

〔德〕拉德布鲁赫 著

米健 译

商务印书馆
SINCE 1897
The Commercial Press

2017年·北京

Gustav Radbruch
EINFÜHRUNG IN DIE RECHTSWISSENSCHAFT
Verlag von Quelle & Meher in Leipzig, 1929
本书根据莱比锡 Quelle & Meher 出版社 1929 年版译出

汉译世界学术名著丛书
（120 年纪念版·珍藏本）
出 版 说 明

2017 年 2 月 11 日，商务印书馆迎来 120 岁的生日。120 年前，商务印书馆前贤怀揣文化救国的理想，抱持“昌明教育，开启民智”的使命，立足本土，放眼寰宇，以出版为津梁，沟通中西，为中国、为世界提供最富智慧的思想文化成果。无论世事白云苍狗，潮流左右激荡，甚至战火硝烟弥漫，始终践行学术报国之志，无改初心。

迻译世界各国学术名著，即其一端。早在 20 世纪初年便出版《原富》《天演论》等影响至今的代表性著作，1950 年代后更致力于外国哲学和社会科学经典的译介，及至 1980 年代，辑为“汉译世界学术名著丛书”，汇涓为流，蔚为大观。丛书自 1981 年开始出版，历时三十余年，迄今已推出七百种，是我国现代出版史上规模最大、最为重要的学术翻译工程。

丛书所选之书，立场观点不囿于一派，学科领域不限于一门，皆为文明开启以来，各时代、各国家、各民族的思想与文化精粹，代表着人类已经到达过的精神境界。丛书系统译介世界学术经典，引领时代思想，为本土原创学术的发展提供丰富的文化滋养，为推动中国现代学术和现代化进程做出了突出的贡献。

为纪念商务印书馆成立120周年，我们整体推出“汉译世界学术名著丛书”120年纪念版的珍藏本，寄望既利于文化积累，又便于研读查考，同时向长期支持丛书出版的译者、编者和读者致以敬意。

两甲子后的今天，商务印书馆又站在了一个新的历史时间节点上。我们不仅要铭记先辈的身影和足迹，更须让我们的步伐充满新的时代精神。这是商务人代代相传的事业，更是与国家和民族的命运始终紧密相连的事业。我们责无旁贷，必须做好我们这代人的传承与创造，让我们的努力和成果不仅凝聚成民族文化的记忆，还能成为后来人可以接续的事业。唯此，才能不负前贤，无愧来者。

商务印书馆编辑部

2017年10月

拉德布鲁赫的生平及其思想历程

米　健

在当代法律史上，特别是法律思想史上，德国法律思想家、政治活动家和人本主义者古斯塔夫·拉德布鲁赫，已是一位举世公认的法学大师。他由哲学上的二元论出发所阐发的实证相对主义法律思想观点，不仅影响了整整一代德国法律工作者及众多青年人，而且还在世界范围内产生了相当大的影响，并促成了一个新的法学思想流派的产生。从更深刻和广阔的历史文化背景来看，拉德布鲁赫的法哲学思想并非他本人面壁冥思的产物，它有着特定的历史文化基础，换言之，它是德国，同时也是人类哲学和法律思想发展的一个环节或侧面。因此，拉德布鲁赫法哲学思想实际上是人类法律思想的一种继续和发展。在此意义上，拉德布鲁赫无疑已赢得了其历史地位。

一

拉德布鲁赫于 1878 年 11 月 21 日生于吕贝克的一个小商人家庭，他的祖上来自下萨克森吕内堡镇。从吕贝克经基尔有一条直达吕内堡的乡间小路，使得两地农人商贾有了交往之便。拉德布鲁赫的父亲是考夫曼·海因里希·拉德布鲁赫(Kaufmann Heinrich Radbruch),母亲艾玛(Emma)是一个面包师的女儿。拉德布鲁赫是父母的第三个,也是最小的孩子。他受新教的洗礼并自幼受路德新教的熏染。小学毕业后,他到了一个名叫"凯特琳中学"(Katharineum)的学校读书。1898 年他以"全优"(primus omnium)成绩中学毕业。

拉德布鲁赫的少年时代是在上述一个和谐宁静、温馨淳朴的田园乡野里度过的。在这样一种环境中,路德教的良心道德、人文主义熏陶教养和北德人的独立性格,悄然地滋润着一种可爱的乡土美德,而拉德布鲁赫正是在这样一种乡土美德的养育下成长起来的。少年时代的生活印象,对拉德布鲁赫一生思想与生活的取向和风格产生了深刻的影响,同时也造就了拉德布鲁赫那种蕴含着乡土气息的德行品质和艺术天分。当他还是一个中学生时,就已经在杂志上发表了他的第一首诗作,当时的抒情诗人卡尔·布瑟(Carl Busse)曾给了他令他颇感自豪的评价,诗人在写给他的一封信中说:"从那里可以看到天分!"青年拉德布鲁赫写的诗发表之后很久,他都没能从诗人和作家的梦中醒来。与这种诗人天赋相一致,拉德布鲁赫的思想直到他的晚年还仍然那么活跃浪漫和富有魅力,甚至比一个充满幻想的人还有过之而无不及,这种思想更多的是以榜样,而不是以纲领确定。起初,他以歌德的抒情风格来塑造自己的文风;后来,他又追随"威廉·迈斯特"(Wilhelm Meister)[①]

① 指歌德所著《威廉·迈斯特的学习时代》(*Wilhelm Meister's Apprenticeship*, 1975 年)。这部小说确立了一种教育小说的文学体裁。

那教育史诗般的风格;最后,他又将其语言表达的内涵按歌德那种包罗万象的宇宙观予以锤炼。《歌德世界观中的法律》(1940年)这篇文章证明,他曾努力地使自身的思想萌发与成果按照这位大师和哲人的指点与规划去实现,并且以其为标准来塑造自己。

1898年,为了顺从父亲的意愿,拉德布鲁赫前往慕尼黑开始学习法律。关于他对法学的选择,考夫曼先生曾在他的《拉德布鲁赫传》中有过描述。他写到,拉德布鲁赫去学习法律并不是出于他自己的爱好,而是父亲的愿望。他曾几次考虑改变学习方向,以至于他最初都没有决心将已经开始的法律学习坚持到结业。他之所以没有最终改学别的专业,主要是因为他遇到了一位好老师,一位法学大师,现代刑法学的奠基人之一——F. v. 李斯特。[1] 大概这也是拉德布鲁赫本人屡屡谈及榜样的感召力的一个原因吧。不过,作为一个年轻的法律系学生,或如他自己后来所称的"初入道的法律工作者",他在相当长的时间里都不能对法学感到得心应手,甚至有些困难;他觉得自己也许可以更容易地从事其他研究或创作。这种确切的感觉使他后来首先写了在此呈现于读者的《法学导论》,目的在于为处于职业选择阶段的未来法律工作者提供一部导论。不管怎样,当拉德布鲁赫投入了学习后,还是立即以全力去求取他感兴趣和他认为是必要的知识。当时,他除了规定的基础课程以外,还坚持不懈地去听鲁若·布伦坦诺(Lujo Bren-

① 参见考夫曼:《古斯塔夫·拉德布鲁赫——法律思想家、哲学家、社会民主主义者》,R. Piper有限公司和两合公司,1987年慕尼黑版,第38页。

tano)[1]的"科学的国民经济学"讲座。拉德布鲁赫后来在他的自传中说:"它给我后来的社会主义信念埋下了第一粒种子。"当时,布伦坦诺关于社会政策可能是经济理论的真正目的,而它必然将与自由贸易政策的自由主义要求相联系的论题,很快吸引了年轻的听众。此后直到老年,拉德布鲁赫的国民经济思想都在探索着一种以自由主义为中心的社会主义,它给予"个性文化"以生长空间,但却要与一种社会控制的,应服务于"小人物"的法治国家结合。在慕尼黑开始学习法律不长时间,拉德布鲁赫即转道去莱比锡学习法律;一年多以后,他又去了柏林。1901年,他的大学学业告一段落,旋即回到了他故乡的一个城镇实习。由于他感到自己不是那种乐于从事法律实务的人,故他未等实习结束就回到了柏林,正式投学于李斯特教授门下攻读博士。当时以李斯特为中心而形成的一个学术圈子,对拉德布鲁赫产生了很大影响。在他刚完成博士论文后,应李斯特圈内的代表之一利利恩塔尔(Karl von Liliental)教授之约,前往海德堡大学准备并顺利通过了大学授课资格的论文,题目是:《刑事行为概念》。此举决定了他一生的主要栖息和活动地是在海德堡,同时也注定了他早期法学思想与南德新康德主义的缘分。

海德堡新康德主义颇为盛行,拉德布鲁赫在此自然不免受其影响,以至于竟为他整个一生的思想演变与发展定下了基调。在海德堡,他先是任私人讲师,1910年又成为副教授。虽然他于

① 布伦坦诺(1844—1931),德国经济学家,杰出的和平主义者,坚决反对德国的军国主义政策,1927年获诺贝尔和平奖。

1903 年 12 月 6 日已被授予刑事诉讼法和法哲学的授课席位，但他最初几年仅仅讲了程序法，包括刑事诉讼法和民事诉讼法。直到 1905 年冬季，才开设了刑法和法院组织法、强制执行法、刑法改革和刑事政策的讲座，但还没有法哲学。只是在曼海姆高等商业学校，他才开设了法学导论的讲座，在此讲座基础上形成的同名著作，是他这期间最主要的教学研究成果。对他更为重要的是，在与哲学家和评论家海因里希·李伟(Heinrich Levy)的对话中，在和埃米尔·拉斯克(Emil Lask)的长期讨论中，拉德布鲁赫发现了新康德主义的思想方法。由此，他受到了康德存在与应然、现实与价值二元论及在此基础上建立的温德尔班德(Windelband)和里克特(Rickert)[①]理论的打动。早在他的教授论文完成之前，他已了解到了施塔姆勒"正当法律"的理论，这些都对他后来的思想发展产生了重要影响。1910 年，他首次发表了名为《法学导论》的法学教育大纲，至 1923 年为止的 10 多年间，这部小书就已发行了 4 万余册，并被译成俄文、波兰文、西班牙文和日文等；至今，这部书已发行了 13 版之多。1914 年，又出版了他的《法哲学大纲》；以此书为基础并予以扩充修订，1932 年又出版了后来更负盛名的《法哲学》。

1913 年 8 月底，拉德布鲁赫在苏黎世参加了倍倍尔(August

① 此处所涉及的数人均属当代德国新康德主义的哲学家。其中，温德尔班德(1848—1919)是当时西南学派，亦称海德堡学派的代表人。这一学派严格地把自然科学和历史科学区别开来，强调前者是对抽象的和普遍的规律的说明，而后者则只是对单独发生的、不重复的和具体的事实的描述。里克特(1863—1936)和拉斯克(1875—1915)所代表的是所谓的弗莱堡学派。

Bebel)[1]的葬礼。这位思想大师和社会活动家对拉德布鲁赫的人生取向或定位,具有决定性的影响。如果说他以前的思想形成过程中曾与所有社会主义的理论寻求一致,而且较早时还是一个经典马克思主义意义上的极端主义者和修正主义者,那么现在他却有了从社会法意识到实践伦理的冲动。次年 3 月,他应聘往柯尼斯堡(Königsberg)任教。但当他刚刚适应了那里的情况时,第一次世界大战爆发了。拉德布鲁赫作为志愿医务人员在"红十字"组织中服务。到了 1915 年,他开始在几个不同的东普鲁士救护队中服务。同年,他在与第一个妻子长期分居之后,与吕迪亚・申克(Lynda Schenk),一个小地产主的女儿结婚。他放弃了在柯尼斯堡的教职,在海德堡安置了新家。与此同时,他接受了军训,很快就去了前线。他参加过侦察活动和阵地战,获得过铁十字勋章和吕贝克的汉萨十字勋章,最后任营指挥部的初级参谋军官。在战争期间,他有了女儿蕾娜特(Renate)和儿子安舍尔姆(Anselm)。

1918 年 12 月,第一次世界大战结束后不久,拉德布鲁赫从前线归来,重新回到平民生活之中。他应邀前往基尔大学执教,成为刑法和法哲学教授,不久便开始重新参与社会政治活动。但加入党派所带来的局限性并未使他忘却自己的理想,相反,他还时时利用一切条件和机会将自己的想法或目标置于相应的政治纲领,即社会民主的纲领中。不仅如此,他还自视为"青年社会主义者"。他那时就已强调在所有学校开设国家公民课程的价值,而且还参与了一所"人民中学"的创办。他的教育天赋在这些活动与思想中

---

① 倍倍尔(August Bebel,1840—1913),近代德国政治家和思想家,德国社会民主党的缔造者之一,德国和欧洲工人阶级的杰出代表,在西欧社会主义史上产生过重大影响。

都得到了体现。他的政治生涯可以说是一帆风顺,但在1920年基尔发生的卡普暴乱(Kapp-Putsch)中,拉德布鲁赫曾经受了一次生死考验。他被叛乱的士兵逮捕,并一度面临死亡的威胁。在获得自由之后,他不顾个人的人身安全,努力阻止了劳工阶层已燃起的复仇情绪。最后,他解散了极具危险的企业残余组织。当时拉德布鲁赫所面对的情形是十分危险的,举措稍有失慎,不仅会给自己招来杀身之祸,还会引起不必要的群众间的流血冲突。但他终于以自制和镇静稳定了局面,妥善地解决了这次事件带来的恶果。由于他在这次事件中起到的良好作用,使他事后名声大振,从而被选为议会议员的候选人。在其党派的议会党团中,他曾试图使之摆脱《埃尔福特纲领》(Erfurt Programm)僵硬的意识形态,并将其引向一个更有弹性的、社会政治民主的、更加革命的纲领。由于拉德布鲁赫在议会法律委员会中的活动,使他的影响范围更加扩大,同时参与社会实际工作的机会也愈来愈多。作为该党派唯一在法律委员会工作的法学家,虽然他感觉不到多少亲切和友善,但他在议会的辩论中仍采取了专业人士应有的公正立场。他突出的专业能力和出色的议事表现,使他受到议会同事的称赞并且引起了政治家们的注意。从1920年到1924年,他被选为社会民主党的国会议员。1921年1月25日,在他作完了一次令人折服的讲演之后,一位议员对他说,你今天讲了司法部长要说的话。同年,他在维尔特(Wirth)[1]内阁里首次担当政府公职,任司法部长;

① 维尔特(Joseph Wirth,1879—1965),德国政治家。曾先后任国会议员(1914—1933年)、财政部长(1920年)、德国总理(1921—1922年)、占领区部长(1929—1930年)和内政部长(1930—1931年)。

1923年又出任施特雷泽曼(Stresmann)①内阁的司法部长。

最初,拉德布鲁赫被任命为普鲁士司法部长,其任务主要是组织性工作。在一次政府危机过后,使他有机会就有关司法审判的法律为立法部门作出决定。1921年他被任命为联邦司法部长。他任职后,很快赢得了同僚们对他专业能力与人格的认识和理解,而他本人也始终认为这个选择对他来说是正确的。当时,他全身心地投入到立法与社会改革的建议草案中。虽然他很少参与政治上的决定,但他却被政治对手们在传媒上经常和猛烈地加以攻击。当时最艰巨的任务是对一部民主宪法的实现创造一种实际有效的保护,而这种保护却由于政治家们一直受着死亡打击的威胁而处于危殆之中。但是,一直到1922年外交部部长拉特瑙(Rathenau)②遇刺,内阁才发布了一项由拉德布鲁赫起草的《共和国保护法》,并决定设置国家特别法院。

拉德布鲁赫以劳动法院的重组开始了他的立法活动。1921年他签署的、已准备颁行的《罚金法》,避免了大量的短时间的自由刑罚,其中有关特别预防性措施的规定曾长期公开讨论。与此同时,他还参与了《关于自由刑执行的基本原则》和《青少年法院法》

① 施特雷泽曼(Gustav Stresmann,1878—1929),德国政治家。曾先后任国会议员(1907—1912年;1914—1918年;1918—1929年)、民族自由党议会党团主席(1917年)、人民党主席(1918—1929年)、总理(1923年)和外交部长(1923—1929年)。1926年诺贝尔和平奖获得者。

② 拉特瑙(Walther Rathenau,1867—1922),德国政治家、哲学家。1921年出任维尔特政府的建设部长,次年改任外交部长。由于他主张和当时的苏联建立正常的合作与经济关系,因而触怒了一些极端主义分子,于1922年遭到暗杀。他的思想著述曾于1918年汇集成《拉特瑙全集》出版。

的法案准备工作。不过,他这一期间的主要工作是和奥地利刑法学家卡戴卡(Kadecka)共同起草《普通德意志刑法典草案》,当时曾设想将这部刑法典在德国和奥地利两个国家施行。在这部刑法典草案中,拉德布鲁赫渐渐成熟的刑法改革方案得以体现:废除死刑、监禁刑和荣誉刑等,从根本上改革刑罚制度。一个新表述的、可谴责性的罪过概念应把以社会伦理为基础的、至今从心理上规定着故意和疏忽这些罪过形式的过错规范理论引入到实践中去。对参与犯罪和犯罪竞合的简化规定,应使法官在将来摆脱传统概念法学理论的压力。他在任职期间提出的很多建议,都在后来的立法进程中得到了同仁中绝对多数的赞同并最后于立法上实现。未被接受的想法不外有两种原因:一是因为理论上过于琐碎或实践中不能执行;二是因为在今天看来多少局限于政治的片面改革意念。

德国在经过了 20 多年准备之后,终于在 1922 年 10 月将第一部刑法典草案提交到内阁。但是在 11 月,维尔特的政府因党内的分歧而垮台,它导致已经开始的改革工作中断。拉德布鲁赫回到了基尔重新执教。不过仅仅一年之后,1923 年 8 月 13 日,他就再度于施特雷泽曼的内阁中入主司法部。那是一个政治上日益不安定的时代,而尤以由于急速的货币贬值所带来的社会不安定最为严重。在这种环境下,拉德布鲁赫既不能完成其已经开始的改革工作,又不能实现其新的计划。于是,当年 11 月 2 日,他最终离开了司法部。他曾就此次离职说过,当年我第一次任部长时,在未能将已经开始的工作予以完结的情况下就不得不中途离开,的确是不无悲哀。所以这次我就很高兴解除自己的公职义务负担。此后，他先是回到基尔，后来又于 1926 年回到海德堡继续他的教书生涯。1928 年，他最后一次拒绝了司法部长职位，从此潜心学问。对他来说，一直有政治与科学两种使命间的矛盾选择，但他最终还是选择了更适合于他的科学。

在拉德布鲁赫的政治思想中充溢着社会博爱，而且并未受其社会主义的党派之见的影响。这无论是在他私人的通信或著述中，还是在他对战争的思考中，都有充分的体现。在促使他产生服兵役热情的所有动机中，最强烈的动机就是作为一个简单男人的“团结一致”，而绝不仅仅是“我去证明我的灵魂”这种道德上的义务；更不只是他父辈们的满腔爱国之情的感染、渗透及他在学校受到的国家至上和效忠国家的教育；也不只是他本身个性中所具有的勇敢或来自于人生楷模的激励及对他们的敬仰。在他早期一篇名为《法律创制的法律科学》的论文中，就已经鼓吹一种实质的政治伦理，并且在后来于军营生活之际，即 1917 年所写的，也许是最有影响和反响的论文《战争哲学论》中予以阐发。在这篇文章中，他鼓吹一种以社会伦理为基础的信念，即对政治斗争的容忍，因为他认为这种容忍的道德乃是认识民主的思想前提。他在“民主”这个词语下所理解的，不是一种针对为了国家权力而发生的党派之间的“竞赛规则”，而是一种最初与党派完全无关，但却与一个自由城市的市民阶层自我负责的原始意义相适应、后来又自觉地同瑞士和英国的模式相适应的现象，即一种社会存在的实际秩序，一种亲身经历的、不只是纸上空谈的社会状态。

拉德布鲁赫以科学的知识为政治的基础，以科学的立场来开展政治，而且还寻求以科学的方法使之变得明白和理智。他富于自我批评精神，总是随时听取别人甚至政治对手们的意见，然后在政治上尽可能予以调和。所以，他的政治成就一直与科学密切联系。因为他和很多思想家一样，始终认为科学是普通人最好的理论和实现普通人利益最为艺术的途径。

1932 年秋以后，拉德布鲁赫开始设法争取在不间断的舌战和笔战中，继续其刑法改革的工作。但是，当时整个国家开始面临的危机，终究还是迫使这项工作停顿下来。当他从意大利巴勒莫国际刑法学会的大会上返回德国时，一个政治上的突变已经发生。1933 年 4 月 20 日，拉德布鲁赫的文稿先遭受了一次抄家之劫。随后，他又于 5 月 9 日收到巴登州府的书面通知：根据已成为国家法律的 4 月 7 日的一个条令，他已被解除大学教授职位。理由是他的整个性格和他至今的政治活动，使他现在不能为毫无保留地履行对民族国家的职责提供保证。对此，拉德布鲁赫不屑一词作答。第二天，他已开始投入到另一项工作当中。此后直到 1945 年，他基本上脱离了社会公共事务，悉心致力于文化史和法学研究的工作，而这是他青年时代不得不忍痛割爱的事情。当时他曾不止一次地说过："那些人以为这样对我是以恶相加，而上帝却使之成了以善相许。"

二

长达 12 年之久的强制离职生活，使拉德布鲁赫有机会广泛地接触了文化界。他与哲学家雅斯贝斯(Jaspers)[①]、艺术学家哈特劳布(Hartlaub)、文学批评家布赫瓦尔德(Buchwald)、史学家施纳贝尔(Schnabel)和女社会政策学家包姆(Marie Baum)等建立了持久的友谊;与里夏德·胡赫(Ricard Huch)也有了频繁的思想交流。拉德布鲁赫的文化科学视角因此而愈来愈广阔,他的思想学说更富有了自己的特色。无论是他关于刑事历史法学派的研究著作,即1938年在巴塞尔出版的《刑法史》(《刑法学的优雅》),还是1945年出版的《人物与思想》,都能充分地证明这一点。这两部书是他后期的代表性著述。除此之外,还有一部关于费尔巴哈的传记。

有关刑法史的著作——《刑法学的优雅》,收入了拉德布鲁赫7篇论文;最初名为《罪恶边缘》,因为拉德布鲁赫原来的兴趣是法学范畴以外的思想领域。其中第一篇文章是《论产生于不自由立足点的刑法的起源》。它论证了已由科思林·冯·巴尔(Köslin v. Bar)和雅斯特劳(Jastrow)曾经辩护的假设,并以新的观点予以考察。第二篇论文是《行星系的刑事人类学》。它对当时尚未有过探讨的中世纪后期星占学和刑法的关系做了研究,并由此将犯罪学史置于一个新的角度下阐明。第三篇是《汉斯·巴尔东的女妖图》。这篇文章表明了拉德布鲁赫的偏好,它是一个略具象征性的

① 雅斯贝斯(Karl Jaspers,1883—1969),20世纪德国哲学家、现代存在主义的奠基人之一。1901年入海德堡大学学习法律,后到柏林、格廷根改学医学并最后回到海德堡。1921年任海德堡大学的哲学教授。他主张哲学应以人为中心,为人的自由而呐喊。1933年纳粹当政后,因其妻为犹太人而被免去教授职务,并不许他再出版任何著作。此期间与拉德布鲁赫过往较多。他一生著述甚丰,晚年主张建立一种世界哲学。其存在主义哲学思想对拉氏颇有影响。

关于社会史的艺术作品;它研究了这张女妖图对于自16世纪以来西南德审判女妖程序形成的可能(肯定不是有意识的)影响。第四篇是对《早期监狱的思想史背景》的澄清。第五篇为《彼得·根特——傻瓜和英雄》。在这篇文章中,他分析了对一个反三位一体的工匠的审判程序,这个工匠最后被判处死刑。第六篇是《伊萨克·伊瑟林论贝卡里亚》。它讨论了巴斯勒(Basler)的博爱主义思想。贝卡里亚可称是意大利的孟德斯鸠,他的思想对当时的刑法学界产生了深刻影响。第七篇是《弗兰茨·李斯特——天赋与时势》。它在自由主义和社会主义争辩的思想背景下,描绘了一幅伟大的刑法学家的肖像。从最初写这部文集的动机来说,它也许应以"愉快的历史好奇"来作最后命名。因为这些论文实际上都是由这种好奇而产生的,但它们的方法却与18世纪那种优雅的法学不无共同之处。这部书将法学、社会史和思想史的思想方法结合在一起,它不只适用于一次出现的具体情况,而且还有超越时代的历史意义,它在法律改革和法律教育上的价值并不亚于拉德布鲁赫有关法哲学的著述。

《人物与思想》(*Gestalten und Gedenken*)这种论文集,是拉德布鲁赫对自己的文学艺术体验所作的一个概括性总结。他选择了若干个人物作为不同思想特征或取向的典型来予以描述。第一个人物是西塞罗,第二个人物是米开朗基罗,第三个人物是莎士比亚。在描述莎士比亚这个人物时,拉德布鲁赫通过对《以牙还牙》这部戏剧的注解,说明了法学家在某种程度上也许有不可避免的悲剧色彩。具体地说,他在这里对一个不可解决的问题提出了自己的思考:正义的和慈悲的关系。第四个人物是约翰逊博士。拉德布鲁赫对约翰逊的兴趣在于:约翰逊身上那种地道的英国人所具有的不气馁、不放弃的幽默,使得拉德布鲁赫感受到了那种与德意志人深沉和抑郁倾向的思想方式相反的新颖之处,因而从中得到了一种惬意而自然的补充。第五个人物是杜米埃。这个艺术家以“审判官的漫画”启发了拉德布鲁赫,使他很早就具有了对法律界自我讽刺和自我批评的清醒意识。他对杜米埃那“伟大的艺术家和伟大公民”的生命统一感到惊讶,更佩服他“能超越所有法律呼唤正义,不超越所有正义呼唤仁爱”。此外,他还以《费尔巴哈——一代思想家》为题对费尔巴哈的生平与思想做了描述。他不仅为费尔巴哈那世代相传的天赋所折服,而且还对费尔巴哈家族命运的象征性意义颇感兴趣。对此,他曾在《天赋与时世》和《性格心理学的遗传》中作过深入的探讨。这本集子中的最后3篇集中描述的人物是德国一代文豪歌德。所有论文中最有说服力的是:《一种人生:歌德》(1931年)。它以一种自我教诲的、诗人常采用的诗句,表达了这样一种思想:

> 我们要抛弃不偏不倚,
> 以全部身心坚定地,
> 追求善良、美好的生活。

也是在这一时期,他已深思熟虑的一部传记《P.J.安舍尔姆·费尔巴哈——一个法学家的生平》(*Paul Johann Anselm Feurbach*),终于于1934年在维也纳出版了。在这个具有科学—艺术双重天分的奇特的刑事法学家身上,拉德布鲁赫早已认识到了他自身那种思想类型的一个近亲。去探索这种天分的原因、描绘它的影响，是他从1910年以来就一直尝试的。这部书的出版表明拉德布鲁赫文学创作的一个新阶段的开始。思想家的语言和诗人的语言似乎是有意识地被作者着力糅合在一起。如同书名那样，这部书包括了有关费尔巴哈的传略、著作史、光荣史以及他在法律思想界中的地位。他将描写与评价穿插交错，而不是旁及或依次进行。对费尔巴哈思想有成效的理解，将凭借他那富有技巧的思想阐发和介绍方法而实现。复杂的、在相互对立的不同天资和相互矛盾的各种冲动之间摇摆不定的，每个人生阶段都变化着的个性，被视作一个充满活力的整体而令人信服地被描绘出来。不是为了模仿，而是为了自我验证，拉德布鲁赫——在此仍然是从教育上看——给未来的法律专家们就其职业可能会有的最高境界，展示出一幅生命的画像。这是一幅光线更宽广、影像更深邃的画像；是一个不只出于有利的命运安排，而且还出于痛心的经历、燃眉之急的事件及不幸的生活经历；他只是经过了错误的弯路才达到了目的，并且不知道如何绕过激情的歧途。如同拉德布鲁赫所实现的那样，这个法学家的画像如此形成，以至于不仅是法律史上颇值得注意的、思想史上具有意义的，而且还存在普遍的人类的思考价值。这部书出版后(社会上当时并未特别地予以注意)打动了许多读者。它在艺术上的成就赢得了当时非常有影响的作家们的称赞，如托马斯曼和里夏德·胡赫等在给拉德布鲁赫的信中均表明了他们的祝贺和敬意。

三

拉德布鲁赫的个人生活中曾有两次极大的不幸。1939年，他正值芳龄的女儿当时正在大学学习艺术史，被一次滑雪事故夺去生命。3年后，即1942年12月26日，他应征入伍的儿子在一次战斗中身负重伤，5天后不治身亡。他的儿子原本是要继承父志学习法律的，但却因战争而失去了生命。拉德布鲁赫3年之内先后失去一女一子，这对其身心的创痛至深至重是不言而喻的。不过，拉德布鲁赫并未被这老年丧子的巨大不幸压倒。他以坚定顽强和不屈不挠的意志，从悲痛哀伤中恢复过来，克制着自己的个人内心情感，重新集中精神"清点他的思想的存在"。

1945年3月，拉德布鲁赫将其自传口述记录下来，但据拉德布鲁赫夫人回忆，他起初并未决定最后将其发表。当时他将预定中的最后一章题为："尾声——太迟"。但事实上，他后来并未给自己生命的最后一段时间以更多的叙述。不过后来在校对原稿时，他亲手将"太迟"改为"完成"。的确，在他生命的最后几年里，他凭着自己的坚韧与热情，取得了创作与教育的更多成果。

首先，他计划并很快编出了《德意志诗选集》，这是他自传式的诗歌汇编，1945年夏天就已出版。他希望能以这部诗集带给年轻学子们一些人生的体验，并使他们从中加深对生活的理解，更有成效地去实现生命的价值。这部诗集选辑了他的诗人理想般的一些诗句，将其按照以下的顺序予以编排："祖上的遗产"、"父辈们的时代"、"本身的一代"、"形式毁灭——新形式"及"现代人"；此外，他还附录了他所喜爱的，也许已变得不合时宜的三个人——尼采、格奥尔格[①]和里尔克[②]的诗句。

在法学教育方面，拉德布鲁赫起初首先是要集中精力对他多年前发表的《法学导论》予以修订，其目的是为那些“思想上有所倾向”，但基本上没有什么“改变”的“从战场上归来的大学生们”提供一本简明概括的读物。从法学教育的目的出发，他在1946年秋天又发表了一部小册子《英国法律精神》。这本书的目的是要在一个完全流动的法律状态的时代中，给那些头脑中法律意识不肯定的青年一代阐明：不成文的、确定的法院法传统（英美法的案例法传统）是何以能在民众中产生影响的，而它不断成长的法律已有了数百年的命运。

1945年9月9日，第二次世界大战刚刚结束，拉德布鲁赫就应邀出任海德堡大学法学院院长，并负责重组该法学院。拉德布鲁赫重回他久违的大学讲坛，并以全部精力投入学校日常管理和教学研究的工作中去。他重新开始教学活动，举办学术讲座，给从战俘营回来的大学生以咨询和支持。此外，他还努力尝试加强与外国学者的交流，他本人从未中断过与欧洲和欧洲以外专业人士的交流。由于有感于“二战”期间纳粹在国家名义下对人类所犯下的种种罪恶，拉德布鲁赫在一定程度上修正了他以往关于法律价

① 格奥尔格（Stefan George，1868—1933），德国抒情诗人，对19世纪德国诗歌的复兴起到了一定的促进作用。曾在巴黎、慕尼黑和柏林攻读哲学和历史，一生游历甚广。他以自己的风格形成了一个文学流派，即格奥尔格派。

② 里尔克（Rainer Maria Rilke，1875—1926），德裔奥地利作家，他对20世纪德国语言文学所作的杰出贡献为他本人赢得了世界范围内的赞誉。他和乔伊思、普各斯特、艾略特及卡夫卡等作家同为当代文学的奠基人和巨匠。

值的相对主义理论观点。1946年，他发表了一篇题为《法律的不公正和超法律的公正》的论文。这篇论文表明了他与他所代表的相对主义价值理论实现了一个小小的决裂，亦是他思想理论发展历程中的一个清楚的变化。

与拉德布鲁赫那"社会的内心关怀"历来紧密相连的仁善的需求，如今又在他所处的位置上被激发了。拉德布鲁赫的思想在晚年又产生了最后冲动。这种冲动决定了他由个性的宣告者歌德转向了博爱的忠告者冯塔纳[①]。还是在战争期间，拉德布鲁赫就已在一项研究中对冯塔纳的宗教虔诚作过探讨。有关的论文最初是考虑作为一个合作项目工作的一部分。为了此项研究，他获得了雅斯贝斯、斯普兰格(Spranger)[②]、里夏德·胡赫、玛丽安娜·韦伯(Marianne Weber)、布赫瓦尔德(Buchwald)及哈特劳布等人的合作支持。拉德布鲁赫希望，在此项研究中以怀疑者和信仰者之间的思想家及诗人为例，在不估计实在的宗教价值的情况下，能重新对宗教信仰与现代人那种不时非常紧密连接的关系予以固定和加强。对拉德布鲁赫来说，这不只是为了哲学上的固有宗教性而予以创新。他在1942年初就曾写道："我们的论题的确在于——信奉者的宗教虔诚不能以自身力量使之生存及培育发展，相反，它又必须追溯到它由以产生的、一种实在的信仰和宗教共同

① 冯塔纳(Theodor Fontane，1819—1898)，德国作家，被认为是德国现实主义小说的第一位大师。

② 斯普兰格(Eduard Spranger，1882—1963)，德国当代教育家和哲学家，威廉·狄尔泰(Wilhelm Dilthey)的学生。他研究的重心是人类文化和历史对人类道德和行为的影响。这一研究对20世纪20年代德国教育颇有影响。

体。而出于宗教虔诚,每一代人都要对它们予以新的发展。因而,我们的工作完全是以具体的宗教为取向。"在这项合作计划落空之后,拉德布鲁赫本人即在《冯塔纳怀疑与信仰之间的辩证关系》范围内进行了研究。这个诗人的信仰的怀疑和怀疑的信仰——其信仰首先是人性的信仰,其怀疑则是对绝对的每种客观化的不信仰和怀疑——与拉德布鲁赫宗教的、由博爱最终确定的感觉是一致的。

与此同时,自他与保尔·蒂利希(Paul Tillich)[①]为撰写《文化的宗教哲学》一同工作时起,他就转向了撰写《宗教的社会主义》。如今,他又重新着手这项工作,"和其他许多人一样,他曾一度对一种基督教特征的社会主义寄予希望。但是,事情的发展并未如他所愿,因而1948年他又重回到了社会民主党(SPD)老路上来"(玛丽·包姆)。他是在已确信今日的社会主义"为了给宗教意识充塞的人们提供空间,已为教条解析够了"之后,才有了这一步转变。他在告别讲演中说过,他最终公开承认自己的"天生的基督教灵魂"(anima naturalister Christiana)。他就信仰所说的最后的话是:"我们注定是基督徒。"

拉德布鲁赫重新回到大学和社会以后,在以大部分精力投入教学与各种学术活动中去的同时,仍然作为顾问从事一些社会和政治活动。对他所参与的关键性案件,他总是能宽厚和妥当地作

① 蒂利希(1886—1965),美国的德裔神学家和哲学家,原为德国宗教社会主义运动的成员,大学教授。很早就对纳粹党及希特勒提出批评,1933年纳粹上台后被迫离开德国前往美国担任神学教授。他一生关怀人类的处境,致力于人类存在意义的研究。

出裁判;无论是以报刊文章对有关问题澄清观点的方式,还是以法律鉴定的方式都是如此。然而,他长久以来抱病在身,特别是书写方面存在障碍。他曾在 1945 年说过:“局面的转变对我来说已经太迟,我只能在一个狭窄的圈子内发挥一点作用,但在任何情况下,我都不会再起一种政治作用,而只想使自己限于内心的职务,这就是科学和理论。”当然,事实上拉德布鲁赫在某种程度上仍然不可避免地发挥一定的政治作用,只不过他不再担任任何政府官职。

1948 年 7 月 13 日,他最后结束了他的教育生涯。在他 70 岁生日之际,除了荣誉、名望、感激和其他纪念之语外,他的朋友、同事和学生还献给了他一份特殊的厚礼——一份名为《文化和法哲学论刊》杂志的出版。另一件由其他朋友和知名学者准备的生日贺礼可惜没能及时发表。他的新版的《刑法学的优雅》(增加了一半篇幅)一书,还能由他本人亲手定稿。然而,上帝却没赐予他稍多一点儿时间使他将已经动笔的《犯罪学史》完成;他想为即将出版的《法哲学》第 4 版写一篇跋的愿望也未及实现。1949 年 11 月 21 日,在他 71 岁生日的傍晚,古斯塔夫·拉德布鲁赫突发心肌梗死,23 日凌晨,这位当代德国的法学大家、法律思想家和社会活动家溘然长逝。

拉德布鲁赫的长眠之所是海德堡的山顶公墓,身旁是他那不幸华年早逝的爱女,还有为纪念他阵亡的儿子的十字架。

四

在拉德布鲁赫内心最深处,他的思想生命完全是一种与诗人同源的、出于诗的传统敏感的、以诗的语言造就的思想表达的跃动。这里面所体现的不只"是一个青年人的艺术爱好",这种爱好只能启动一点儿肤浅的文化空谈,它意味着一种对聪明才智的持久倾向。在这种聪明才智中,哲学与艺术、思想与诗情是不可分割的。不对"艺术家的科学",但的确要对"作为艺术的科学"承担义务的意识,使拉德布鲁赫寻求着一种"塑造的认识"(恩吉思语,Karl Engisch)。因而,他不仅仅考虑以榜样那般的认真,而且还要以榜样那般的明了写作。从他的博士论文的第一页起,直到他最后一篇论文的语言,读者都可以愉快地感到他那优雅秀美和鲜明剔透的语言。拉德布鲁赫就是这样始终孜孜不倦地追求其思想的诗人般思考和诗人般语言。他书中的许多箴言并非是偶尔与之的妙语,他的思想是以这些箴言先已设置的指令而有规有矩地展开的。即使他在书中注释里涉及的文选也必然是服从他的论题,以提供资料上的支持。然而,无论是其法律思想的唯美主义因素,还是其文献上广征博引,都不可以被误解为顺便地适当装饰或完全是一种故作高雅。他的这种方式既非学问上的豪奢,亦非文献上的装点,而是为着更鲜明生动地传达他的思想。事实上,他在此实践了一个最佳的范例,即把语言文学的要求、恰当的写作方式和清晰的思想表达天衣无缝地成功搭配。由此发展开来,拉德布鲁赫表明了他对法哲学专业文学的拒绝,而"莱辛思想的影响"就是因为属于这种风格的文学而被渐渐淡忘。正是由于他具有那种"快活的"思想性格,所以他对于非理性时代的风尚弃之不取也就是理所当然的了。在认识拉德布鲁赫的文学风格时,我们不妨将他与他的老师冯·李斯特相比较,而且还可以看看他对自己老师文风的描述与评价(如他在本书序言中所描写的)。显然,他在很多地方继承了冯·李斯特的文风与笔法;他用来赞美自己老师的评语也恰恰是他本人历来追求的境界与格调。事实上,他不愧为冯·李斯特的得意门生,作为冯·李斯特后继之人他当之无愧,而且在一定程度上,他可以称得上是青出于蓝。

在哲学上,人们通常以两种不同和对立的方法论来对哲学思想及其相应体系予以划分,即一元论和二元论以及由二元论变化而生的多元论;前者是一种同一性哲学,而后者则是哲学上的多元主义。一元论的代表人物上古曾有巴门尼德,近现代有斯宾诺莎、莱布尼茨、谢林、叔本华,某种程度上黑格尔也属其列。他们在一种唯一的、绝对的原则基础上,阐发了一些相互对立的范畴:实然与思想、本质与精神、客观与主观、现实与理想,而最终却又回到同一性并因此要求人们圆滑、规矩的成长为已足。而二元论则与此完全相反,在信念的基础上指出了观念与现象、信仰与知识、意识与外界、理智与情感、义务与兴趣、实然与应然等相反相成、独立存在的本质对立的范畴,从而使之需要科学上的清晰区分和界限。在哲学史上,二元论的代表人物在古代有柏拉图,然后又有奥康姆(Ockham)、笛卡尔、康德、柏格森(Bergson)和克拉各斯(Klages)等。就此划分而言,拉德布鲁赫显然属于其中的二元论者。以其哲学思想的基本特征为依据,人们称其为相对主义法学的代表。

拉德布鲁赫思想理论内容十分丰富,不可能在此完全展开介绍。但是他的核心思想集中反映在他的二律背反的思想方式。根据他的这种思想方法,法权要想成为法权,必须以特定的法律观念为取向,而这种法律观念通常包括三个方面的特征:首先是作为平等原则的正义。根据这一原则，平等与不平等要一视同仁；它是绝对有效的，但却只是形式上的。于是乎，又有了其次的合目的性，或共同福祉正义。这一原则或特征是有具体内容的，但却只是相对的。因为在个人主义、超个人主义和人际主义之间的法律价值，是不能完全科学地判断的。这样，第三个要素又成为必要的了，此即所谓法律安全，换言之，就是能对法权内容作出权威性判断的权力或力量。对于这三种价值之间相互对立的关系，拉德布鲁赫从没有视之为固定不变，而是始终视之为变化运动的。因此，在不同的历史时期或历史条件下，会有不同的重心，于是他在不同价值的基础上设置不同的重心，也就不足为奇了。

拉德布鲁赫一生著述颇丰，但为他赢得了世界范围内声誉的是他在 1910 年发表的《法学导论》和 1932 年发表的《法哲学》这两部名著。其中 1910 年的《法学导论》是在《法哲学》之外最负盛名、最有影响的著作，它奠定了拉德布鲁赫在法律思想界和哲学界的地位。他的学术思想和成就以这部书为标志达到了一个新的、至今尚无人取而代之的高度，而且也以此开始了他学术生命的新阶段。后来又取得了巨大成功的《法哲学》，实际很大程度上是在《法学导论》中第一章“法律”的基础上发展而来。在《法学导论》这部篇幅不算很大的著作中，拉德布鲁赫以简练优雅的文笔和深邃敏锐的思路，对法律思想的基本问题做了独到的探索与阐述，并且又在此基础上对主要法律部门的一般问题做了不落俗套、独具境界的研究。在这部著作中，他首次比较系统地阐述了其独树一帜的关于法律价值相对性的相对主义思想，尽管这种思想受到不少学者的非议，而且他本人在晚年也在一定程度上予以修正，但它毕竟是一种想摆脱以前各种思想观点和思考方法束缚的尝试，旨在从一个新的角度去思考和说明法律本身的内在价值——公平正义的真正意义，其中包括主观和客观的、现象和事实的、个人的和超个人的及社会的和超人的（人际的）意义。正是基于他的这种相对主义价值观念，使得他早年曾在某些方面对自然法思想予以否认，认为这不过是一个古老的"世界史心计"。这种思想方法上的"心计"掩盖了其事实上的谬误，而且是"一个可以想象的、富有成果的谬误"。在1932年《法哲学》一书中，他曾论及"自然法的不可能性"及其"谬误"。在他看来，自然法的目的在于想把将要"使之生效的法律冒充为已经生效，把想使之失效的法律冒充为已经失效"。于是，从古希腊斯多葛学派以来不断丰富发展的自然法思想及永恒理念就被拉德布鲁赫当作一种哲学的谎言或咒语而在一定程度上予以否定了。此外，他还认为人们通过法律所强调的"平等"，实际上体现着一种"法律的盲目性"，它反映了法律的一般性本质。具体地说，它是以法律这种手段或形式，把处于"正义之盲"（Binde der Justitia）中的人和事物的最终个性加以一般化规范，而事实上，它既不现实也不可能。"所以，正义不可避免地成为对财富和生活的丰富多彩强加的一种东西。"但是，事实上，拉德布鲁赫从来没有对自然法加以一概否定。1932年他在《法哲学》中曾同样谈道："没有起码的自然法，法哲学就根本不可能：一个实证的法哲学为了其效用恰恰也需要一个超实证的、即自然法的立场。"而在他的晚年，他对自然法及相应理论的态度更是显然有了转变。在1946年至1947年冬季学期的法哲学讲座中，他指出要想回答超法律的公正这个问题，应重新对被人们遗忘多年的"自然法思想"

予以思考。1946年他在海德堡大学法学院战后复院典礼上曾非常明确地说过:“我们必须重新思考人权,这是超越所有法律,以自然法为基础的权利;自然法不赋予敌视正义的法律以任何效力。”在他逝世前不久,他还认为“存在着一个基督教的自然法”。一般说来,拉德布鲁赫对自然法的承认主要是人的主观法权,即权利,它先于国家法律而存在,但却不可作为实在法予以适用。

但是无论如何,我们不能否认法律实证主义在他的学说中留下的烙印,他从没有为了一种空洞的自然法思想而牺牲作为法律观念组成部分的法律安全。如果要问拉德布鲁赫的思想究竟是自然法的理性居先,还是实证法的安全为主,整体上说无疑是实证主义的色彩更浓一些。事实上他早年对自然法的认识角度和判断,成了不少学者对他思想观点进行批判的依据。可以说,他早年因为出于实然与应然、事实与理性的相对主义论,导致了他对自然法多少有些绝对的看法。为此,其思想的理性和说服力曾蒙受了一定损失。

当然,他的这些思想倾向和思想方法绝不是偶然的,而是有着深刻的思想根源或哲学基础。如前所述,这首先是由于他一开始就受到了德国南部盛行一时的新康德主义思想的影响。实际上,《法学导论》中的“合目的性”观念就来源于康德的思想。康德的《实践理性批判》充分地表达了其有关自由的思想、人的道德原则在本质上不应该使人感到有外力的束缚,而应该是使他自愿地由自己向自己发出的具有普通立法作用的行为标准。康德认为,在世界之中,甚至在这世界之外,一般地,除了善的意志之外,不可能设想一个无条件的善的东西。而善的意志就是理性的意志。因此，如果理性正确地将客观存在规定为意志，那我们就会选择善；反之，意志则可能不是完全的理性，而意志也不是客观合理的意志。因此，理性在意志中的实现是有限的。在康德看来，每个人都知道，至少潜在地知道自身即善的意志的概念。所以我们只需阐明，在我们对行为的道德评价中我们给它以首要地位。他的这种观点给予拉德布鲁赫以很大影响，后者有关道德的论述不时会闪现前者的影子。拉德布鲁赫认为，道德实际是理性的表现，而法律在一定程度上则是有限的理性。道德的实质特征在于它只知道义务，不知道请求；只知道责任，不知道何以有责任。然而问题在于，每一项法律都以其纯粹存在而实现着道德上的目的。在一般情况下，正义只是一种道德上的价值，合法性亦然，即使是一项非正义的法律。但非正义的法律并非没有目的，法律在无视正义的情况下实际已经以其具有强制力的效用实现了一种目的，即所谓的"法律安全"。那么，在因此而发生的价值冲突中，哪种价值更为重要或主要呢？是法律的安全，抑或法律的正义？人们不能就此作出一个普遍适用的判断。在拉德布鲁赫晚年，由于他痛苦地经历了纳粹的法西斯统治和第二次世界大战给德国和世界人民所带来的灾难，并且又继续面临着战后的各种现实问题，故能够更深刻地认识自然法思想所体现的永恒正义理念及其作为实在法思想基础的必要。

应该指出的是，除了康德等唯心或唯物主义思想家对拉德布鲁赫的影响之外，历史唯物主义的思想家也曾对他产生过影响，如马克思和恩格斯的历史唯物主义以及在此基础上阐发的社会主义思想。当然，我们也不能忘记，马克思主义本身也曾受到新康德主义的影响。不管怎样,拉德布鲁赫在一定程度上肯定了马克思主义的历史唯物主义,并把它作为一种可以汲取的思想源泉和可以效仿的思想方法。他认为社会主义纲领首先是一种社会和经济纲领,其次才是一种政治纲领。所以,他长期未能对纯粹出于政治纲领的各种国家观予以考察。在他看来,社会主义之初的政治基调完全是个人主义的,体现在意识形态方面,则与个人主义的自由主义没有太大的分别。而社会主义对人们许诺的,其实也正是自由主义对人们许诺,但却从来没有实现过的同一种自由。但是他又认为:"卡尔·马克思和弗里德里希·恩格斯创立的唯物主义历史观,即社会主义纲领的理论基础,教会了我们理解法权观念变换的原因或至少一种原因。事实上,占主导地位的法权观念每每不过是阶级斗争中各种关系的表达,而且与经济变革和最新技术成果的那些不以人的意志为转移的效果相适应。"与此略有区别,他又说:"法律并不是一种能让社会关系随意塞进去的形式,而是不可抗拒地接受这种素材的形式。立法者可能对于社会的发展无法驾驭,但他确实能使之较容易、较迅速地形成,即'加速时代的分娩阵痛'。"

还在基尔大学任教的时候,拉德布鲁赫曾以3年的时间写出了两篇有关法哲学的论文(1923/24年),进一步阐述了三重法律观念的悖论。这时,他开始形成了这样一种思想,即每一种应然规范(Sollennorm),假使它要对其规范的存在负担义务,那就必须是有秩序的。因此,他拒绝了规范的唯形式规定,并开始研究法律中观念价值性和实际存在性相互渗透的事实。对法律制度构成法律价值的现实所作的考察,教会他对任何政治观点都加以容忍。他在这种思路上走得如此之远,以至于他对出于义务感的违反法律——信仰犯罪，也在社会伦理方面予以承认。与他的纯粹“信念伦理”模式相近，紧接着又有了他最喜爱的口头语：“我所爱的，即不可能追求的。”不过后来（1947 年）他本人又就此说过：“任何情况下，都不能推崇法律政策的格言。”他曾在新的刑法草案中对信仰犯的特殊处分做了预见，但却忽视了——很快就对将来的现实形成了威胁——这样一种危险，即削弱宪法的道德权威，因而给他的政治对手创造了在公众舆论面前的一种道德上的开脱。

1926 年年底，拉德布鲁赫在海德堡做了题为《法律中的人》的首次讲演。在这篇讲演中，他强调了政治上的自我教育。对作为立法理想的人的规定性和本质，他有不同的理解，而且还使他在此思路上进一步加深了他的“相对主义”基本观念：由于可能的文化理想的有限性，所有法权都是有局限的，但在此还只限于人类社会学的类型。于是，他由此勾画出一种思想发展的线索：从为了共同体人的共同意识的法律开始，经过个别立法者为了臆想的毫无关系的个人制定的法律，一直到近现代的作为有组织共同体成员的“集体人”的法律。这一现代法律发展的确定认识，促进了民主与社会主义日益增长的融合。因为自由主义承认和保障的那种具体个别的权利地位，在民主主义思想中均转变成义务地位，特别是所有权向着所有权人的义务的转变（如《魏玛宪法》所规定的）。同样，选举权同时也必须是一种选举义务。当民主将“法律”首先作为社会学的秩序构造，为了有政治、经济、社会烙印的团体的国家力量理解时，它们已经转化成为社会国家的同志合作社构造的法律了。

拉德布鲁赫因此而获得了更高的声望。他开始致力于另一项工作：阐明民主社会主义精神中的社会民主的理论基础。这在他

1932年再版的《法哲学大纲》中也有一定程度的反映。这时他已年届53岁，但作为“德意志法学家代表团成员”、“国际刑事法学会理事”、“柏林科学院院士”、“布鲁赫扎尔刑法学会顾问”等，他仍像以前那样投身于刑法改革各方面的尖锐斗争中。他依然宣扬着自己的哲学信念，并尽力与现实政治相结合，最终将其从教育上加以实现。

拉德布鲁赫的《法哲学》同样也受到许多质疑。因为这部书中所采用的方法及其表明的观点，与任何一种旨在构成与德意志理想主义思想家相衔接的体系的要求都相去甚远，并且也因此与当时的德意志法哲学颇有距离。

哲学的判断越是显得对一个“体系”有义务，则它对于拉德布鲁赫的影响就越不足道；他既不想使自己与任何一个学派相连接，也不想自成一家或将既有的对立学派折中地加以调和。如同在法学家自身存在中察觉到的，法律的材料与形式、实质与功能、概念与观念范畴之间的辩证关系，也同样存在于“法律现实”、“法律目的”和“法律效应”范畴之间。他想通过指出法律价值的不可扬弃的二律背反而予以防止的是，这些关系由于矛盾的对立、识别的化解、一致的调和及中立的隔离而不是被否认，就是被破坏。与狄尔泰（Dilthey）[①]的生命哲学相似，拉德布鲁赫思维取向于法律的“生

① 狄尔泰（Wilhelm Dilthey，1833—1911），德国哲学家。对当代哲学和文化历史有杰出的贡献。他反对人文科学受自然科学的影响，主张应有人文科学本身固有的研究方法，建立一种在人类自身的历史进程中，按照历史进程的偶然性和可变性来理解人的人生哲学。他从文化的角度确立了历史研究的新方法，从而对文学研究产生了较大的影响。

命类型”(斯普兰格语),不是取向抽象的先在性,而是取向于具体的现实性。他的这种看法与那些同时代的具有感人风格的法哲学观点——阶段性理想主义——大不相同。它避免了使法哲学只作为法学的奴婢,并对法哲学提出了如此的任务:坚持不懈地对那些表面上毫无问题的法学意识给予质疑和震动。

恰恰是在上述基础上,拉德布鲁赫常常追寻被误解的主题语“相对主义”。这种相对主义提醒人们放弃寻求最终的、唯一的、先见的答案。尤其是这些答案经常说出些惊人的不期之语,而现在的人们很少能对此提出问题。这种“实证的”相对主义(Baratta语)并不意味着一种绝对“不可知主义”的冷漠沉寂,而是对执着于宽容探讨的推动。这种探讨包含着每一种可能性并使每一种观点都言无不尽。这是一种法学的乐观主义,但又是盲目寄托于社会生活中的形式法律力量之上的、批判地防止的乐观主义。于是他建立了“法律价值的二律背反”。对法哲学的传动结构来说,它就像钟摆结构一样不平静,从而对法哲学产生了持续反复的自我检查的推动;它需要不断更新其基础思想,故它总是需要新的思考以充实其基础。拉德布鲁赫认为,每个人只有当其出于对社会的关怀和本身的道德责任而感到内疚时,才可能成为法学家;只有这样一种永久的自我忧虑和不安,才可能获得另一种内心的平静。

要想做到宽容和自谦,法哲学思想应在明智地放弃唯我独尊的同时,也能够明智地自我判断。拉德布鲁赫并没有忘记,这种思想是以那种理性主义的信仰,即黑夜中存在的、人们称之为启蒙的东西为前提的。就我们已经谈到的“相对主义”而言,拉德布鲁赫似乎将其作为自身经历的,表面受到理性哲学纲领影响的哲学。

它局限于几何精神的层面，然而又对超验主义敞开心扉，不鄙夷终极的精神(Baratta)。他也清楚地知道那种以形象的数学语言所作比喻的道理："被理智相除的世界，并不能完整地除尽。"

拉德布鲁赫的《法哲学导论》对于1932年法哲学讨论中存在的问题做了揭露，并且还对他的认识基础进一步给出了说明，这在法律教育方面起到了独特的作用。这部书是一种对法律思想的熟悉，同时也是一部对法律思想怀疑的思考的导论。它的这种功能直到今天还依然如故。它的方法使人们免遭主观的自我迷失和没有传统的怀疑，而这种怀疑没有对以往思想家的连续性予以重视。它拒绝了形式主义的自以为是的构想，而这种构想未能认识到法律现实存在的悖论及与此相应的基本问题的永恒性。他厌恶所有"科学的"绝对(在此是公正)和判断的固执己见，避免先入之见的盲目信仰。它不止一次地警告人们注意防止关于法律实在的那种杂糅的、彻底的"误科学化"倾向，这种误科学化的确会改变和堵塞走向无限性的通道，即对不公正作出公正的判断。

不过，拉德布鲁赫所说的这种无限性，只能在教义上实现，只能在理论上被了解和认识。他当时相信自己已取得了认识个别的人的全部东西，而事实上可能只是一种法律判断所依据的前提条件。然而认识并不预先，亦从来没有减少这种无限性。拉德布鲁赫并非没有对这种判断的宗教基础作过观察。但他当时对宗教领域的接触只是边缘；对宗教领域中的无限性，他只是依稀感觉到，而且还是将信将疑。实际上在经历了战争之后，他曾在1919年尝试对《法律的宗教哲学》予以说明，而且在此还发现了其价值哲学的第四范畴。他把这个范围作为"放弃价值的"范畴与价值盲目的、价值估计的以及与价值相关的范畴辩证地，而不是相互矛盾地相对提出，并在此基础上去思考。在这个范畴的法律理论应用中，他将对法律的、自然的、伦理的和哲学的理解与其现实的宗教经历区别开来。宗教的和世俗的法律依据之间存在如此清晰的界限（在此他显然和索姆[Sohm]拒绝宗教法相一致），从而使得在纯思想领域中发生了一个相互的转换。它是为一种宗教哲学方式的认识而存在的，因而也具有被法哲学接受的理由。虽然拉德布鲁赫从来没有误解基督教存在的神学实质特征：再生和慈悲，但他究竟还离法律神学相去甚远，因而不可能发现在宗教意义上认识法律的立场。

拉德布鲁赫于1922年发表的著作《社会主义文化论》被认为是一部以世俗倾向而写的具有宗教教义意味的书。作者本人认为这部书和后来发表的《法哲学》一样，都是对一些问题长期思考后而自然形成的总结性的著述。它尝试着将社会主义世界观作为一种人类文化改革的根据予以描述。他从歌德的思想中引申出："称之为下层社会的民众，在上帝面前却是至尊的人们。"所以，"应是一个社会整体组织中一部分的，就应是将来人类的规定所在"。他认为，社会主义文化国家是实现歌德预言的唯一可能。日益增长的机器工业将毁灭和阻碍现代人类的个人伦理的实质。拉德布鲁赫总是倾向于信仰人类的理性，故他在此想将一种社会主义的共同体文化思想作为必要的文化教育而予以合理化。不过，他在这方面对康德的接近要胜似对歌德的接近。但不管如何，拉德布鲁赫以此从社会主义的目的论上升到"文化论"，从政治纲领上升到哲学的"世界观"。

从纳粹上台到第二次世界大战结束，拉德布鲁赫有了十多年的时间潜心于科学探讨与研究。通过对德意志法律生活几次重大转变的观察——先是对国家社会主义，然后是对占领军力量；通过与雅斯贝斯存在主义哲学的接触和对纳粹迫害教皇的印象，拉德布鲁赫获得了新的思想启示和动力。在此基础上，他对自然法、事物本质及事实公正做了比以前更深入的思考。他晚年的一些著述，如《五分钟法哲学》(1945 年)这本小书、他的论文《法律的不公正和超法律的公正》(1946 年)、整理过的讲义《法哲学入门》(1948 年)，以及《法律思想形式的事物本质》(1948 年)等，均在法哲学思想上取得了非常丰富和新颖的成果。在这些成果中，有一个显然不可忽视的变化，即拉德布鲁赫明显地开始倾向于自然法思想。许多学者认为这是拉德布鲁赫法哲学思想的一个根本转变。从拉氏以往的思想学说发展看，不能否认这个转变的重要意义，但能否据此说拉氏已从此完全放弃了他的相对主义论呢？事实上，拉德布鲁赫转向自然法，既不意味着完全放弃他的相对主义，也不意味着自然法给他先前以价值和现实、应然和存在二元主义为出发点的法哲学思想引入了新的思想。此外，更不是对他在 1924 年就已明确的思想成分“事物本质”予以放弃(斯托腾贝格，Stoltzenburg)；即使是相对法律保障和功利目的的事实公正价值，也已经在他 1926 年那篇《实在伦理基础上的共和义务论》中形成了。

为了更好地理解拉德布鲁赫法律思想的继续与发展及其早期与后来的某些区别的辩证统一，应从三个方面着眼：拉德布鲁赫本人的理解；他的批评者的误解；已经证明是其实证相对主义意义上的人道或人本主义的存在基础。

拉德布鲁赫本人认为，他的生命和思想统一的实质生长基础是“传统”。他曾是一个完完全全承认传统的人，虽然他经常不得不被迫与时代的同仁们所坚持的传统背道而驰。他作为作家所要表明和确信的，作为教师所要宣讲的，作为政治家要注入社会生活的思想传统，是古典的人本主义的传统。希腊的哲学和拉丁法学，希腊化罗马时代的人本主义的混合体，是他思想与行为持续的内在动力。这种动力将他的人性博爱与整个社会、思想史联系在一起，并使之具有了自己的特色。直到晚年，他仍在尝试着从人权史中给予超法律的公正以内容上的充实。当然，这已多少不同于他早年那种有些绝对色彩的相对主义了。从这里我们可以看到，拉德布鲁赫本人也是强调传统的，但他所强调的传统不是通常人们所津津乐道的那种民族传统；相反，他是超越了民族的人性或人本的传统，它是一种思想理念或精神文化的传统，是所有民族和人民的个别传统当中都或多或少地存在的一般抽象化传统。因此，这个传统不同于萨维尼所鼓吹的以民族为载体的历史文化传统；进一步说，它要体现的不是一个民族的“民族精神”，而是人性或人本的人类精神。于是，拉德布鲁赫对法律起源和法律内容的认识就当然地与历史法学派相冲突，而他对历史法学派本身也基本持否定态度。他指出，由体现民族精神的习惯法到体现国家理性的制定法的发展，不过是由不自觉、由本能到意识、由直觉到理智、由“共同体”到“社会”这个持续历史进程中的部分现象。因而，民族精神只能解释法律的部分内容或现象，但绝不能概括说明法律的全部。他以德国自身中世纪对罗马法的继受为例，说明了法律超越民族局限的必然性，并且认为这种继受乃实现了一个史无前例的历史进程，是“一个伟大的民族为了一个外国的、异国语言的、千年之久的法典而放弃了他的祖国的法律”。就拉德布鲁赫看待接受外国法律的角度而言，其思想境界显然是高于历史法学派的。在有几千年历史文化传统的中国，在传统观念根深蒂固、梦回萦绕的土地上，我们如何看待西方法律文化，如何超越民族与传统的局限去考察和接受它们，从而取他山之石攻我之玉？对此，拉德布鲁赫的思想境界及其对历史法学派的批判，足可为我们借鉴。

出于人性的目的，拉德布鲁赫还树立了他的理性主义。他在理性中看到了一种“人性的存在”(ens humanum)。对他来讲，理性就是“博爱的理智”，他在其他场合所评价的“明亮的理智信念”。不过他当然明白，这实际上只是对一种坚定的目的理性主义负担义务，这种理性主义寄希望于人类善良的实现，并为此去凭借教育的力量(在中学亦然)。实际教学的必要性，促使拉德布鲁赫对实然与应然的盘错结构做了方法论上的考察。在此前提下，当他意识到法律观念的实际规定性，并以此摆脱了形式上的新康德主义时，他就已经要超越法律实在与法律应然的分离了。有鉴于歌德的“现实的思想就是理想”的思想原则，他的思想当时开始转入了一个新的，后来与雅斯贝斯的哲学相吻合的方向。在他转向存在主义并因之发展自己的思想时，他的“实证相对主义”和理性的人本主义变成了一种更加“开放和广阔”的思想立场。这种立场实际上没有阻止他表明意见和个人的判断，既没有妨碍他在政治空间中精力充沛地活动，也没有搁浅他那教书育人的愿望。但是它却防止了一种以僵硬的模式和狭隘的定义为基础和依据去作出仓促草率的结论或判断。他遵循着歌德的规则：“不要一开始就完全否认一个事物。”他所具有的，自我放弃而实现历史的转变，不自我否认而面向思想潮流的能力，的确促使他在1914、1933、1945年实现了三次转变，但却没有一次偏离已选定的方向。

因为拉德布鲁赫自认为是正确的，故出于对自身及其问题的忠诚，他有意识地与异体思想保持适当距离。为了不使自己于“问题”中被“状况”所迷惑，他勇于逆流而上，即使他从没“出格”。但在谈到问题时，他从来都是有意识地谈及状况。这种“实际的”感觉并不与他对事物本质的理解相矛盾，而是与这方面工作的直觉相一致的。客观的公正意识与主观的法律理想，始终和他柏拉图之恋式地依依不舍，为了在一种唯一的内心主观“立场”中去发现伦理的满足，他从来不是一个地道的康德主义者。在1914年以前，他的以伦理说教为取向的思想针对法学的文字迷信和削弱义务的享乐欲望，曾强调过形式上的良心和义务伦理。但1933年以后，在他的法哲学手本中注明的句子是：“法律的观念是正义，而不是合目的性。”1945年以后，他又进一步明确了这样的思想，即“为了针对国家的任意专断，针对蔑视法律的权力意志，要强调天赋神授的道德戒条的超法律的公正”。显而易见，这与他早期每每强调的法的合目的性，已有很大的区别。就此而言，拉德布鲁赫的思想的确是有阶段性的明确转变。

五

如同我们前面已经谈到的，拉德布鲁赫的思想和其他许多思想观点一样，很自然地在得到广泛赞誉的同时，也面对一些不同的评价和尖锐的批评。这些批评常常是以世界观的对立为基础，它们将拉德布鲁赫的思想缩窄在几种时髦的公式范围内，如系统相对主义、唯物实证主义、启蒙理性主义。1933年以前，对其思想的这种简单化曾达到十分严重的程度。1945年以后，这种简单化又一次达到顶点。在政治意识形态的刻板僵化很大程度上一并发生作用的情况下，这种片面的理解更走到极端，不过同时也有哲学术语上的歪曲问题。所以，拉德布鲁赫在社会学家那里获得的理解，常常比在法律理论家那里所获得的理解要多些。

尽管对拉德布鲁赫法律思想的批评是多方面的，但将主要的批评予以概括，就可以知道它们大体是认为拉德布鲁赫犯了“三个基本”错误——批判主义的歪曲、辩证主义的错误认识及先验主义的抛弃，所以他的理论是不能成立的。各种批评将其思想理论的来源明确地归诸他在大学时期所受新康德主义和黑格尔主义的影响。他们错误地理解了拉德布鲁赫的关怀所在，这种关怀完全不取决于那种与德意志理想主义传统形式上的确定连接。经院哲学的思想公式的确在某种程度上与他的思想发生过方法上的联系，但却从未使他因此而受束缚。

他想在法哲学中防范任何一种政治的、文化的、宗教的，或者也是哲学的来源的绝对化地位，因而他只看到了相对主义的正义。他想排斥法律科学中每一种权威专制的和片面的设置目的，因而他只发现了实证主义的法律安全。他想揭露法哲学中所有模糊不清的，其最终目的掩盖着的伪学术风格——因而他只强调了作为“合目的性”基础的理性主义。他想拨开“造成矛盾的真实判断的每一种非理性雾霭”。在此，他承认这类判断始终只能在个别情况下发生，而不是与人的“存在”信念密切相连。不过他还断定，判断的确定性——“灾难性的、自相矛盾的压力”（弗里茨·洛·希普尔）——事物的选择，既不为这种存在局限，也不为这种存在取消。

最后，关于拉德布鲁赫的整个思想体系，我们可以通过对他的三个主题词的理解及对他所说“事物”的基础的进一步反思，予以概括的说明。

第一个是“价值的悖论”（Paradoxie der Werte）。它使拉德布鲁赫在他的否定中表明他的思想；在这种否定之中，它必须否认、防范及避免那些不属于其思想本质的东西。因为在他看来，生命本身就具有“悖论”的色彩。

在法哲学领域，价值的悖论构成了相对主义的理论。如此一来，它的固有目标就自然成了破灭和揭露关于人性文化的惯常谎言。当它效力于科学思想的荣誉和纯洁时，我们称之为“价值自由”，但不是那种“无谓的工作”意义上的价值自由；与此相反，它还可在伦理上进一步展开，即通过“美德喜剧”（Tugendkomödie）的贬值（虚无化：Nihilisierung）为真正的伦理道德开拓自由之路。当相对主义将晚期唯心主义的现象公正撕破之后，实际上它也为一种新的事实公正赢得了一席之地。

于是，从价值同位转向超越法律安全与合目的性的上位价值——公正——的可能，就在相对主义自身中实现了，但这种可能性的实现不会使相对主义无法容纳。因此，当这种三元素整体（公正、安全性和合目的性）中的一部分先取得了一种功能性的地位时，各部分原则上的价值等同性并不因之取消；相反，由于相对主义的“公正”本身着力强调的恰恰总是那种相对于另一种价值的价值，而这另一种价值往往由于实际历史的“状况”而受到被排挤的威胁。所以，早在1914年前后（在受专制统治的司法国家中），就产生了对所有三个自相矛盾的法律价值平均分配重心的需要，因为这与当时那种社会“状况”相适应。恰恰因为如此，1922年前后的“状况”又促使（为了社会的法治国家缘故）他强调法律的合目的性。1932年，由于集权化倾向威胁着福利国家，故首先要强调法律的安全。然而1933年，必须要将公正作为重心。因为形式上的“合法性”，掩盖着实际的不公正。最后，1945年则要防止将来重新产生一种没有司法的权力国家。

由于现实存在的束缚力要比任何一种理想可能产生的束缚力更为厉害，所以拉德布鲁赫从未想在同时代同仁的唯心主义老生常谈中发现任何克服“法律可疑性”的途径。相反，在价值悖论观点的基础上，他早就认识到绝对价值立足点的轻率局限，以及所有从这种价值引申出来的法律意识观念的不相联系性。他的相对主义正是要使自身理论避免这种情况，因而它不是要成为认识的目的，而的确是要指明达到这个目的的必由之路。对于拉德布鲁赫来说，相对主义不过是一个通道或过道，是一种克服所谓原则和教条，从理论上概括社会生活及法律生活“世界观”的途径，由此前往，可望达到一个更客观、更真实、更具公正性的境界。拉德布鲁赫对他那个时代的历史—社会学类型和人类学的人类形象进行哲学的透析，不是为了证明它们，而是为了通过它们需求的相对化来提出问题，表明它们的局限。相对主义对他来说远不只是一种逻辑方法和社会学标准，他将相对主义理解为“灵魂的历程”。它的成果恰恰就是对价值悖论的考察和由此悖论而生的法律的二律背反，这就迫使他不得不将其“也在法哲学中予以澄清”。可这只能是导致揭示和说明各种基本情形，故拉德布鲁赫可以有根据地说，他的科学思想或许是思想活动，只能在攻击的命题和防卫的反命题间的讨论中实现，它们是要告诉人们“如何”，而不是“何为”超越法律的哲学探讨。

拉德布鲁赫思想的第二个主题词可表述为“客观理性”，它表明了拉德布鲁赫所采取的基本立场的思想本质——表明保留自我发展的开放以及自我激励。在法哲学领域中，这种途径由理性的实证主义（方法论的二元主义）出发到一种行为，即“社会事物所要求的东西”（马克斯·韦伯）的现实伦理。特别是 1935 年以后，当拉德布鲁赫获得了英国法的切身体验时，他将这种法律中的客观理性问题理解为幸福论和伦理的生活态度的统一问题。在此，他同样感同身受的是他以“事物本质”这种概念形式所进行的推想。实际上，拉德布鲁赫早已，而且还颇深入地接触到一些问题，这些问题后来通过新的努力，因发现了一种法律本体论而变得颇有意义。

第三个主题词是他晚年的思想成果，即无信仰的信仰。拉德布鲁赫是在与宗教没有关系的情况下成长的（玛丽·包姆），而且自完成了他视之为社会习惯的形式化行为的坚信礼后，就没有再参与宗教活动。基督教的乡镇经历对他是陌生的。虽然基督教现实是可以感觉到的，但他却不能在他致力于法律宗教哲学的努力中走近基督教的现实。无论如何，他还是在他的《法哲学》中为宗教的“放弃价值的”精神保留了其固有的空间。他那种科学地讨论神学问题的能力，很早就被他的唯心主义对手们否认了。

拉德布鲁赫潜在的宗教虔诚经历了1933年以后的许许多多事件后得到加强。然而这种常常被说成是向新托马斯主义自然法的转变,并不是根本的变化,它与拉德布鲁赫早年有关“事物”的思想有着真实的连续性。当他感到政治独裁的阴影时,他还产生过皈依宗教的念头——对天主教信仰和崇拜的美好理解,从他的学生时代就有了。他的人文主义思想自发地从路德教的“独一天恩”转回到“人之天伦”,于是又转向作为现实社会义务完美化身的客观自然法。不过,拉德布鲁赫恰恰想把这种朝着自然神学的转变与教会教义在狭隘的意义上保持距离。在“无信仰的信仰”中,他生活得如同一个基督教的隐行者,一个上帝面前的独行者。

只有对拉德布鲁赫思想的存在及他那“上帝之爱”的基础,以及他那仅以一种语言实现的博爱的光芒予以全面考察,才能理解他那种悖论在实质上的统一,并把使其自相矛盾的法律思想纳入正确思路,进而将其作为真实的法律实在的辩证法去认识和推重。他的相对主义最终表明了所有人类法律,当然是具体的法律设置的暂时性。在他揭示了法律以绝对设置的意识形态而自以为正当之时,其法哲学思想就成了一种任何时候都不可不听的醒世之言,而在对正义本质和内容的说明中又不得不给其一席之地。他提醒每个法律思想家在遇到问题时坚忍不拔,不要静观其变,不要遽下断言和无视其他,要始终前进在希望途中;他还告诉人们一种不再谈论真实正义的科学,他慈悲为怀,似乎是能更好地说明正义范畴的认识与知识,能使所有人类的正义得以升华并趋于完美。

拉德布鲁赫从他内心深处的社会关怀出发,运用独特的、不落俗套的思想方法,本着他所确认的事实或实在的公正信念,循着人道或人性的理念思路，为了揭示法律的真实正义所在，先是否认了法律价值的绝对性，否认了超越法律而存在的抽象或永恒正义的理念；后来又重新把自己的思想靠拢了自然法上的永恒正义理念。这种正义理念是人类本身生来就具备，但由于社会和历史发展阶段与条件的局限，又不必然时时处处都能表现出来的；但人们毕竟可以渴望和要求它、宣扬和实践它，并且锲而不舍地创造一切条件去最大程度或最终去实现它。当拉德布鲁赫晚年获得了这种认识时，他实际上是完成了自己关于正义思考的一个思想过程。在他的思想历程中，虽然不无偏差失误，但他从未迷失自己的方向；相反，他愈来愈接近自己的目标。他不仅给人们留下了一种思想方法和自己独到的法律观念，而且还给人们树立了一个具有坚定信念和博爱胸怀的思想家榜样。

目　　录

考夫曼中译本序言

当古斯塔夫·拉德布鲁赫的《法学导论》于1910年第一次问世时，他在前言中写到，他写此书的意图在于：他写的这本书，恰恰是他自己作为一个未来法律人喜欢读但却又没有的书，即人们有理由期待的一部入门导论，一部法律科学的学说。但拉德布鲁赫的这部法律科学的学说是以如此自谦的笔法写成，从而使其读者，特别是年轻的读者，一点儿都不会感到自己所面对的是一部"学说"。此外，这部独一无二的著作的奥秘还在于，无数的法律人对其职业的乐趣，甚至其科学上的最初阅读，都可以从中得到良多裨益。

《法学导论》是拉德布鲁赫《法哲学》之外最负盛名、最有成就的一部著作，它多次再版并有数种文字的译本，享有世界声誉。如何来解释这种成就呢？主要有两个原因：

第一个原因在于拉德布鲁赫理论的内容。当我们这个世纪中的大多数法哲学家和法律理论家醉心于形式上的理论如法律概念和规范结构时，拉德布鲁赫却是最先发展了法哲学实质内容的法哲学家之一。其中，拉德布鲁赫同样也面对了东亚的法律思想。拉德布鲁赫所探讨的问题是中国、朝鲜、日本等国寄托的所谓信仰，所谓"事物本质"* 的思想形式，它在某种程度上是人们在中国

* 事物本质(Natur der Sache)，哲学上的基本范畴之一。又可按其字面理解为"物

哲学中以“礼”而予以阐述的思想。

《法学导论》取得其成就的第二个原因是拉德布鲁赫颇受称赞的语言。这并非是他不能从概念方面思考，他不仅不为概念和抽象的思维所羁绊，而且还使既有的概念重新面对实际。这是一种类型学和分析学的思维，比起那种现今大多数法学家著作所采用的形式抽象语言，它恰恰更适合于东亚人。

拉德布鲁赫《法学导论》已写成差不多90多年了。拉德布鲁赫在世时最后一版是1929年的第7/8版，读者面前这部中译本即依据该版。实际上，在拉德布鲁赫去世后（1949年）仍有5次重版，是由汉堡的康拉德·茨威格特所主持的。不过，茨威格特根据时代所进行的增订，大多是有关德国实在法的内容；对于中国读者来说，它几乎没有什么意义。另一方面，第7/8版已进一步演绎了实在法，并探讨了法律工作中通常会出现的问题。因此，这一版绝不只具有历史意义，而且还直接与现今的法律人相关——尤其是每个内心深处具有正义感的法律人。

在此意义上，我祝愿拉德布鲁赫这部书的中译本能在中国获得友好的接受。

阿图尔·考夫曼*

1993年6月于慕尼黑

之自然”、“物之规律”。所以，考夫曼在此将其与中国文化中的“自然”和“礼”相提并论。——译者注

* 阿图尔·考夫曼（Arthur Kaufmann，1923—2001），拉德布鲁赫的学生，德国著名法学家。1952—1957年曾为德国卡尔斯鲁厄（Karlsruhe）州法院法官。1960年起任萨尔布吕肯大学的刑法、刑事诉讼法与法哲学教授。1970年起于慕尼黑大学执教，曾任该大学刑法研究所所长、法学院院长。现为慕尼黑大学法哲学暨法律信息研究所所长，拜因州科学院和国外一些科学院的院士并获得国外多项名誉博士称号。——译者注

布劳恩修译版序

差不多45年前，那时我还是一个20岁的年轻人，就被古斯塔夫·拉德布鲁赫深深吸引了，以至于我放弃了那时已有的一切职业计划并作出了一个决定：学习法律。我在海德堡开始了我的大学法律学习，这是拉德布鲁赫教授和学者生涯最后所在之地，而且始终能让人感受到拉德布鲁赫高度赞扬的那种人文主义学者精神的氛围。如果今天我可以为拉德布鲁赫《法学导论》的中译本说几句作为导言的话，我只能说这是一种命运的仁慈赐予，它将我的职业生涯从一开始就与《法学导论》联系在一起，而且越来越紧密。正是这部《法学导论》让年轻的我投向了法律学习，尽管后来拉德布鲁赫的《法哲学》对我来说有着更大的意义，但毕竟是其《法学导论》的深刻影响为我展现了法学的天地，而且令我产生了一个愿望，即在一个世事颇多变迁的时代去维护从这本书中所能感受到的那种人文精神。

众多读者从这本书中感觉和领悟到的特别之处是什么？如果我们就此问题将拉德布鲁赫的这本著作和现今许多其他作者的著作相比较，我们首先会发现，现今的作者绝大多数把有关专业考试和职业实践的目标作为主要目的。他们努力要达到的目的，就是要给读者描绘出一个法律秩序的缩影而已，就是要用法律规范给读者准备一个技术上的适当范围。而拉德布鲁赫的著作则毫无此念，超越甚远！虽然，拉德布鲁赫这部著作的阐释也覆盖了私法、刑法、行政法等不同领域，而且还涉及法学方法论的思考，但他并非只是陈述别人所说的或法律所规定的东西，而是从一个站在特定事物之上的人（Mann）的角度，并且以人（Mann）的经验来阐述问题，因为他在生命的其他知识领域同样也是颇有造诣。在这方面，并不是所有的法学家都能够做得到。实际上，大多数人都会因其职业的日常工作而受到局限。但是，如同孟德斯鸠一样，拉德布鲁赫却探讨着“法律的精神”，即探讨着究竟是什么把不同的法律领域和各种各样的文化生活领域联系起来。虽然拉德布鲁赫曾是相对主义法学的代表人物，但法权对他来说并不简单地是各个立法者的产品，而是一种文化现象，一种深深植根于一个国家及其时代的内在构成的文化现象。所有这些，都在他的笔下得到了表达，尤其是在其《法学导论》使用的文献资料中。

不过，这部著作的独到之处还可见之于其他方面。就是说，它还从其他角度超越了实证法，并且以并不明显的方式含括了拉德布鲁赫法哲学的一个引论。以此方法，他涉猎到了一个并非对所有法学家都会有相关影响的思考对象。因为对一个法律实务者来说，法哲学能够对解决法律人在日常工作当中亟待解决的问题而有所贡献吗？拉德布鲁赫的著述，并没有想要能对这种偏见予以驳斥。相反，他非常温和地阐明了一种前提，所有法律人其实都会心照不宣地从这个前提出发去思考问题，根本不会去对这个前提的意义和影响而徒费苦心，这就是：实然和应然的区别，它们两者之间在方法论上不可逾越的鸿沟以及在这两者中的法权实际根源。在此，康德的哲学起着导向作用，拉德布鲁赫以一种新康德主义的表现形式把康德哲学融进自己的思想之中。黑格尔哲学式微之后，康德哲学在相当长的时间里没有对德国法学院产生任何影响，直到施塔姆勒才成功地使之起死回生，但施塔姆勒的形式主义从长远来看却没有什么成就。在此情况下，拉德布鲁赫所运用的一种方法较为幸运，使他获得了独到的成就。

如果人们问为什么？那么回答只能是这样的：因为他不仅仅只是在水晶世界中，而且还在现实的，即在历史、经济和政治的世界中把握和解释哲学概念。与其他许多康德派学者的著述相反，拉德布鲁赫的理论阐释是具有现实内容的，它们不排除真实的世界，而是接受这个真实的世界。稍微了解一点儿19世纪法律科学文献的人都知道，拉德布鲁赫从耶林那里汲取了多少思想养料。拉德布鲁赫不仅从耶林那里借用了法律目的论思想，而且还受到耶林的贴近实际思想方法的影响。耶林首先对大量的法权先在形式，如风俗、习惯、惯例和礼仪等等，详细深入地做了考察研究，而拉德布鲁赫利用了这种方法和成就，从而为入道伊始的法律人从经验出发来阐释法权，而对于后者来说，这些经验从其他各个关联方面来看，长久以来都是可以信赖的。在某种程度上，他教会这些年轻的法律人以一个法律人的眼睛来观察世界。因为对于每一个想要观察世界的法律人来说，法律科学必须给其提供的最深刻认识，完全在于他们自身的成长。

著作有其命运和时代。拉德布鲁赫的《法学导论》有其幸运的命运，但其固有的时代已经过去。拉德布鲁赫的思想受制约于良好教育的市民社会，他把这种市民作为其思考著述的前提和受众。

他的许多曾经被读者群中每个读者心领神会的暗示，在今天的德国，在这部著作产生的土地之上将不会再那么容易为许多大学生所理解。然而，这部书所具有的价值完全没有因此而丢失；因为它确立了一些尺度，这些尺度即使是在变化了的时代，也仍然可以据以思考和行动。如果我在此确实可以指出的话，这些尺度还可以用于另外一个国度。优秀的著作对于那些有能力认识和理解的人来说就是知识的使者。这些著作就像是已经投送出去的、寄予无限希望的浮瓶信件，* 有些人已经收到它们，有些人则正是这些信件将要送达的人。但不管怎样，学术著作一再出现的情形不过如此而已。我在半个多世纪前就已经收到了这个信件，我肯定，中文译本的出版也将在茫茫的读书人海中发现它的收件人，这些收件人同样也会理解这封来自于遥远国度的信件中所包含的思想与认识，而且会将其与自身的知识与思想融为一体。通过这种方式，未来人类的不同人群将会保持着这样一种状态：他们虽然互不相识，但却因为同样一种精神而心有灵犀。

约翰·布劳恩(Johann Braun)

2009年9月，帕骚

---

* 浮瓶信件(Flaschposten)，即大海中航行遇险时用瓶子装入信件然后投入海中，由其自然漂浮以期有人偶然发现。这是一种航海人用之久远的传达信息的方法。——译者注

前 言

以在曼海姆高等商业学校的讲义为基础发展而成的这部书，将用来完成下面一项任务：即在“普通教育”（allgemeine Bildung）* 的范围内最终也为法学赢得一席之地。因此，它不是要提供法学的一个轮廓，而恰恰是要提供法学的一部导论：它要把法律从更使我们感兴趣、更接近我们内心深处的知识和思想领域引向法律科学的入口，并使之与国家观、世界观和生活观等彼此关联。作者以为，他的这项任务最好同时也能为那些正处于职业选择学习中的未来法律人服务，其实，这些人恰恰是作者心目中最愿意视为读者的人。作者努力来写的这部书，恰恰是他 30 年前就想要读的书。严谨有限的文献注释应该如此理解：它们想要给未来的法律人指明的是在法学领域中并不十分缺乏的有关阅读书籍和纪念文集，而不是在其他地方总可获得的学习或教学书目。同样还应

* 拉德布鲁赫此处所说的“allgemeine Bildung”和美国人所说的“general education”，和我们现在中文的“通识教育”是有所不同的。现在常常谈论的“通识教育”实际上是从美国人的教育思想和方法而来，它只是在 19 世纪 40 年代以后才逐步形成。如果不能确认美国人的这种思想和方法是来自于欧洲或拉德布鲁赫的话，那么就不好把它简单地译作已经是概念性的“通识教育”。至于“allgemeine Bildung”和“genetal education”之间是否有历史和思想上的联系，两者是否一致，则确实可以作为一个问题予以探讨。——译者注

该理解的是，作者想要在这个新版本中尝试着将年轻的法律人引向那些最尖锐的相互对立的观点——永久的也是每天的对立。但是“时代的需求”要求多方面的变化，所以，在一位我非常尊敬的朋友的建议和帮助下，本书新加入了“商法”一章，对“刑法”一章则予以全面修订，在某些具体问题上也作出了大量的更正和补充，特别是在“国际法”一章。

本书的上一版作者尚可呈示于弗兰茨·冯·李斯特（Franz von Liszt）* 的病榻之前，而眼下这个新版本却只能奉以纪念他了。其实这也正符合此书的主题，即借助于渴求法学大师的庇护，唤起人们对法学的热情。这样，还是在法学的门口，一位法学大师的形象就能向年轻的法律修道士们致意，并且激励其后继之人。

“火光”，这是对李斯特性格最好的比喻：火是一种秉性，但这并不是那种刻画事物影影绰绰歪曲影像的冲动和暧昧的秉性；光，意指头脑冷静的理性，但却并非那种似乎抹杀生命的、没有灵魂的、现实幽灵一般的、月光一样惨白和冷漠的理性。

在弗兰茨·冯·李斯特那里，18 世纪的思想，即启蒙主义的思想还曾获得生动的形象。这个榜样足以给那些对文明史上最丰富多产的时代妄加诽谤之徒、对那些浑噩生活的蒙昧无知者、对那些不自觉的歌功颂德者以及那些想借机浑水摸鱼者以无言的批判。

* 弗兰茨·冯·李斯特（Franz von Liszt，1851—1919），德国法学家，社会刑事法学派的奠基人。主张有目的地对犯罪对象和原因进行经验研究，根据刑事案件的个别性进行判断，并以教育、改造和安全作为刑罚的目的。具体可参见本书第六章的论述。——译者注

他喜欢漂亮整齐的对照法，干净分明的划分以及不加雕琢的流行词语。他喜欢建筑学上系统构造的清晰柱式序列。他是一个有秩序的人，用我们具有精辟双重意义的话来说，他是一个“快乐”(aufgeräumt)*的精灵。因为秩序意味着解放，明亮就意味着开朗。弗兰茨·冯·李斯特是我们德国人中为数不多的、知道克服困难精灵而去思考的人之一。如同歌德说过的那样，所有的东西对我们来说都是困难的，而我们又将超越一切困难。李斯特以其开朗的理智去理解困难并在光中化解困难。

没有人能像李斯特那样以其文笔来鲜明地表达其个性，亦没有任何文笔能够与他那明快优雅、清楚利落的笔法相媲美！

开朗的理智就是迅达于言而敏捷于行。但我们不妨把那种受到阻碍的少言寡语，那种委婉的谨言慎断之美归结为一种保守的乡土艺术。对我们来说，了解李斯特的目的在于对其迸发的活力予以颂扬。从只有在黑暗中才安适自如的事物中，理性和生命铸造了一种对立——恰似我们生命的理性并非就是最有生命力的部分，恰似本能与感觉不只是光明生活那阳光普照到来之前的朦胧晨曦。

所以，李斯特的学问就是这样，通过光明走向光明，通过开朗达到开朗，通过行动实现行动，是对愚蠢的满怀信心的斗争，的确是一种愉快的学问。对他来说，对真实的如此追求甚于所追求的

* 德文“aufgeräumt”一词的含义是“愉快的、快乐的”，这个形容词实际从动词aufräumen(整理、清理)的分词“aufgeräumt”而来，该词有“整理、清理”之意。作者用此词似乎具有双重含义，与其将李斯特描述为“有秩序而又快乐的人”相一致。——译者注

真实，以至于不止一次地，即使是自己的成果也不能阻止他保持进行新追求的兴趣。从来没有其他人像李斯特这样如此从理如流，如此不僵化刻板。对他来说，治学犹如在真实的论坛前进行的一场永不终止的、公开的和言辞的审判——生动活跃的讨论，令人激情不已的意外情节，始终更新的并需要不断采取新立场的各种新情况。因为诉讼境况而使辩护人和检察官之间的对立一时扣人心弦地尖锐化，难道辩护人就要对检察官怒言相加吗？即使是在最尖锐的争论之后，李斯特也能如此迅速地与对手和解。任何人都不能像他那样在具体案件的争辩中将人与事完全地分开，所以他是最好的、最有忍耐力的导师。不论他的弟子与他，以及他的弟子们之间相距有多远，这位大师终究可以使他们所有人与自己，同时还使他们彼此之间持久地结合成一个有个性的共同体，即“李斯特学派”（Lisztschen Schule）。他留下了众多在精神思想方面感激和追随他的后来人。

至此，我们说说弗兰茨·冯·李斯特充满仁爱的心地。传统的道德理论培养了他过于敏锐的智慧与个性分离开来，培养了他太乐于赞美的那种单纯心灵的善良。事实上，仁爱的最完美境界仅可在最高的智慧那里才能获得。李斯特的仁爱与其明快的理性有着内在联系，而这种理性是他的个性的核心。作为他的对立面，他所看到的只是蠢行，而没有看到恶行，即任何地方都不能改邪归正的恶毒和任何时候都能予以驳斥的谬误。由此又有了他理性信仰的乐观主义；由此便有了他的刑事政策的基本理论：教化思想；由此更有了他在世界大战期间对更好、更健全的国际法那不可动摇的信念。

值得注意的是在德意志精神生活中，莱辛风格的分量是薄弱的。而当德意志法学在莱辛精神影响下正要登场之时，浪漫主义法学派却使其发展过程中断了差不多 100 年。在庆祝弗兰茨·冯·李斯特 60 岁诞辰之际，刑法学大家安瑟尔姆·冯·费尔巴哈的一张发黄的名片被转交给了他，* 上面有这样的题词：

火光，你就像我！
在被照耀的高空里
你百年来闪烁致意，
这是知己的寄托。

拉德布鲁赫

1929 年 5 月于海德堡

* 安瑟尔姆·费尔巴哈（Anselm von Feuerbach，1775—1833），德国刑法学家，1813 年《拜因刑法典》起草人，德国刑法理论的奠基人及心理威慑理论的维护者。拉德布鲁赫很崇拜费尔巴哈，以至于成了收藏费尔巴哈文化遗产的收藏家。这张名片就是拉德布鲁赫的收藏品之一，并在弗兰茨·冯·李斯特 60 岁生日时呈献给了他。这首小诗也是拉德布鲁赫在名片上写就的。——译者注

第一章　法权*

所有秩序，无论是我们在混沌的客观存在中发现的，还是我们致力于促成的，都可以从法律（Recht）引申出它们的名称：正像我们所谈论的自然法则（Naturgesetz）、道德（Sittlichkeit）** 与习惯（Sitten）法则、逻辑与美学法则。不过，在所有这些法则中，其实也就是我们对世界的整个认识中那最初意义上的法则，即法律法则应占有什么样的地位呢？

“所有人必然要死亡”和“你不应杀人”，这个例子向我们阐明了两种不同的法则——必然法则和应然法则——的区别。前者是

* 德文 Recht 的翻译的确是个难题。本书最初译作“法律”。但是现在看来，这种译法没有完整地传达原文的思想内涵。不仅如此，这样还很容易和另外一个也被译作“法律”的德文词 Gesetz 发生混淆。从语源上讲，Recht 来自于拉丁文的 jus，和法文 droit、意大利文 diritto、葡萄牙文 direito 等一样，其基本内涵都包含有法律、权利这两个层面的意义。所以，此次修订，将本章标题改译为“法权”。但在正文中，为了因循中文表达的习惯，一般情况下仍然译作“法律”。德文“Gesetz”在此章被译作“法则”，此后大多译作“制定法”。但同样也是因循中文的表达习惯，个别场合也译作“法律”。读者可以根据上下文予以区分。——译者注

** Sittlichkeit 这个概念的翻译很费斟酌，就德文而言，它应该有道德、伦理、美德或品德的内涵。在本书中，拉氏采用此词有时确实指向“伦理”，但译者最终选取了“道德”这个可能更容易为中文读者理解的一般性概念。因为若采用“伦理”，有时候会较为复杂难解，而且可能难以和拉氏同时也采用的“ethisch”区分。或许，这也是译者未能克服的“文化间隙”之一吧。——译者注

要说明事物不可避免地将要实现，后者则是要尽可能安排事物不要实现；前者因为与客观存在的实际性相一致而发生作用，后者则并不以与客观存在的实际性相一致为必要而发生作用；前者刻画出客观现实世界的大体面貌，后者则表明了一个较好世界的建设方案。至于须将法律法则归于这两类法则中的哪一种，任何人都不会犹豫不定。

人类灵魂的每一种基本活动都适用一种特定的应然法则：有关思维的正确性、实际性、科学性的法则是逻辑；有关正确的形式、艺术和美感体验的法则由美学体现；至于规定我们的意愿和行为的伦理上的应然法则有三种：道德、习惯和法律。这三者分别提供了善良的、应有的和公正的行为准则。在历史上，这三者中首先产生的是习惯，然后才由习惯中分化出了法律，最后又分化出道德。与此种历史顺序相对应的，是一种对客观实际愈来愈分明的背离，一种理想与现实之间日益增加的张力。习惯规则（Sittenvorschrift）依然绝对地有着现实的特征：它要求，至今仍然发生的、作为传统的东西，也应于将来发生；所有人都在做的、大家约定俗成 13
的，你也应该去做。它崇尚守旧的势力，普通之人就是它的理想之人，而且正常就是它的标准。因此，另外两种对既存事物之敬畏比较少的法则类型便指摘习惯，认为习惯之下有如此之多的规则是不公正的、不道德的，甚至是“恶习”。

法律规则（Rechtssatz）在其最初的表现形式中，它和现实背离的程度并不比习惯规则远：因为恰恰是习惯法将合规性（Regelmäßige）上升为合法性（Rechtsmäßige）。然而，除了习惯之外，这时又出现了第二位的新的法律渊源，即制定法（Gesetz）。

制定法并不表达传统，而是人类的意志，而意志又可以任意地赞同抑或否定传统。于是，在法律规则中，应然便率先开始从既有事物的束缚中解脱了出来。

自此之后，立法者就可以把其需求按照其意志付诸每一项法律内容——但法律只能在其毫不脱离民众生活实际的情况下才能实现其效力，否则民众生活就会拒绝服从它。一项法律只有在它所适用的绝大多数案件中都能切实可行时，才会“产生效力”。因为就法律而言，法律实质上并不仅仅是欲然和应然，而且还是民众生活中一种实际有效的力量。因而，法律的具体创新基本上只是要尽其所能地作出这样一些规定，即它们在没有附加任何其他影响的情况下，发展了与人民生活现实紧密相关的习惯。用马克思主义理论的话说，法律将只构成社会现实的“上层建筑”。

只有在道德领域，应然才完全不依赖于现实。“你们因之应该完美，就如同你们在天之主一样完美”，[*]这一戒条因基督教伦理而“发生效用”，[**]尽管还从未有人履行过它。然而，即使它是不可履行的，亦足以作为基督教良知上的义务而存在。而且还超越于这现实世界的基础，超越于良知的灵魂实际，进而也超越了这末日俗世而上升为了道德。因此，当我们并不再解除“没良心者”的道
14 德义务时，当我们把真正的道德上的义务向“迷乱的良心”提出时，我们实际上就已经承认了，道德的“发生效用”并不取决于该道德

* 《圣经·新约全书》，马太福音第5章第48节。——译者注

** 作者在此用了一般场合下涉及法律的“发生效用”(gilt)一词，而其所指的却是基督教的伦理，故以引号突出强调和区别，以表明法律适用与道德适用的区别。此外，还因为这个词在哲学上是一个具有特定意义的概念。——译者注

是否已经深入某个人的良知。道德将发生效用，即使无人知晓它，甚至无从知晓它。美德(Moral)和道德一样，即使没有表现在人类行为中，但却事实上存活于人类的良知中，与此相反，习惯法则是在没有任何超越于真实世界之上自由摆动支持的情况下发生的。虽然习惯法则意识的变迁可能依赖于历史—社会关系的事实，但是在追求效力方面，它却摆脱了现实规定的每一个限制。同样的情况也再现于应然的其他领域：真实即使披盖着永远不可认识的面纱而依然未被科学所承认，也会当然地发生效用。以粗糙的俗世材料制成美好理想的印章并用它作出不甚真切的拓印，这丝毫无损这种美好的理想。

如果说习惯法则是一种纯粹的、完全脱离了现实世界的应然，那么习惯、法律和美德则包含于现实性中。它们是一种欲然，不过却是意在说明一种应然的欲然。道德是一种地地道道的应然，而习惯、法律和美德只有在其为欲然之旨时，即因社会、国家和良知而使然时，方得为一种应然。作为理想法则，我们给自然法则提出了那些纯粹应然的法则，但是这些欲然的应然法则是与作为文化法则的欲然的应然法则相对立的。因为，我们在我们的意愿、知识和情感方面凭着理想所接受的习惯、法律、美德和科学、艺术直至(此处不可能详尽列举的)宗教，构成了我们的文化。这是俗世与天国的中间王国，即人类在存在的自然王国和渴望的理想王国之间追求和造就的中间王国；亦即我们在自然的清白无辜的平静和理想的庄严的平静之间，为之奋斗和实现的，充满责任、充满渴望、完全不平静的和不断充满希望与信仰的世界。因而，我们便将法律作为一种文化现象，作为人类的杰作，它既带有尘世的重负，也具有天堂的引力。但是,即使道德和习惯也是我们意愿和行为的文化法则,如今也应该和法律区分开来。

我们至今依然熟悉这样的话,通过这些话我们可以发现,在我们生存的那个文化时代,美德已从习惯和法律中分离了出来。“你们听到了,我对你们的祖先说过:你们不可以杀人,杀人的人法官要判其有罪。而我告诉你们:对他的兄弟动怒的人法官要判其有罪。你们听到了,我对你们的祖先说过:你们不应该通奸。而我告诉你们:盯着一个女人并动淫念者,就是已经在其心里行奸之人。”* 我们可以把这句话中设定的美德和法律之间的区别用概括的话予以表达,即法律的外在性和道德的内在性。** 相对于这种伪善的、仅考虑特定行为的作为或者不作为的“正义”,*** 道德则对人提出了观念上的要求,例如,相对于法律规范——你不可杀人,则有道德规范——你不应怨恨。这个固有的道德主宰的领域乃人类的精神。康德说,在这个世界上,除了善意之外,没有任何东西能够没有限制地被视为善。**** 与此相反,外在的行为似乎只能付诸于法律的判断,如同法谚所说:“不能因思想而绞死任何人。”但进一步的考察却表明,内心的活动对于法律而言绝非没有意义。

* 《圣经・新约全书》,马太福音第5章第21、22、27节。——译者注

** 但是需要注意的是,拉德布鲁赫认为这只是个不准确的表述,他认为法律的外在性和道德的内在性的区分仅在有限的意义上是正确的。参见下文的论述,特别是参见拉德布鲁赫:《法哲学》,第五章(1932年版),载《拉德布鲁赫全集》,第二卷。——译者注

*** 德文“Gerechtigkeit”有“公正”、“正义”、“公道”等含义,译文按中文的习惯视具体场合而取其相应的译意。——译者注

**** 康德:“道德形而上学原理”,载普鲁士王国科学院主编:《康德全集》,第4卷,1903年版,第393页。原文全句是“在世界之中,甚至在世界之外,除了善良意志之外,根本不可能设想任何无条件能够被认为是善的东西”。——译者注

人们不仅根据外部行为的思想根源种类而对外部行为本身作出颇为不同的判断，例如故意的情况就严重于单纯过失的场合；而且在某些不常见的情况下，法律后果其实仅仅与纯粹的内在构成要件相关联，例如对于青年人“思想健康”(des geistigen Wohls)危险的教养，采取措施的原因仅在于其思想的内在性，而外部要件则仅仅具有证据的意义。这样，根据进步的刑法学学说，犯罪行为仅仅是对犯罪的识别基础、可罚性的象征——尽管是不可免除的，而刑罚的存在依据却是通过犯罪行为所揭示的罪犯的社会危害性。如果人们想借此划定法律的适用范围，则法律的外在性区分特征就并非特别的合适。但是如果人们想用以表明法律判断的利益指向，则其结果就是肯定的。美德仅仅与思想意识有关；与此相反，法律尽管也观察人的思想意识，但仅把它看作外部行为的可能根源，例如法律之所以对犯罪行为所揭示的犯罪人敌视社会的意念感兴趣，这是因为通过它可以预测进一步的犯罪。16

此外，就像意念只有当其作为将来行为的根源时才具有法律上的重要性，同样，如果要求法律对某一行为的判断只是以一种意念宣示为标准，并不考虑它产生怎样的效果而仅仅是它意味着什么，如作为“爱情的证明”或“友情的证明”，那么仅仅根据该行为本身也同样不能获得一个法律上的判断。因此，对于有些实质并不表现于外在的行为，而是存在于内在意念之中的关系，法律是无能为力的，诸如此类的有和上帝的关系、和爱人的关系以及和朋友的关系。因而，要废止对异教和叛教的惩罚；因而，为了婚姻权或“自由爱情”就要斗争。根据最初的基督教观点，人类相互间的总体生活是这样一种大的仁爱共同体，在这个共同体中，外在的表面行为尚无很分明的本身价值，更多的恰恰是在其中体现为“仁爱”的价值。但当法律一直都只是以其一瞥片面之见就把富有生命力的人类灵魂视为行为的从属根源，唯有行为才具法律上的重要意义时，它就偏离了思想与行为的必要一致。法律及其代表人的实质和罪孽就是相信“或许存在某些关系，在这些关系中人和人之间可以没有仁爱地彼此交往，可这类关系是不存在的”。[*] 因此，在列夫·托尔斯泰（Leo Tolstoi）那里，出于极端的基督教信仰，产生了无政府主义的最高尚形式，即由于法律利益指向的没有灵魂的外在性而诅咒每一项法律。

然而，判断方式的外在性还进一步和利益指向的外在性相适应。一种行为表面上和美德相适应并不意味着它就是具有美德的（Moralische），只有当它也内在地与美德相适应，亦即当出于对美德法则（Moralgesetz）的尊重，即由于良心的缘故、出于义务感并符合义务要求时才是美德的。美德性（Moralität）以行为人自愿
17 使其行为服从法律为前提。而就“合法性”而言，只要后来的判断者认定其行为合法就够了。如果某种行为的动机不是出于对法律的敬畏，而是出于对刑罚的畏惧，出于人们的廉耻或无论其他什么，则这一外在的合法行为同样也合法地存在。不仅如此，即使是该行为是因外在的强迫而发生时也不例外。美德是非强制性的，故纵然是义务履行，也不可以强加以义务感。与此相反，法律则可以强制予以实现。法律可以通过外在的行为得到满足，是因为一

[*] 列夫·托尔斯泰：《复活》，第二部，第 40 章，载《列夫·托尔斯泰著作》，第 44 卷，1958 年版，第 464 页。原文是，“人类相信存在着这样的情况，在这种情况中人和人之间没有爱就能够交往；但是这样的情况是不存在的”。——译者注

个人的法律义务不外乎是另一个人法律请求的标的，对于请求权人来说，不论其请求权因何得到满足，只要是他获得了履行，那么对他来说结果都是一样的。

由此来到我们所谈及的法律外在性的第三层含义，即主体目的（Zwecksubjekt）的外在性。道德义务是对于良知、对于更好的自我、对于自己心中的上帝的义务；或者像我们历来都喜欢委婉表达的事实那样，即它只受道德法则的约束，而不受任何一种命令和强制力量的约束。即使是对他人的所谓义务，亦不具有由其他的东西强制其履行的意义。“所以有人打你右脸，则你也应把你的左脸给他打；有人与你纠缠不休，想取你的外衣，那你也应把大衣给他”。* 可是，这样的戒律并没有给他人掴耳光、取大衣的权利：这只是基督徒以其如此顺从和谦卑的方式实现对自己和上帝应有的义务。道德只知道义务，不知道请求；只知道责任，却不知何以有责任。相反，对于法律上的义务人来说，却始终强制性地存在着一个权利人，如对债务人的债权人——只有在法律领域中人们才可以谈论“义务和责任”。在法律领域中，一个人的义务总是以他人的权利为原由。权利概念，而不是义务概念，是法律思想的起点。对此，可以这样理解，即法律秩序意义上的权利源出于赋权（Berechtigung）意义上的法权；而义务，如果它不是被理解为道德上的义务，显然就必须要被表达为法律上的义务。

不过，由这第三层意义产生了第四层意义：法律效力来源的外在性。法律是人与人之间、权利人和义务人之间的立法。因此，它

* 《圣经·新约全书》，马太福音第5章第39、49节。——编者注

要求债权人的请求和债务人的义务之间处于相应一致，要求立法者及法官对于债权人和债务人，对所有法律臣仆都一视同仁。相对于这种外在立法，与这种法律领域中的“他治”相对，出现了道德的自
18 身立法，亦即道德领域中的“自治”。道德不需要任何外在的立法者和陌生的法官，因为它不需要任何超个人的那些法则。道德争议的完成并不在人与人之间，而是在一个人的内心，在欲望和良知的静默对话中，在我们那卑俗的和较好的自我之间，在我们心中的创造物和创造者之间。对道德而言，每个人都像沙漠中的基督，单独地与自我处于孤寂之中，只是服从于自己良知的立法和法官。在习惯中，全体人的意志给予了每个个体；在法律中，一个统一的意志给予了全部人；而在道德中，每个人都仅仅是自我个体的意志。

现在我们面临着这样的问题，即法律和道德的本质区别是什么？最初，当夏娃走向亚当、星期五走向鲁宾逊的时候，使得除了道德之外还产生了适用于他们的法律。道德法则适用于实际或者意识上的具体化个人；而法律适用于共同生活的、人的共同体中的人类。

但除了这种外在性之外，法律的这种规定性还为共同体带来了另一种东西。道德法则是具体个别的，它因每个人、每一种情形而有所不同，因此是不可以编纂的，并且只能直觉地予以理解。与此相反，法律法则在或多或少的程度上总是一般的，它对或大或小范围内的人或者事总是一视同仁。虽然法律的专门化可能一如既往地深入发展，但是在任何程度上，法律面前平等和法律规范的一般性都是法律的本质。我们把这种针对人和事的终极个别性而产

生的、欲然的法律盲目性，用“正义之盲”(Binde der Justitia)[*]形
象地予以描述，并称其为“正义”(Gerechtigkeit)。人们寻求能在
正义一词之下把所有必须归之于法律的要求汇集起来，从而使法
律成为一个善的、正当的法律。不过，这里我们要谈的却是正义特
别的和固有的意义，即所有法律的形式性特征，将特别置于一般规
则之下，对不同予以相同的处置。因为平等在这个世界上是不存
在的，存在的只有如此不同的东西，“就像一个鸡蛋和另外一个鸡 19
蛋”，平等只是对既存的不平等的抽象，平等不可避免地是对生活
的丰富多彩的一种扭曲。所以，如同在法律的外在性方面一样，在
正义这里也由此发生了绝对取向于道德和艺术的人们对所有法律
的反抗。

在许多情况下，法律与道德之间的分离并不非常分明，特别是当法律被说成是“伦理的最低值”[**]时更是如此。或许人们想借此说明法律的实质，即它是从道德规范的广泛范围里被切取下来并给予其强制执行性的一小部分；或许人们认为，道德的任务就是通过要求一种内心的服从而赋予那种不过是外在的法律实现所强求的法律命令以一种内心深处的力量。当这种观点接受了道德和法律之间存在着一种无须掩饰的多数和少数关系时，其实它也就错

[*] 此语出自正义女神的眼睛是被蒙住的。而正义女神的眼睛之所以要被蒙住，据说是为了防止主持正义的人们因自己目之所及的人，特别是美丽的女人而影响其正确的判断。但此处显然是在更抽象的层面上来理解正义。——译者注

[**] 此语见之于耶利内克：《法律、不法和刑罚的社会伦理意义》，1878 年版，第 42 页。耶利内克(Georg Jellinek，1851—1911)，奥地利国家法学家，奥地利法律实证主义代表人物之一。主要著作有《普通国家理论》、《国家约束理论》、《主观公法权利制度》、《人权和公民权利宣言》等。——译者注

误地认识了上述道德观点和法律观点之间的原则性差异，牺牲了多样性，即个别人之良心道德与对所有人都是一视同仁的社会义务法典的对立性，而且，还以过分草率的调和否认了个人道德和一般法律秩序之间、灵魂的要求和国家的要求之间悲剧性冲突的可能，亦即“信仰犯罪”的悲剧性可能。

我们至此为了区分法律和道德所提出所有差别，其实也表现为习惯与法律的差别，毕竟习惯也是人们之间的一种立法。那么法律与习惯的区别何在呢？有人认为：在于强制的许可性。但是习惯也经常运用有力的强制手段，人们可以想到的是对于决斗的社会后果的否决。反过来，纵然是法律，也在许多场合下欠缺强制性规定，例如在每一个官员之后那无穷尽的官员序列中，毕竟不会总都有另外一个官员强迫其履行义务：监督者被谁监督（Quis custodiet custodes）？同样如此，想要对习惯和法律作出区分的以下理论也是不合适的。这种理论认为，习惯在本质上由非组织化的
20 民众共同体和社会来承载；而法律则与此相反，是由一个组织，特别是国家来承载。这是因为，习惯法是由国家之外的社会产生的，而另一方面，一个组织却完全有能力确立习惯，例如在大学生行为准则中。想在法律和习惯之间去发现另一种对共同生活秩序多少更有意义的纯粹划分标准的尝试，至今还没有成功过。一个清楚的区分似乎对于法律适用是必要的，因为法院原则上会驳回一个仅以习惯，而不是以法律为依据的请求。然而立法，特别是我们的民法典，却通过如下方式原则上考虑到了法律和习惯的不可区分性，也就是，在越来越大的范围内赋予纯粹的“违反善良风俗”的行为以法律上的效果。

然而，从我们至此特别强调的法律和习惯的规定与道德戒律在内容上的明确区分中，绝不能得出这两个领域完全没有关系的结论。法律和习惯并不能以本身的力量对其所采用的强制作出合理性说明。虽然它们具有使自己在一般情况下得到执行的力量，因为如果没有这种力量，它们的效力就必然被剥夺。但是，它们却不能强迫那些咬牙切齿地被迫屈从于它们的人信服其正当性和拘束性，更不用说那些可能知道如何幸灾乐祸地摆脱它们的人了。谁要是违背法律与力量之间的区别的那种不可根除的感觉，以为法律法则的正当性可以无视以其既有实际效应而具有的说服力，以为法律（用耶林的话来说）能够被标榜为“权力政策”，那么他就是以此名称突然承认了他本来想辩驳的东西。因为除此之外哪里还存在着那么一种政策？在这个政策中权力聪明地自己设置了限制，而在此限制范围内，它可以期待法律的臣仆者承认其是正当合理的。但是，这种合理性说明只能由法官在法庭上发现法律法则予以完成。在法庭上，任何一种人类行为都必须予以合理性说明；可在道德那里，法律法则在道德上的合理性说明不能在其内容的品德性中寻找，然而这却并不因此就排除在其目的的道德性中发 21
现其道德上的合理性。如此一来，也就引出一个更进一步的问题：法律的目的！

我们将道德、法律和习惯的法则称为文化法则。道德和习惯，法律和国家与科学、艺术和宗教共同构成了文化。但是文化价值并非一个等级。在19世纪时，对文化价值的等级和文化体系的层次，先后出现过三种不同的理解。首先是基于18世纪末的思想观念，亦即康德、席勒和洪堡观点的思想取向，将自由的、道德的个人人格作为一切目的的最高目的。科学、艺术只是塑造它的材料，法律和国家只是保障它的设置。于是，浪漫主义者，特别是诺瓦里斯[*]便勾画出一幅中世纪文化的理想图画。在这种文化图画中，出现了各种各样的共同体，每一种激励与关怀的个性、哥特式的教堂、德意志神秘主义的冥想、圣母颂歌和宫廷情歌、思想和诗歌等绝妙杰作。而且，恰恰是在这种完全不同的、充满进取力量的思想中，即个别人物质上的忘我且由此产生的个人效劳理想，为着文化效应和文化创造的终极目的，在志同道合、成绩斐然的同仁当中，实现了歌德的那种“漫游岁月”[**]。尽管这种文化效应与歌德在“学习岁月”[***]中的追求明显但却可以理解地形成对立，这个时期的追求不是杰出的艺术作品而是日常生活最朴素的要求。最后，黑格尔把国家尊为“道德观念的现实”[****]，从而开创了一系列国家理论的先河，直到特赖奇克(Treischke)[*****]的现实政治和当代的民族

* 诺瓦里斯(Novalis,1772—1801),Friedrich Leopold von Hardenberg 的笔名，德国浪漫主义诗人、小说家，曾对德国浪漫主义文学产生了很大的影响。——译者注

** 此处所说“漫游岁月”是指歌德的名著《威廉·迈斯特的漫游岁月》中描述的人生阶段，这是歌德的小说《威廉·迈斯特》的第二部。描述了威廉与娜塔莉结婚后，带着自己的儿子费利克斯出去漫游，以实现“塔社”拯救人类的理想。其基本的思想在于肯定实践的重要意义，认定人生的最高理想是以专业技术能力为社会造福。——译者注

*** “学习岁月”是指歌德的名著《威廉·迈斯特的学习时代》，是歌德的小说《威廉·迈斯特》的第一部。这是歌德撰写的一部教育小说，描述了一个人受教育和由幼稚到成熟的成长过程。——译者注

**** 黑格尔:《法律纲要或者自然法和国家科学概论》，赫尔曼·格罗齐(Hermann Glochner)主编，第七卷，1904 年版，第 258 页及第 330 页以下。——译者注

***** 特赖奇克，亦即海因里希·冯·特赖奇克(Heinrich von Treischke,1834—1896),1834 年生于德里斯顿，1896 年卒于柏林，德国民族主义历史学家，从 1886 年开始参加普鲁士国家的历史编著；是小德意志建国方案和强大的帝国权力的追随者。——译者注

主义；他们将民族国家、民族国家的权力及国力的成长作为世俗社会的最崇高任务之一。这个任务赋予所有个人品德以固有内容，并利用了所有文化效应。人类的本性、人类的成就和人类的总体依次被作为最高价值的载体，即道德的、艺术和科学的价值、法律和国家的价值——或者用更简洁的话来说，被作为人类最高目标的自由、文化（在严格的文化作品意义上）和力量而予以理解，而事 22
实上可能的文化制度也由此被创造。在前两种情况下，作为“文明”的国家和法律构成了一种纯粹的前“文化”阶段，而它只有在文化人类或者文化成就中才能达到目的；在第三种情况下，它们本身就向着所有文化上的固有目的的顶峰前进。出于随后要阐明的理由，我们或许可以暂且不去考虑取向于这种成就的第二种文化观念，而是首先来阐释一下个体和总体，亦即个人主义和超个人主义文化体系的尖锐对立。

在此，关于法律和国家的使命出现了两种对立的观点，以至于在最细节性的政治争论中也会不断地碰到这种对立。[①] 其中一种观点认为，法律与国家都是服务于个体的——首先是服务于他们的社会福利，“普遍的幸福感”；但是最终还是要服务于他们的文化使命：法律秩序所关注的是，人类不必像哨兵那样，两眼不停地四处巡视，而是能够不时无忧无虑地举目仰望星空和放眼繁茂的草木，举目所及是实在（Dasein）[*] 的必然和美好；不间断的自我保护

① 有关这个基本问题的重要启发来自于爱米尔·拉斯克（Emil Lask），可惜世界大战使他蕴含颇多希望的思想家生活过早地结束了。参见他的文章“法哲学”，载《20世纪初的哲学》，1907 年第 2 版；亦可参见他的《全集》第一卷，1923 年版。

* 实在（Dasein）是存在主义哲学中一个基本的概念之一，有不同的翻译：定在、亲在甚至存在等。——译者注

的呼声至少有一段时间的沉寂，以使良心的轻语终归能为人们所听闻。这样一来，法律便奠定了个人文化、科学、艺术和道德培育的首要前提条件。根据这种观点，法律于是也具有了道义上的尊严，可是这种尊严还仅仅来自于道德上的价值，即对于所有个别的法律同仁（Rechtsgenossen）的价值。所以，法律在此仅仅推导出了一种个人主义的伦理价值，而非自身价值。而这样一种超个人主义的、独立的自身价值，是与此外所有其他还想服务于特定
23 个人的观念相对立的，它是效命于国家及其法律秩序的另一种观念。

这种超个人主义国家观的所有变型都或此或彼地表明，它们首先是把国家作为一个整体，进而从外部、从世界舞台的角度来看，并且以外部政策的需要为标准来决定其内部政策；而个人主义则首先是依照私人生活的观念从内部来观察国家，进而使得其产生于内部政策的外部政策得以发展。不过除此之外，作为超个人主义国家观的依据，汇集了极为不同的世界观：实在主义现实政治，即将国家本身的权力意志作为有拘束力的现实存在而接受，并且拒绝为此意志寻找任何背离祖国需要的合理性说明。自然主义，对它来说，国家的奋斗意味着为生存而奋斗的超个人形式，亦即种族生存斗争。最后，还有理想主义的历史哲学或宗教信仰，它们展示了一幅人类发展的美妙蓝图，在这幅蓝图中，每个人都由国家人格而预先确定了他们自己的角色。对于这种立足于国家及其法律秩序上的绝对激情，所有个人主义的法哲学都不能有任何同样的感召力与之对抗。对他们来说，国家和法律只是服务于个人主义终极目标的工具，是实现最普遍的合目的性的技术手段，是必

然的痛疾。而且，虽然个人主义也有其绝对的激情，但是这种激情却不是对国家和法律的激情，而是对个人的激情，亦即或此或彼游离于国家思想的激情："国家终止之地，始有不是多余的人类：始有必然之歌，即永恒而不可替代的智者之歌"［尼采－琐罗亚斯德(Nietzsche-Zarathustra)*］。

两种观念中的每一种都是以一幅图画来设想其国家理想的。超个人主义观念以有机体，即整体的人为前提：如同在我们的躯体中一样，在一个好的国家中，并不是整体为了肢体而存在，而是肢体为了整体而存在。[①]** 个人主义观念则是以一个愈来愈有名的契约为图画而展开的：只有按照这种契约组成的国家才具有合理性，也就是说，这个国家只能是通过意愿自由的、完全可以理解的自私自利的成员共同聚合而实现。给国家设定一个这样的标准，随之而来的必然是路易十四世"朕即国家"(L'Etat c'est Moi)这一王者之言的破灭。于是，卢梭撰著的具有一锤定音意义的《社会契约论》就成了法国大革命国家理论的"武器库"。与此相反，阿格 24

* 琐罗亚斯德(Zoroaster，约公元前628—前551)，又译"查拉图斯特拉"，其文字本义是"金毛骆驼的主人"。琐罗亚斯德其人是公元前6世纪前后在波斯创造祆教，即琐罗亚斯德教(Zoroastrianism或Mazdaism)的先知。该教奉善恶二元论为教义，又称"火教"。弗里德里希·尼采曾著《琐罗亚斯德如是说》(或《查拉图斯特拉如是说》)，第一部分，《论新神》，载《弗里德里希·尼采全集》，第13卷，1925年版，第61页。原文是"国家终止之地，始有不是多余的人类：始有必然之歌，即永恒而不可替代的智者之歌"。——译者注

① 基尔克，有机国家理论的主要代表，参见他的演讲导言：《人类结合的本质》，1902年版。

** 基尔克(Otto Gierke，1841—1921)，生于什切青(波兰)，卒于柏林，德国法学家和法律史学家，先后为海德堡大学和柏林大学德意志法教授。他同时也是历史法学派较为温和的追随者，强调德意志法律思想相对于实证(罗马)法的优先地位。——译者注

里巴(Menenius Agrippa)神化意义的广泛传说*却把调解公民之间纷争的功劳归于有机国家理论。这类概念的目的恰恰在于它要赋予法哲学—法政治学的价值标准以富有鼓动性的鲜明生动。但这类概念不是要去发现国家形态的要求,却是要发现有关国家产生的解释,然而这是一种如此经常而又严重的误解。社会契约理论认为,一个正当的国家必须要考虑通过成员之间的契约产生;但它却没有说,历史上国家真的是通过这样的契约而产生的。能像卢梭开宗明义之言那样,使个人对于国家的臣服正当化,我以为并无不可;但是与此相反,由卢梭之言将引申出什么?我则无从了解,也没有涉猎。但是我们如今知道,最古老的国家无论如何也不是源于契约,亦不是出于一些个人有目的的创造。行为个体的独立自主不是历史发展的起点,而是历史发展的结果。在诸如有机的人的共同体生活中,整体性比其部分性要更为久远。假使有机性和契约就是国家产生方式的说明,那么它们之间的争论就比有机国家学说意义上的争议更有决定意义。但是作为相互对立的国家理想概念,完全就像两种理想一样,不可能依据科学的普遍适用性在它们之间作出抉择。国家哲学观的对立要求我们的并不是要作出一个抉择,而是要表明一种判断。理智在上述对立面前会沉默无语,只有那种由人性深处的自我意识所创造的意志,才能因人

* 根据《伊索寓言》,这个传说的基本内容是:有一个人身体的各部分器官闹起了别扭,各部分看到自己用尽气力得来的东西都跑到了肚子里,而肚子却只管安享现成果实,于是愤愤然地约好,手不再往嘴里送吃的,嘴不再咀嚼,一起用饥饿来困倒肚子。结果,所有的器官都饿坏了,全身虚脱,差点丢了性命。大家这才明白,肚子并非无功受禄,它接受的营养并不比输出的多。从此,各器官彼此团结,这个人才得到了生命和健康。——译者注

而异地作出选择：一句名言说道，什么样的人选择什么样的哲学。 25

国家哲学体系这种对立的外部表现是政治党派的斗争——在今天，即使党派团体由一种有争议的国家理想组织越来越转向有争议的阶级利益和广泛的意识形态组织的议会，情况依然如此。曾经为保守党提出超个人主义口号的法哲学家弗里德里希·尤里斯·斯达勒（又译为斯塔尔）[*]说过，“是权威，而非多数”。与此相应，保守主义强调国家的崇高超越了即使是多数国家成员的利益，这种国家的崇高最初不是由国民自己对于国家权力的臣服意愿所引出的权威，其庄严也并非源自于民众的意志，而是源自于宗教和历史、上帝的恩典和正统性，以及所有对国家使命至为重要的权力。[①] 与此相反，个人主义理论认为国家的所有尊严都来自于个人的封授，国家除了因个人而具有的价值之外不可要求其他价值，这就是自由主义的国家学说。在个人利益中，自由主义凭借经验占有着评价既存国家机构有价值或者无价值的现成标准，从而成为批评和改革的工具，成为“进步党”的基础理论；可是“保守主义”没有能力将它那超个人主义的，因而超经验主义的尺度从天上取下来，故而只能是倾向于保持历史的既有现实并使其发展听任于世界史上潜移默化的智慧。如果说“进步党”这个名词强调个人主义和保守主义的对立，那么“自由主义”这个名词则强调针对警察

---

* 斯达勒（Friedrich Julius Stahl，1802—1861），生于慕尼黑，卒于巴特布吕克瑙，德国宗教法学家、法哲学家和政治家。1819 年从犹太教改信路德教，从 1832 年开始任柏林大学教授；是在基督教新教基础上创立保守国家理论的代表人物之一。他宣扬国家、法律和义务都源自于上帝，对弗里德里希·威廉四世的普鲁士政策有着深刻的影响。其主要代表作有《法律哲学的历史观》和《国家和教会中的现代党派》。——译者注

① 参见斯达勒：《国家和教会中的现代党派》，1863 年版。

国家的斗争立场。警察国家通过它的格言——“一切为民，全不由民”(alles für das Volk——nichts durch das Volk)体现了它的基本原则，而这个格言的第一部分显然也接受了个人主义；自由主义的斗争其实只是针对这个格言的后半部分。警察国家试图使个人感到幸福并给个人以教育，即使它不能确定个人愿意或者不愿意；自由主义则想解放个人，以此使工场工人的幸福与价值成为它自己的幸福与价值。根据它的看法，道德价值不能强加于人，而只能由该人的自由行为而获得。通过与警察国家世界观的对立，通过
26 虽然与自由主义相关联然而毕竟又与之明显区分的普遍个人主义，民主得到了证明。通过作为左翼自由主义的民主的名称，实际则是伪装出了一个纯粹区别于地道的自由主义的标准，如果人们记着民主的激进形式：社会主义和走向极端的自由主义，亦即无政府主义之间世界观的对立，那么这个标准的谬误就极为显而易见。人们喜欢将世界观的对立以代数的表达方式做如下的表述，即民主的个人只被赋予一个有限的价值，自由主义的个人则是无限的价值，也就是不以乘积计算的价值。民主为了多数人同样重要的利益牺牲掉了个人的利益；自由主义只知道一种个人的自由范围，不论多么大的多数，亦不论它有多大的利益，它都必须在这种自由面前让步——这种已经对个人承认的非最终价值亦不能为绝对多数人的价值总和所超越。在此，自由主义不过是一项起跑点同一的竞赛，其中较少的强者立刻把其他大多数人远远的抛在了后面；而前者，即民主则追求对所有人都同等的平均自由。自由主义和民主对个人的不同评价依据，似乎必须要在彼此间价值概念的不同结构中去寻找。其中一种观点认为，道德价值是一种对所有人

都一样的典范——不论是作为“基督”或“超人”(Übermensch),或作为纯粹形式上特定的康德的“义务人”(Pflichtmensch)。因而,这个原则上也是在一个个体中才能得到完全实现的典范。按照另一种观点,则是一种形式,这种形式只能通过在不同个体上的适用,其内涵丰富的内容才不至于在道德上打折扣。对于每一个个体来说,实际都包含有另一种内涵,因此所有个体的最可能的充分实现,就需要一种最可能大的个体数量。

> 人愈能引进不同的音调,
> 就愈能使歌声听来美妙。

教权主义在个人主义和超个人主义国家观之间采取了一种复 27
杂的中间立场。将保守的和自由的国家观分离的同一标志,亦把天主教和新教的教观区分开来:对于新教来说,教会不过是效力于仅在宗教上具有完全价值的单个灵魂的工具;而对于天主教来说,教会本身就是神圣的,是超个人主义内在价值的载体。因而,对天主教来说,超个人主义权威的载体首先不是国家,而是教会。于是,它也就乐于让基督教国家作为上帝的当权者参与这种权威。但另一方面,自从奥古斯丁(Augustin)时代以来,在天主教国家哲学的思想库中就出现了某些思想产物,这些思想产物使得世俗国家可能被作为与天国的道德价值没有任何关联的个人主义福利目的的单纯工具、作为必然的痛疾、作为没有掩饰的人类作品来认识。因此,教权主义者,同时也是独裁的党和自由的党,也是从贵族直至劳工的上帝子民的所有各社会阶层的代表,一定要在共同的宗教信仰的基础上根据具体情况来调和处于萌芽状态的不同国家观的对立，并根据这种调和的结果去和右翼或者左翼结合，进而常常在国家生活中起到决定性的作用。

最后，社会主义则立足于一种完全不同于“资产阶级”党派倾向的方法观点基础之上。保守主义、自由主义、民主等是有关国家构成的不同观点；与此相反，社会主义则是某种有关经济和社会形态的理论。“历史唯物主义”说明了国家和法律并不是决定性的历史力量，历史发展的最终原因更多地存在于经济和社会中，政治的变革仅仅是经济和社会推动力量的作用或体现。所以，社会主义纲领首先必须是一个经济的和社会的纲领，其次才是一个政治纲领。因此，社会主义在引人注意的很长时期里对这种种国家观的对立缺乏一种自觉的立场。在社会主义之初，其国家政治的基本
28 格调绝对是个人主义的，其意识形态亦是相当的个人主义的自由意识形态。社会主义许诺的，所有财富中最宝贵的自由，其实是自由主义者曾经许诺但却从没有实现的同一种自由。自由主义者允诺的自由，即或实现的，也是法律上的自由，而不是事实上的自由；但在经济上不平等的情况下，事实上的自由或许是根本不可能实现的，它只能是在社会主义经济形态的基础之上才可以想象。因此，《共产党宣言》(卡尔·马克思和弗里德里希·恩格斯，1848年)相当自由主义地以“联合”的呼吁作为结语：“在此联合中，每一个人的自由发展都是其他所有人自由发展的条件。”* 不仅如此，

* 语出卡尔·马克思和弗里德里希·恩格斯《共产党宣言》(1848年)。参见中译本《共产党宣言》，人民出版社1964年版，第40—46页。——译者注

《埃尔福特纲领》[*]（1891 年）在个人主义的概念方面——如自由、最高福利和全面的和谐完美等——达到了的顶点。这种经济社会主义是和一种世界观的和国家哲学的个人主义相联系的。一个长期处于反对党地位的政党，除了以个人主义的，亦即以自由主义的方式强调从迫害、控制它的国家那里获取自由，的确也不能别有所为。然而，自社会主义者号召在国家中参与管理和共同负责以来，它那基本上是反对党的传统国家观就不可避免地要予以修正。以“社会主义和国家”为题的阐述增多了，然而首要的是在感情上彻底克服自由主义的国家畏怯，并在民主思想的土壤之上创造一种新的国家感情和民族意识。从马克思到拉萨尔，①新的社会主义实现了一种从否认国家到肯定国家的转变，而这恰恰决定性地使它与共产主义分离开来。对于新社会主义者来说，民主、多数人的国家是通往社会主义的桥梁（“平等的选举权是我们胜利的标志”）；但是对共产主义来说，它却具有相反的意味，即它是无产阶级，确切地说是无产阶级中的个别先进部分的专政。在这种革命的少数和专政思想中，极左和极右发生接触：民族主义者。然而，它们在目的上与共产主义背道而驰，这主要归因于其超个人主义的思想倾向。与保守主义不同的是，它们的超个人主义理想并没 29
有通过更为深刻的基本意识，如合法性、上帝恩典加以论证，而是

* 即 1891 年在德国埃尔福特举行的社会民主党大会上对 1875 年社会民主党《哥达纲领》进行修正后形成的纲领，是拉萨尔主义者和马克思主义者之间妥协的产物。——译者注

① 此处可能指的是拉萨尔 1863 年关于宪法本质的第二个报告，在这个报告中拉萨尔谈到了此处的主题。但是准确的原文却无法找到。参见经典学术报告：《费尔迪南德·拉萨尔论宪法的本质》，1862 年版。

把民族主义的意识本身置于绝对，将其作为一种并不需要的，且没有什么作用的更深层基础的终极价值，即以一种职业阶层划分的国家为基础的权力国家和国家权威观念。这一派理论大体不出此范围。

但是由广阔蓬勃的青年运动(Judendbewegung)所推动的，我们至此尚未考察的第三种国家观，却对所有的党派都产生了影响。在个人主义和超个人主义之外，还出现了跨人观念①*(Transpersonal**)，它不附在自身生命和个别人格或者整体人格中，而是在生命所带来的或者留下的成就中，在这种成就的总和中，亦即在文化中，寻找自身生命的最高使命；在文化工作的保障中寻找国家的使命。个人并不是像契约关系的主体或者身躯的肢体一样相互联系，而是有些像建筑行业的建筑工人，他们不是人与人直接地联

① 费尔迪南德·特尼斯对这些区别的基本论述，参见《社会和共同体》，1922 年第 4、5 版；亦可参见拉德布鲁赫：《补会主义文化论》，1927 年第 2 版。

* 费尔迪南德·特尼斯，1855 年生于利普，1936 年卒于基尔，德国社会学家和哲学家，基尔大学教授，德意志社会学协会创始人之一，并于 1909—1933 年任该协会主席；主要研究霍布斯(Hobbes)和他的自然法。——译者注

** 德文“Transpersonal”有人译作“超人观念”，但似有不妥，因为这很容易和“superman”混淆，而这两者完全不同。此外，如果将其理解成为“超人”，则它就重复了“超个人主义”的思想内涵，至少一定程度上如此。事实上，transpersonal(跨人)所要表达的思想在某种程度上有些类似 international(跨国)。前者所强调的是个别人跨越个体自身存在与他人共同发展的关联性和连续性，后者则是强调个别民族之间跨越民族自身存在与其他民族共同发展的关联性和连续性。因此，“超人”那种某一主体超越其他主体的思想并不是作者在此所要表达的思想方向。译者原来将 transpersonal 译作“人际观念”，主要是认为它的思想更多地倾向于人与人之间必然存在着的主体平等性和关联性，以及由此平等性和关联性而必然发生的整体性。但严格来讲，“人际观念”更妥当的英文表达应该是“interpersonal”。所以，此次修订，将其译作“跨人观念”。——译者注

系，而是通过共同的工作和在劳动分工、劳动协作中间接地联系在一起。于是“共同体”这个时代的响亮话语就在跨人国家观中找到了它的用武之地。因而，每一共同体都是共同事业、共同劳动、共同创作和共同文化的共同体。根据这种价值观念，这种正在发挥作用并占支配地位的文化成果的构建体系，使得从辛勤的手工业劳动的最简朴成果到思想的重大创造，都会具有自身的价值。根据这种价值观，对于国家而言，它的价值只在于其拥有的文化所具有的那些价值；对于单个人来说，在其自己所面对的文化面前，其个人价值不再仅仅是对于文化使命的物质奉献。然而，共同体和个人将有各自的工作。通过这些工作的成就，共同体得以形成。对于个人来说，只有忘我地投身事业，毫无保留地融于共同体，才能形成其个人人格。在个人主义的国家，个体将其人格的实质性
部分保留于国家生活之外，而国家则仅仅是保护其纯粹私人生命 30
活动的单薄外衣。超个人主义国家虽然尽其可能地想使其要求对个人发生作用，但是实际上，它究竟能从个体的价值中获得多少对实现自己的权力目的有用的东西呢？即使最好的公务员和士兵也不能像艺术家和思想家那样事其所奉之道，更何况艺术家或者思想家同时还以其丰富多彩的活动实践着国民之道。

但是早期的“大师”，例如像阿尔布雷希特·丢勒（Albrecht Dürer）[*]，是通过行会以其全部作品而立足于共同体之内。恰恰是通过共同体尽其可能地容纳了个性，文化才获得了具有统一时

---

* 丢勒，1471 年生于纽伦堡，卒于 1528 年，德国文艺复兴时期的版画家、画家。丢勒在木刻画和铜版画领域颇有创新，有名作《四使徒》、《骑士》、《死亡与恶魔》及《手》等。——译者注

代特征的超个人主义烙印，而如今我们却为了这种烙印徒劳而一无所获；但反言之，共同体也因此获得了富有生命力的多样化。在我们看来，对于这种多样化，现今的国家有时却表现出漠视和残酷。然而，正好像个性被总体生活整个包上了一层弹性的皮肤一样，它过去感觉到的，来自共同体的压力远比今天小。因为现如今，个性行为既作为国家固有的，也作为相对于国家自由存在的部分，实际上处于被割裂的状态之中。

这种跨人观念与其说是一种新的纲领，不如说是一种渗透并赋予任何纲领生机的新的生活感受。没有任何党派将其写在旗帜上，因为生存民族自我维护的冲动指望国家服务于自己、个体或者总体。但是当人或者民族已成为过去的时候，历史相反地按照既存的东西，按照他们的成就来评价国家。对此，人们或许可以通过一名伟大的历史学家借一名伟大的政治家之口所说出的话来加以感知，这就是修昔底德（Thukydides）* 所提到的，伯里克利（Perikles）** 那篇著名演讲*** 中所说的话。

如果迄今为止的阐述能够清晰地确定法律的目的，那么弄清楚具有公正目的的共同体生活秩序以及正当的法律（das gerechte Recht）就是一个具有科学上的普遍适用性的可以完成的工作。对这种可能性的信念，造就了一个伟大的法哲学流派，它盛行于

---

* 修昔底德（Thukydides，公元前 460—前 396），古希腊历史学家，《伯罗奔尼撒战争史》的作者。——译者注

** 伯里克利（英文：Pericles，约公元前 495—前 429），古希腊奴隶主民主政治的杰出的代表者，古代世界最著名的政治家之一。——译者注

*** 此处应该指的是《阵亡将士国葬典礼上伯里克利的演说》，参见修昔底德：《伯罗奔尼撒战争史》，第二卷，第四章。——译者注

17 世纪并在 18 世纪结出了硕果，这就是自然法学派。自然科学
从法那里借来了自然法则这样一个基本概念，尔后又回报以自然 31
法。和自然法则一样，法律法则也不能为人类发明，而只能为人类所发现；不能为人类所规定，而只能为人类所确定。和自然法则一样，法律法则在所有时代、所有民族中都一样，且和自然法则的效用一样（“但地球终究是在转动着！”[*]），法律法则的效力也超越了人类立法者的任意。面对科学认识的自然法，偏颇的人为规则必然消失，就像面对公之于众的真实，被揭穿的错误必须消失一样。国家立法将成为一种科学的理论观点与其他科学理论并存，法哲学家则取代了立法者的地位。

但是事实表明，除了通过列举各种各样的派别观念来回答法律的目的这个问题外，似乎别无可能，即使是同一时代、同一民族，也会反映出对这种目的，以及由此决定的，截然不同的法律秩序构造的看法。而且，对其代表人来说，这些构造看起来全都同样“自然”，况且他们当中没有谁能够普遍有效地判断科学，无法在它们之间作出普遍有效的抉择，即使完全不论法律秩序的历史变迁和民族差异。这样一来，自然法的思想就曾是一个错误——但又是一个硕果累累的错误。这是一个古老的“世界史心计”（List der Weltgeschichte）：它把想使之生效的法律冒充为已经生效，把想使之失效的法律冒充为已经失效。就这样，百年之久的启蒙运动在永恒且放之四海而皆准的自然法的错误旗帜之下，取得了其法

* 伽利略语，是伽利略被教廷判处监禁后，口中依然重复的一句话。作者想借此指出自然规律不依人的意志而转移。——译者注

哲学挑战的胜利。由此，这个神奇的咒语也完成了一项世界历史的使命，然而同时也失去了它的影响。

然而，共同生活的秩序不能对共同生活的个人的法律观继续置若罔闻，亦不能给不同的人发出或许是相互对立的指令；相反，它更多地需要一种超越个人立场的规则。当理智和科学不能完成这项任务时，意志和权力就必须接受这项任务。如果没有人能够
32 弄清楚什么是正义，那就必须要有人对正义应该是什么作出规定。如今，人们普遍地认为，除了“制定的”(gesetztes)法之外，并不存在“实在的”(posotives)法。然而，这种制定法应该承担它的天职，即通过一种权威的绝对命令去解决相互对立的法律观冲突。于是，法律的制定就必须服从于一个意志，任何与之背道而驰的法律观都不得妨碍这个意志得到贯彻执行：对社会而言表现为习惯法，对国家而言也就是制定法。同时，社会或者国家的每项个别的法律命令，只在它不“纯粹停在纸面上”时，才能被视为“有效”的法律。此外，即使法律有时候也会例外地由于违法行为被违反，但它仍然会成为一种社会生活的规则。只有这种法律，同时也包括一切由具有法律创制资格的意志所创制和执行的法律，方是有效的法律。

法律命令的效力仅源出于法律设置意志的权力，故法律效力和道德约束之间通过法律秩序的道德目的而迂回地取得的联系，似乎又无可挽回地脱离了。于是，法律规则的效力就不是依据其内容的公正性而被设定；一项被接受者认为不公正的法律规则，对他而言仅仅是一项不具有道德约束力的绝对命令。实际上，这类

悲剧从索福克勒斯*的《安提戈涅》**(*Antigone des Sophokles*)直到我们这个时代都存在,它们都赞颂了“信念罪犯”(Überzeugsverbrecher),在法律和道德的这样一种冲突中,安提戈涅等并不畏惧违反法律和由此带来的结果。但是反过来,我们也要向这样的法官表达我们的敬意,他们在法律和道德同样的冲突中并未因为对法律的忠诚所产生的勉强的正义感而使自己困惑。这种赞许显然是基于一个道德价值判断,因此不能视其为法律对道德的胜利。法律与道德这种表面上的分歧,实际上必然也是两种品行义务之间的一种碰撞。因此即使是遵守不公正的法律,也不只是一种法律上,而且还是一种道德上的义务。同时法律也不是纯粹的绝对命令,而是一种约束性的规范。

为了这种道德上的约束,同时纵然是不公正法律和判决约束的信念,苏格拉底走向了死亡。事实上,无须考虑其内容的公正 33

* 索福克勒斯(希腊文 Σοφοκλης,英文 Sophocles,约公元前496—前406)。他擅写悲剧,一共写过120多部剧本,现存完整的剧本7部:《埃阿斯》、《安提戈涅》、《奥狄浦斯王》、《埃勒克特拉》、《特拉基斯少女》、《菲罗克忒忒斯》、《奥狄浦斯在科洛诺斯》。索福克勒斯生活时期适值雅典民主制全盛时期,因此他的剧本反映的也是雅典民主制繁荣时期的思想意识。他拥护民主制度,主张公民平等,法律治邦。他赞扬人的自由意志,赞扬人在同厄运斗争中的坚韧精神。他的宗教观念偏于保守,主张维护传统的宗教观念。他善于刻画人物,他的剧本中人物个性鲜明,语言简明有力。——译者注

** 《安提戈涅》的基本内容是:安提戈涅的两位兄长波吕涅克斯和厄忒俄克勒斯彼此不和,为争夺王位发生激战,结果同归于尽。克瑞翁以舅父身份继承王位,他宣布曾流亡国外并借助外国力量来争夺王位的波吕涅克斯为叛徒,因而不准任何人埋葬其尸骨。按照古希腊神律,一个人死后如不下葬,他的阴魂便不能进入冥土,而露尸不葬,也会触犯神灵,殃及城邦。安提戈涅义无反顾地尽了亲人应尽的义务。悲剧的结局很惨:安提戈涅在牢中自缢,其未婚夫,克瑞翁的儿子海蒙殉情自杀,克瑞翁的妻子愤而自尽。——译者注

性，任何一项现今的法律都以其单纯存在而实现着道德上的目的：在此目的中，它给彼此对立冲突的法律观设置了一种结局，即制造法律安全（Rechtsicherheit）。而一个道德约束的基础就是这样凭借着法律安全认识无一例外地给法律效力提供了保障：如果这种效力并不产生于法律规则在内容上的公正，那么它无论如何也都可以通过法律安全的作用为其获得存在的依据。当然，这不过表明：并非只有公正才是一种道德价值，合法性也是一种道德价值，即使是就一项不公正的法律而言。在公正和合法性这两个道德价值发生冲突的情况下，它们当中哪一种是较高的价值，并不能截然不同地一概而论。强调公正对法律安全的无条件优先，摒弃制定法和立法的权力，会导致无政府主义的立场，这种无政府主义会就每一种具体情况因其截然对立的信念而给出截然不同的法律观。与此相反，有一种本身包含着道德义务的职业，在从事这种职业的范围内，法律安全总是处于法律公正之前：这就是实务法律者职业。这些实务法律者自己的法律感觉要为权威的法律命令所牺牲；他们仅仅要问什么是合法的，而从不问它是否公正。以至于一种没有对公正的热爱就不能愉快地从事的职业，却完全可能效力于不公正：这就是法律者的使命和悲剧。“与每一种情绪的激昂和理智的诱惑相反，以撒旦或者上帝般的漠然对待法律的实质和内容，这就是法律的天性。”[①]说这句话的法哲学家是够尖刻的，其他任何人都未像他这样，由所有法律的实在性，认识到法律职业的那种与生俱来的形式主义。这种由法律者本身在严格的法学教育中

① 路德维希·科纳普（Ludiwig Knapp）：《法哲学体系》，1857年版，第225页。

所获得的法律意念，对于外行来说总是新鲜而不可理解的。对于门外汉来说，不能像他所想象的那样，将一个不公正的法律诉诸于他以为是明明白白的公正，这似乎是前所未闻的；而不能给他所认为的不公正终审判决再次予以法律救济，又是不可思议的。他刻板的法权感理解不了，出于职业法律仆役情感的公正意识应该比出于他自己感情的公正意识更没有力量；真正的公正可能被有意识地，甚至是出于恶意地被一纸文书牺牲掉。不正确判决的法律 34
力量和不公正法律的效力对他来说如同坚硬的板壁，这个板壁被人为地任意放置在他和法律之间，他确实不知道如何打破这个板壁。他要求，他祈求一个出口，最后他咆哮着以头颅撞向那一点儿也不通情达理的栅栏——最终他变成了一个爱发牢骚的人。在具体的，尤其是在自己审理的案件中，很难理解总体法律生活的一般情况常常置于法律者眼前的一些道理：更为重要的是给争议设置一个结局，无论是通过法律为有关法律规则的争议，还是通过具有法律效力的判决而为具体法律案件的争议。其次，才是给争议设置一个公正的结局，即一个法律秩序的存在较之于法律秩序的公正更为重要。公正是法权的第二大使命，法律的第一使命是法律安全，即和平。

没有什么比法律的语言(Sprache des Rechts)更能恰当地描述法律命令的特征，即一项“绝对命令”、一种戒条，这种戒条无视其内容上的说服力，就为其纯粹的实在(Dasein)而要求效力。这是因为它只是自 18 世纪末才和近现代国家一起形成的，在其所有可称道的符合逻辑的思考中，其创造毕竟不能够归于个别名人，而且或许根本就不是自觉地创造，而不过是法律精神本身建造的躯体。没有什么能比它更清楚地揭示了法律对青年学生们所能提供的和所不能提供的东西。因为我们的法律语言既不是通过它自己固有的东西来表明自己，亦不是通过它所缺少的东西来表明自己，这种欠缺是与语言上具有其他风格的思想表达形式相比，是与早期较不发达的法律语言相比而言。为了对此有一个大概了解，现在来谈谈这些被现今法律文风嗤之以鼻的表达方式，即劝服的风格、使人信服的风格以及说教的风格。

我们的法律语言最先克服了劝服的风格。我们的法律语言要
35 求算术公式似的无情感性、无感知性和不和谐性。想要寻找“法律中的诗意”[*]或者“法律中的幽默”[**]的人，必须回到自雅各布·格林(Jacob Grimm)[***]或者奥托·基尔克(Otto Gierke)时起那遥远的德意志以往。[①] 而距今并不久远的立法者却还用尽了演说式的感情洋溢的所有方法。它们寻求以“庄严语言”的豪华排场而获得尊重。它们对那些令人作呕的卑鄙行为，尤其是叛逆、叛教和道德犯罪等用粗暴的措辞表示愤怒。这方面的情感宣泄还影响到不

---

* 参见格林：《论法律中的诗意》，1816 年第 1 版。——译者注

** 参见基尔克：《德意志法中的幽默》，1871 年版。——译者注

*** 雅各布·格林，1785 年生于哈瑙，1863 年去世，德国语言学家和法学家，是一位带有日耳曼色彩的历史法学派的忠实信奉者。著有《德语语法》、《论法律中的诗意》、《德意志法律遗产》、《判例汇编》、《德意志古代学》等；另与其兄弟威廉合著有著名的《格林童话》。——译者注

① 除了文中提到的格林的论文以外，另参见格林：《德意志法律遗产》，1824 年第 1 版，1899 年第 4 版；格拉夫和迪特海尔(Graf und Dietherr)：《德意志法律格言》，1864 年版(现在还列有莱昂哈德·温克勒尔(Leonhard Winkler)，名为《德意志谚语镜鉴中的德意志法律》)；埃艾哈德·昆斯伯格(Ehcrhard Künssberg)：《德意志农民法律智者》，1926 年版。

久前制定的现行刑法典。该法典认为，为了把特定种类的女性犯人（Frevlerinnen）与其他“女人”（Frauenperson）区别开来，应该称这些女性犯人为“妇人”（Weibpersonen）。通过使用虚拟式——“如果某人敢于”——装出一副根本不信这种无耻行径可能发生的样子。就好像他们一本正经地用罗马法学家的美妙表达来说明，凡是不道德的必然与我们无缘。的确，他们满脸羞涩，《普鲁士一般邦法》（Das preussische Allgemeine Landrecht，1794）竟然威吓：“鸡奸和其他同等反自然的罪恶，因其丑陋可恶而不能在此提及……”。[①] 但是他们这种十足的废话只能使自己受到这样的怀疑，即其能言善语的印象是否就胜过其权威力量的印象。现代立法者认识到，适合于他们的不是去劝说，而是去命令。

进一步看，我们的法律语言还克服了使人信服的风格。在开明专制主义时代，好心的立法者们喜欢在其颁布法律表明法律目的时也谈论法律理性（ratio legis），以使接受者凭借着自己的理解去服从。人们因之称其为“劝说之法”。然而，勉强使自己信服法律命令的合目的性的人，如果当法律命令的接受者并不信服这种目的性时，便也不会再去服从。于是，立法者将因其存在而具有约束力的命令贬低为一种只以其信服力产生作用的建议。但是法律法则的特征在于，即使它是为了某一目的而颁布，但终归也不只是 36
为了该目的或者仅在服务于该目的的范围内被服从；相反，它必然强烈要求人们无条件地服从。因此，现代立法者从不把“因为”这

① 该句引自于1794年《普鲁士一般邦法》第2部分，第20标题，第1069条。原文是：鸡奸和其他同等反自然的，但是又因其丑陋可恶而不能在此提及的罪行，其念头应被彻底地根除。

个词挂在嘴边。立法者的职责不是去使人信服而是命令，如果接受者应该遵从，那就不是去推理而是听从命令。因此现代立法语言采用了军事命令般的粗鲁语气。在战时勤务法令中亦称："一项命令从来无须说明指令规则的根据。"

最后，我们的法律还克服了说教的风格。对于立法者来说，这意味着去指示什么是正当的，而不是报告和说教什么是正当的。不过，这要在长期发展之后才能深入到立法者的意识中，至于立法者的表达方式，则是到了更晚一些时候才有了这种烙印。在中世纪，"法书"（Rechtbüchern）和"法典"（Gesetzbüchern）* 之间的区别尚未出现。前者将实际生活习惯记录为可适用的法律规则，并只在它记录正确的情况下，才能够要求具有效力；而后者本身就是其法律规则效力的来源，故它必然要求具有无条件的效力。还不很为人们所熟悉的《萨克森法鉴》，这部爱克斯·冯·雷普果夫（Eikes von Repgow）（1225 年前后）的私法观念辑录，差不多有了一部法典的绝对权威；古老的德意志刑法典——《加洛林法典》（1532 年），几乎完全没有获得一部法书那样的任意服从。但是只要制定法（Gesetz）没有作为法律渊源与纯粹法律记录区别开来，它就只是法律说教的语言而不是命令的语言。即使近代，首先也只赋予法典这样的任务：即把根据另一种法律渊源而生效适用的法律予以记录，当然这时记录的不再是习惯法而是自然法。只有当人们彻底地认识到，没有什么自然法，立法者也不能发现法律而

* 前者辑录以往法律或习惯，然未经正式立法程序的规范汇编；而后者则是经正式立法程序予以制定的法律汇编，是近代法典编纂的先声。——译者注

只能以其命令创造法律的时候，这些法典就才能变成权威的自然法教科书，并渐渐地戒除那种说教式的学堂口吻。与此相反，一部现代法典则不包含任何既非命令亦非命令组成部分的规定，而它可能只是一种已经与此不同的指令的理论阐释，即使只是法典本身的理论阐释。

现代法典通过其特别的法律适用例子来表明一般的法律规 37
则；或者是重提一项已经明定的，但其意义会因其他法律规定才会清楚的一项法律规定；或者是以着重体*来强调一个不明显的，但有着深刻内容的表述，以拒绝助长法律接受者的迟钝、健忘和漫不经心。它甚至鄙夷通过小品词——“相反”、“例外”——去表明法律规则之间可能具有的对立或例外关系。当然，如果这些法律规则之间的关系已经通过其内容被认识，那么这些小品词确实会成为一种说教性的附属品。通过段落和条款的严重分离，一些单个的法律规则突兀地相互并存；就法律语言而言，讨人喜欢的口若悬河式的表达方式并不可取。一部法律，当其合乎逻辑地把握其命令特征，以至于要在某种程度上摆脱说教性，进而摆脱了通俗易懂时，那么它就必然要求一种法律科学，这种科学的作用就是取代法律说教的任务。法律就是为了那些谨慎注意之人而制定(jus vigilantibus scriptum)**——立法者以反应敏锐的听众为前提，而这种灵锐只有在与法律的长期职业交往中才能获得。

* 指一种大字体、大行距的排版方式。——译者注

** 语出《学说汇纂》(D.42.8.24)：jus civile vigilantibus scriptum，意为市民法是为谨慎小心的人而制定的。——译者注

在如此多方面的放弃之后，还有什么属于法律语言呢？一种表达方式的严肃与禁欲，一种斯多葛学派式的咬文嚼字，它不是以言语表达它的情感、爱憎，而只是以行动来体现情感、爱憎，这是一种清醒的贫困。然而，这也是一种自愿和骄傲的贫困，即一种自我选择的返璞归真的贫困，它出色地表达了绝对命令的庄严和命令式国家自我保障的权力意识。据说，司汤达(Stendhal)通过阅读几页《拿破仑法典》来帮助自己更好地创作。但对于上述法律语言来讲，它自身文风价值的成长大概不至于恰恰是由于对文风价值的冷漠而被忽略吧。实际上，这就像一个忘我的献身于事业的人，会在其行动过程中意外地重新发现了自己个性的成熟。

但是语言并非法律唯一可能的外衣，并不是所有的制定法都是“成文法”。法律的设置不仅可见于有组织的民族共同体，即国家的法律形态中，亦可见之于社会，即没有组织的民族共同体的法
38 律形态中，在后者那里，社会逐渐赋予习惯以法律必要性的确信，从而使之浓缩为习惯法——而正是通过法律表现形式的这种传统两分法，才使得法律成长的可能性不至于枯竭。除非迄今为止的法律习俗都已被上升为制定法，都已经加以“编纂”，除非法律习惯都已经变成了遵从习惯的制定法，那么，由制定法和习惯法这两种传统法律渊源中，就会有规律地源源不断地产生出协调一致的法律规范。然而，还有可能出现的情况是，制定法要排斥习惯的陈规旧律，而习惯则要窒息陈旧老弱的制定法。人们认为，法律与习惯之间这种为了优先地位的斗争如今要或此或彼地通过法学去解决，也就是说，人们既不能简单地指出习惯法事实上的优势；相反地，也不能将习惯法作为国家唯一能容忍的法律而将其置于国家

所制定的法律之下。事实上，人们在此只能是当事人，而从来不曾是法官。因为，针对制定法和习惯法之间争议的，具有主导性优势的第三种法律渊源，即充分及时的司法判例并不存在。法律与习惯之间的争议不是一种法律争议，它更多地是一种在现代国家中以国家法律为依据来裁断的权力较量。但在以往并不确定的国家构造中，这种较量往往会产生有利于习惯法的结果。

但习惯法和制定法谁当优先的问题，不仅作为法学的，而且还作为法哲学、法政策学的问题提出来。一方面，有人认为人们要“通过内在的、潜移默化的力量，而不是通过立法者的臆想专断”来了解法律的进化；(萨维尼语)[*] 另一方面，又有人强调，“法律目的是全部法律的创造者”。[①] (耶林语)[**] 当个人主义者总是准备用手中那种个人利益的明确尺度进行判断批评和进行立法改革时，保守主义者却想使法律进步摆脱个别人的有限专断，但却保留着正义感支配下的冲动的下意识。因为保守主义认为，法律的用意在于一种超个人利益的、庄严但对个别人来说可能掩盖着其他内容的目的。由于这种下意识预示着超个人主义的整体民意、民族理 39
性，进而也是天意，故它远远高于全部个别的理性。根据生机活动

* 参见萨维尼:《当代立法和法学的使命》，1814 年版，第 14 页。在萨维尼的原文中，“willkür”被写成了“üh”。——译者注

① 鲁道夫·冯·耶林:《法律的目的》，第 1 卷(1877 年版)，第 2 卷(1884 年版)，第 4 版(1904 年和 1905 年)；《法律和习俗》(选集，教育用书第 9 卷)，慕尼黑：Albert Langen 出版社。《论迄今为止最有影响的法学思想家的人格》，载《鲁道夫·冯·耶林与友人书》，1913 年版。

** 这是耶林全集《法律目的论》(两卷本)，1893 年和 1898 年第 3 版中的格言。——译者注

论的观点——有机体不是通过原子粒子力的共同作用，而是通过整体的“生命力”的构造而生存发展——法律也不是产生于个体的个别理性，而是产生于以习惯法形式所体现的、存在于个人或者超越于人之上的“民族精神”之中。名噪一时的有关法律和语言的对比研究，有助于阐明法律通过民族精神下意识的产生过程。正是在这个保守主义学说强调民歌优先于艺术歌曲的时期，亦即浪漫主义时期，“历史法学派”采取了一种科学取向的姿态，并因此而差不多完全主宰了整个19世纪。尽管它没有能够阻止这个世纪中日益扩展起来的一种立法活动并使习惯法越来越受到排挤，然而它确实产生了前所未有的作用，使得过去很少参加立法的法学，如今却投身于为法官准备每一项现行法律或者甚至去发现早已过时的法律。但是在此过程中，历史法学派却忽略了它的第二个使命，即通过对现行法律的评判并创造一种正当的法律（ein richtigeres Recht）来为立法者指明道路。只有我们这个时代的社会思想，才使法律有必要走出自给自足的孤寂，且作为社会措施及社会目的体系中的组成部分而出现。通过鲁道夫·施塔姆勒（Rudolf Stammler）所奠定的、以“社会理想”（Soziales Ideal）为导向的“正当法律”（richtigen Rechte）的科学纲领，法律认识开拓了一个新的科学范畴，而立法对其迅速改革工作之科学基础的需求，已使科学的法律政策不再停留在纲领阶段。

20世纪的法学似乎想重拾18世纪的传统。当然，我们在此
40 期间已经学会了更多的谦虚，首先是从历史法学派那里，随后是从唯物史观那里。当18世纪相信在自然法中存在着一种对任何时代、任何民族都适用的法律判断和法律改造的标准时，历史法学派

却显然不公正地以自然法学的法律批判拒绝了所有法学的法律批判，但它毕竟给20世纪留下了这样一种法律认识，即民族与民族之间、时代与时代之间的正当法是不同的。事实上，它总是根据阶级归属、世界观和政治立场等因人而异地被加以理解。但是，卡尔·马克思和弗里德里希·恩格斯创立的唯物主义历史观，即社会主义纲领的理论基础，使我们认识到法律观念变迁的原因或者至少一种原因。事实上，每一种占统治地位的法律观念每每不过是阶级斗争中各种力量关系的表达，而且是与经济变革和最新技术成果那不以人的意志为转移的效果相适应的。法律并不是一种可以让任何社会关系素材随意塞进去的形式，而是一种不可拒绝地要去表现这些素材的形式。因此，立法者可能无法驾驭社会的发展，但是他确实能够使之较容易、较迅速地形成，即"加速时代的分娩阵痛"。①*

年轻的法律学子常常去听两个有关德国法律史的讲座课程："德意志法律史"和"普鲁士法律发展"，也就是古老德意志帝国的法律史和那个缔造了新的德意志帝国的德意志单个邦的法律史。前者趋向衰微，后者则趋向上升。古老的帝国分崩离析了，就像一座古老的宫殿渐渐地被常青藤网罗，而那空寂的窗牖和开裂的门面反而使它愈来愈有诗情画意，但也愈来愈不可使用、不可居住。

① 作为历史唯物主义法律思考的杰作，参见卡尔·伦纳（Karl Renner）：《私法制度及其社会功能》，1929年版。

* 类似的比喻还出现在卡尔·伦纳：《私法制度及其社会功能》，1929年版，第176页以下，"新的生命已经在母亲的子宫中形成了，只是在等待出生这个释放行为"。——译者注

怀抱着以习惯来构造法律的理想，历史法学派留恋着能打动人的思考，故而又被人们称为浪漫主义法学派。然而，在已经死亡的帝国怀抱中又萌生了一个新的生命：这就是德意志各区域，特别是勃兰登堡－普鲁士（Brandenburg-Preußen）。在这里，人们并没有
41 让自己信从民族精神的睿智，即世界史上那种内在的、潜移默化的力量，亦没有使自己信从那种在其公正法律之途的模糊渴望中发生的本能冲动。在此，一种可与美国式精神相比较的精神，即已知的目的和果敢坚决的手段，主宰了这些被夺取的殖民土地的时代转折。它较少诗意，亦缺乏浪漫，更没有什么同情心；相反，在弗里德里希的启蒙精神中，是一种冷静、清晰和“果敢的意念”。而结果呢，却是一个新的帝国。这个帝国在其产生的短暂时间内创制的法律比过去的帝国在整整 100 年中所创制的还要多。而且，如果人们抱怨“立法的臃肿”以至于不能更多地了解法律时，如果人们把整理和汇编这些混乱分离的法律作为一项最紧迫的法律政策任务看待时，那么就没有人怀疑从习惯发展到制定法、从民族精神发展到国家意志的不可逆转性。但这种发展只是历史从无意识到有意识，从本能到意志，从“共同体”到“社会”（Ferdninand Tönnies，费尔迪南·特尼斯语）的历史不断发展进程中的部分现象。历史就是这样对“历史法学派”作出了判决！

历史法学派的代表人物是卡尔·冯·萨维尼（Karl v. Savigny，1779—1861）。1814 年，当解放战争时期的爱国主义扫除了法国征服者的异国统治之后，并且也要求一部德意志民法典来排除罗马法的外来统治时，他通过颂扬习惯法的形成，对他那个时代

的“立法使命”嗤之以鼻。① 但是恰恰在一年前，通过为德意志刑法指明了半个世纪的可行之路的1813年《拜仁刑法典》*，这个时代有力的阐明了自己的立法使命。该法典是安塞尔姆·费尔巴哈(Anselms Feuerbach)**(1775—1883年)的一部个人作品，而且，他还在针对萨维尼的一篇出色论文中，阐述了制定法的问题。② 对我们来说，费尔巴哈和萨维尼不仅成了两种法律形成的对立观 42
点的体现，而且还是各有其依据的较深刻的对立面的体现。费尔巴哈，这个严守康德批判主义的“启蒙的冒失鬼”(特莱齐克语)，是个人主义的代表；萨维尼，一个浪漫主义者，贝蒂纳斯***(Bettinas)的连襟，③是超个人主义法律观的代表人物。近代的德国法

① 萨维尼:《当代立法和法学的使命》(1814年)，见1914年雅各·施特恩(Jaques Stern)主编的新版《蒂堡与萨维尼》；有关他的生平，现有阿道夫·斯托斯(Adolf Stolls)资料丰富的《萨维尼传》；关于他的理论的影响，还可见之于坎托洛维茨(Kantorowicz)著的《萨维尼对我们意味着什么?》(1912年版)。

* 拜仁，指今德国巴伐利亚州地区，因此也有人译作《巴伐利亚刑法典》。——译者注

** 安塞尔姆·费尔巴哈，全名为保罗·约翰·安塞尔姆·冯·费尔巴哈(Paul Johann Anselm von Feuchbach)，1775年生于耶拿，1833年卒于美因河畔的法兰克福。刑法“心理强制说”的奠基人，《巴伐利亚刑法典》的起草人；著有《实证刑法的原理与范畴》、《德国现行刑法教科节》、《对库尔—普法尔茨—巴伐利亚州刑法典的批判》等著作。——译者注

② 费尔巴哈:《短篇杂文集》，1833年版。有关他的生平，参见《费尔巴哈传记体遗著》，路德维希·费尔巴哈(Ludwig Feuerbach)出版，1853年第2版。

*** 贝蒂纳斯(1785—1859)，全名贝蒂纳斯·冯·阿尼姆(Bettinas von Armin)。德国著名作家，浪漫主义的代表人物，代表作品有《日记》(1835年)、《歌德与一个孩子的书信往来》(1835年)等。——译者注

③ 萨维尼和库尼贡德·勃伦塔诺(Kunigunde Brentano，也叫做贡达)，贝蒂纳斯·冯·阿尼姆(Bettinas von Armin)和克莱门斯·勃伦塔诺(Clements Brentano)的姐姐结婚。

学能够从两个如此不同，而又同样有价值的教父那里接受洗礼，真可谓幸运。德意志精神在过去一个世纪的金色黎明中以最深远的对立彼此分离，就像是要表明其整个思想跨度一样。在法律领域和在诗歌王国里完全一样，人们完全有理由将萨维尼—费尔巴哈的对立像歌德—席勒的对立一样追溯到同一源头，并且在阐明其各自独有的风格特点之时，对费尔巴哈和席勒、萨维尼和歌德的同源承继关系予以勾画：前者那里是反命题的雄辩激情，它迸发于理想和现实之间矛盾的二元感情；后者这里是人类自身固有的和谐，它以一元论的思想方式在客观事物中寻找和发现理性。费尔巴哈和席勒的风格如同桥梁，它以轮廓分明的张力从一个桥墩跨越到另一个桥墩；萨维尼和歌德沉稳、庄重的文辞就像桥下奔涌直下的洪波。前者是伟岸堂堂的巨人，后者则是威仪凝重的哲人。今天，我们回首那个时代时会不无忧伤，因为那个时代的法学家可以和同时代的诗人共领风骚；在那个时代，法律科学仍然参与到思想领域最高雅的运动当中。而且正因为如此，这两个矗立于现代法学
43 入口的伟人，正在对那些也处于我们法学导论入口的后学们召唤致意。

第二章 国家法

我们所看到的情形是，制定法如今已经差不多完全将习惯法逐出了战场。但是由于制定法要以作为立法者的国家为前提，故我们就要将国家也同样作为所有法律的渊源首先加以考察。不过，国家不仅是法律的渊源，而且是法律的产物：它确实是从宪法和国家法中推导出其形态以及由此决定的法律上的存在。但是，由于国家宪法本身就是国家法，于是乎，我们便面对着这表面上不可解决的矛盾，即国家以国家法为前提，但反过来，国家法又以国家为前提。事实上，国家和国家法不是两个不同的事物，不是原因和效果或者效果和原因的关系，而是一种或同种处于不同视角之下的事物，两者就像机体和机制一样，很难彼此分离。我们在此处于法学的边缘，面对着一种从法学上难以进一步理解的、源于现实的法律的自然发生。就像雅典娜女神披戴盔甲地从宙斯头里跃出一样*，国家从一开始就披着国家法这个甲胄从历史生活的事实中跃出，以便接下来给所有其他法律赋予生命。

---

* 传说有神预言墨提斯所生的儿女有能力推翻宙斯。宙斯感到这将威胁到自己的地位，于是把墨提斯变成苍蝇之后将他吞入腹中，被吞后的墨提斯仍然在宙斯头内不断打铁来为女儿做一套盔甲，让宙斯头痛难忍，只好召来火神赫淮斯托斯用一把大斧头劈他的头颅，于是一个身穿甲胄和挺举金矛的女神从他的头里蹦出来，亦即雅典娜。——译者注

各种各样的欧洲的宪法形态都是以中世纪遗留给近代的等级国家为共同开端的。对此,我们有必要予以考察。

如果我们发现在德意志民族的神圣罗马帝国中,除了皇帝之外还有帝国议会参与国家的管理,发现在神圣罗马帝国的领地除了领主之外还有特权等级代表(Landständ)参与国家管理时,那么对于不谙此中道理的人来说,就很容易去做如下的尝试:在等级国家中寻找议会的直接起源。可是事实上,在欧洲大陆从等级国家向宪政国家发展的过程中,插入了专制国家这样一种中间阶段。
44 也就是说,从等级国家到宪政国家并不是一蹴而就的,因为仅仅产生于贵族和僧侣等利益代表人的特权等级代表并不代表着全体民众。因而相反地,在理解宪政国家思想之前,人们首先要做到的是去贯彻国家思想。

就一个正规国家的实质来讲,人们要求它拥有主权,即可能是地球上至高无上的权力。没有任何权力能够超越主权,在主权的范围内,也不能容忍任何其他权力与其平起平坐。如此一来,对我们来说,如果等级国家完全还是作为一个国家的实体,那么它也是一种相辅相成、交错抑制的两元体:一方面,领主的无限统治不过是仅仅限于其自己的领地;另一方面,各等级对于自己的隶农也拥有差不多同样无限制的主宰权:他们征税、审判、征召军役、不召而聚,并和领主们平等地谈判,他们仅在自愿的情况下才服从领主,通过采邑契约承担军役义务,通过批准领主乞求似的、因此而被称为贝德[1](Bede)的东西承担财政上支持领主的义务,甚至通过自

[1] 贝德是13—17世纪由诸侯向他的等级阶层所乞求的,但随后很快就正式的、定期的要求的一种以金钱形式支付的财产税。

己的使者和外部势力进行谈判，以挫败领主的政策。等级国家的这种双重统治不可避免地导致了为实现独一统治的持续斗争。在法兰西王国，这种君主和封臣之间的斗争以王权的胜利而告终，而且还进一步通过君主专制远远早于德国实现了其民族统一；与此相反，在古老的德意志帝国却是帝国各等级和地方领主得势，王权则被削弱至毫无意义。于是对他们来说，就像他们对外赢了皇权一样，对内他们相对于领主获取了主权。对我们而言，弗里德里希·威廉一世的粗话成了这种成果颇丰的斗争的名言："我走向了我的目标，稳定了国家主权，像铜箍一样戴定了王冠，让容克先生们嗅了特权等级议会的屁。"专制国家曾负有这样的使命：首先以诸侯主权的形式建立国家主权，实现国家权力的统一，缔造现代意 45
义上的国家。

然而在这种专制国家的土壤上，已经表现出必然超越其自身而进一步超前发展的趋势。两位君主的话——即路易十四的"朕即国家"（L'État c'est Moi）和弗里德里希大帝的"王侯当为国家第一仆役"——标志着一种观念之途的起点和终点，即从将王权理解为一种权利到将王权理解为一种职位，从将领主理解为国家的所有人到将领主理解为国家机构的统治者。王侯的机构地位一旦被明确，则一种个人主义的国家理论就必然发问：为什么服务于个人利益的国家要比个人本身能够更好地认识到个人利益？为什么为了民众的事最好不由民众来完成，并进而要求民众代议机构参与到国家意志的形成过程中呢？一种领主式的国家组织只能与超个人主义的国家观达成共识：超越个别人目的的国家目的大概最好是通过代议机构予以实现，这种代议机构拥有不产生于个人但又凌驾于个人之上的统治力量；而个人主义的国家规则要求合作社式的国家组织。

不过，被统治者共同参与统治，即有限君主制，即立宪国家业已率先在英格兰得到了实现。在这里，旧的帝国等级直接转变成了真正的代议机构，等级国家不经过中间阶段直接转变成了立宪国家，也就是说，和欧洲大陆相反，其发展经历了两个阶段，而不是三个阶段，因此它能够如此之早地实现了自给的目的，以至于它能够成为欧洲大陆宪政史的榜样。这个榜样在两次大革命中都产生了影响，这就是北美脱离英格兰母国的革命和成果丰硕的法国大革命，这两次大革命都是在理想和力量的交互作用中完成的。德国只是到了后来，而且起初还是不完全地追随了这种发展，尽管这是因为在德国当时有两个任务要同时完成，而它们又经常彼此阻碍：领主对于特权阶层和皇帝的双重胜利，一方面是要将单个邦国
46 实现绝对君主制，另一方面却又要打破帝国的民族统一，也就是说，既要回答立宪的问题，同时还要回答民族的问题，自由和统一要同时完成。意大利亦曾同时面对这两项任务，然而他们那里的解决方式与我们这里的解决方式是何等的不同！

意大利的民族复兴运动（Risorgimento）[①]要克服比德国统一更大的障碍。许多意大利的王位均被异族人所占据：波旁王朝（Bourbonen）在那不勒斯－西西里和帕尔马（Parma），哈布斯堡家族在托斯卡纳（Toskana）和摩德纳（Modena），而伦巴第和威尼

① Risorgimento 特指意大利 19 世纪（部分延续到 1918 年）的民族统一运动，参见里卡达·胡赫（Ricarde Huch，1864—1947），德国女作家、诗人、历史学家，著有《意大利复兴》，1908 年版。

斯王国甚至就是奥地利的行省。教皇位置上的意大利人几经变化后方得确定，但不是因为要使之成为意大利人，而是要使之成为受奥地利异族统治者影响的基督教教父，并且他的统治是以法国人的刺刀为基础的。只有皮埃蒙特（Piemont）在他那萨伏依（Savoyischen）的王宫里拥有一个民族的王朝。德意志可以通过它那些世袭王室之间的协定成为联邦国家，而意大利的统一则只能通过单一的民族王朝实现，因为异族统治者为了他所归属和依附的外国王室的利益，恰恰必然希望维持一个四分五裂、软弱无能的意大利，而这样一个目的只有通过其排挤压制，通过将其余的意大利王国吸收进皮埃蒙特王国，通过单一国家的形式才能实现。在这场皮尔蒙特针对外国统治者的斗争中，意大利本国境内的民主革命因素当时是其天然的盟友。当1848年德国民众所进行的民主统一运动毫无结果地结束，一个伟大的宰相以其卓越的国家艺术在没有民主力量的参与下，是的，甚至是在与民主的斗争中，在普鲁士群雄纷争时代的斗争中，取得了成就时；意大利民族复兴运动却展示了两种相互对立的力量——民主和王朝因素——的共同作品，展示了“革命与王国的一种神话般融合”，一边是维克多·依曼努埃尔（Viktor Emanuel）* 和加富尔（Cavour）**，另一边是加里波

* 维克多·伊曼努埃尔（维托里奥·埃马努埃莱）二世（Vittorio Emanuel II，1820—1878），萨丁尼亚·皮埃蒙特国王（1849—1861年在位），意大利统一后的第一个国王（1861—1878年）。在位时任命加富尔为首相，为了统一巩固王国和支持复兴运动对奥地利作战（1859—1861年），并取得马坚塔战役和索尔费里诺战役的胜利。——译者注

** 加富尔（Camillo Benso Cavour，1810—1861），撒丁王国首相（1852—1859、1860—1861年在位）、意大利王国第一任首相（1861年）、意大利统一时期自由贵族和资产阶级君主立宪派领袖。——译者注

第(Garibaldi)和马志尼(Mazzini)*,他们所代表的王国与民主的政治观点虽然经常互相排斥,但在民族的目标上却又重新聚合在一起。在这样一种充满对立的关系中,人们理解了它何以必然
47 激发一名伟大的诗人,即里卡达·胡赫的描写艺术。在德国,黑白红的旗帜取代了黑红金旗帜;**而在意大利,萨伏依的十字(Das Kreuz von Savoyen)被镶在了为人民群众所喜爱的三色旗上,它的皇帝也自称为"上帝神授和民心所向之王"。意大利民族这种植根于伟大民族经历中的"民主自由"(Demoliberale)传统,的确可能被强有力的独裁统治者以斧子和大棒暂时砍断,但是却不能被永久地消除。

于是,意大利便成为一个议会统治的统一国家,而德国则成为一个联邦国家,在这种联邦国家的结构中(按照耶利内克的话),"完全自觉地嵌入了对可能的议会统治的强有力的均衡"。[①]

立宪的问题首先是在德意志各个邦中得到解决,而民族问题

---

* 朱塞佩·加里波第(Giuseppe Garibaldi,1807—1882)是意大利爱国志士及军人。他献身于意大利统一运动,亲自领导了许多军事战役,是意大利建国三杰之一。马志尼(Mazzini,Giuseppe,1805—1872),意大利革命家,民族解放运动领袖,是意大利建国三杰之一。——译者注

** 前者指北德意志联邦和德意志第二帝国的旗帜,一般认为,其颜色来源于普鲁士的黑白双色国旗和汉萨同盟的红白双色旗;也有一说,其红色来自勃兰登堡公国的旗帜。后者指德意志联邦的旗帜,黑红金三色旗原是1813年由吕佐率领的自由军团的旗帜。墨黑和金黄两色,是神圣罗马帝国的代表色。后被邦联中最强大的成员——奥地利帝国所沿用,而受法国大革命宣扬自由主义的影响参加吕佐军团的德国青年,则在这面旗帜中加入代表革命和自由的红色。1848年5月7日,在法兰克福召开的德意志邦联议会接受三色旗为象征德意志的旗帜。——译者注

① 格奥尔格·耶利内克:《德国的政府和议会》,这是一篇1909年3月13日他在德累斯顿盖赫基金会(Gehe-Stiftung)所作的报告,载《德累斯顿盖赫基金会的报告》,第1卷,1907年版,第26页。

则随后通过这些邦结合成德意志帝国而得到解决。所以我们的考察也有两个对象，首先是德意志宪政国家，其次是作为联邦的德意志国家。

立宪的思想见之于孟德斯鸠的"权力分立理论"(《论法的精神》,1748年)中，而且他也因之在历史上产生了影响。孟德斯鸠从英国的立宪活动中领悟到，如果没有什么其他办法来通过法律控制专断的话，那么行使国家权力的三种活动就不可以完全落入一个国家机关手中：统治者虽然应一如既往地居于行政首脑的位置，但行政只能在法律所限定的范围内自由运作；而立法和司法裁判一样，都要避免被统治者任意利用，前者只有在代议机关认可的范围内活动，后者则经代议机关的同意才可以由独立于统治者的法官来进行。

在民众参与立法、行政合法性以及司法独立性这三个要求中，我们首先来考察第一个要求。不过，民众参与立法并没有完全说明立宪国家的本质。1789年的《人与公民权利宣言》中宣称，"在一个人权和公民权利没有保障，权力分立没有确立的国家中，没有宪法可言"。立宪国家奉为立国之道的自由，除了其积极的一面 48
外，亦即国民对国家事务的参与，还有其消极的一面：对国家而言，公民所享有的自由是不可触犯的个人自由范围的保障，是对国家活动不可逾越界限的承认。弗里德里希·瑙曼*将市民国家的这

* 弗里德里希·瑙曼(Friedrich Naumann),1860年生于莱比锡,1919年卒于特拉夫明德。德国政治家，新教牧师；他尝试着调和教会和社会民主之间的关系，是1896年国家社会协会的创立人,1903年追随自由思想协会,1919年作为民主党的主席成为国会议员；起草了魏玛宪法，是联邦德国第一任总统特奥尔多·豪斯(Theodor Heuss)的老师。——译者注

种双重方向以两句警语予以概括："吾众即国家"和"国家非万能"。只要与这两句话中的第一句相对应的国家就是宪政国家，就是与"绝对专制"国家相对的"人民国家"；只要与第二句警语相适应的国家就是与专制主义"警察国家"相对立的"法治国家"。

对警察国家来说，无所谓国家活动的界限，它不仅要针对其他国家的属民保护自己的属民，而且还要根据自己对属民的限制理解来保护其属民，而且要强制性地以属民的自由为代价去获取幸福。警察国家的格言是：没有被禁止的，就是适当的，而无须任何许可的。1766 年的一个巴登王室的法庭条例曾宣称：我们的王室法庭是我们臣民的当然监护人，无论是指明我们的臣民远离错误，还是让他们走上正确的道路，都是它应该承担的责任；即使是违背这些臣民的意志，它也要立即去教导他们，就如同安排自己的家务一样。但是，当立宪国家从某些领域默默地收回自己的手，并且在法兰西《人权宣言》这个历史性事件后，在宪法或者其他法律中明确地宣布国家不可触动的其他一些领域时，它便打破了这种监护制度。出于这样一种明确的保障，产生了宪法上的基本权利和自由权利，例如，法律面前人人平等，人格自由、住宅、通信秘密不受侵犯，信仰和文化自由，学术及理论自由，结社和集会自由，出版自由，职业自由，联合自由以及迁徙自由。国家活动和公民自由之间界限的演进过程，显然受到历史的把握，这尤其能从经济自由权、所有权自由、继承权自由和契约自由等问题上得到体现，这就是特
49 别由洪堡（W. V. Humboldt）所阐发的旧自由主义学说，即作为"法治国家"（就此语的狭义而言）的国家，必须将自身限制在确保成员免遭不公正的范围，但这种旧自由主义的学说被社会思想瓦

解了，这种社会思想认为，作为“文化国家”（Kulturstaat）的国家，还必须考虑其成员的积极发展。虽然国家赋予公民的自由从来都是有界限的，但是在其参与国家管理的过程中，这种宪政思想却是实质性的；而且，虽然对法治国家思想来说多少有些吝啬，可也是足够的。

在君主国家中，民众对立法的每一项参与在法理上都有两种理解：一种理论把国家权力本身看做王侯与代议机构之间的权限划分；另一种理论认为，无论是在立宪国家还是在专制国家，国家权力都仅仅属于王公们，只是在权力行使时才受到议会同意的制约。依据第一种观点，王公们的权力和议会的权力同样都是以宪法为根据；依照第二种观点，宪法的权力反倒来自于王公们所维护的国家权力，王公们的这种国家权力通过宪法自愿的使其行使受到议会同意的制约。这第二种观点通过《维也纳决议案》（1820年）成为德意志各邦宪法的基础：“由于除了各自由市之外，德意志联邦由拥有主权的各诸侯所组成，故在此必须要遵守既有的基本概念，把整个国家权力统一地保留给国家首脑，而其这个主权可以通过一种特权等级的宪法，只在行使特定法权时才受到各等级共同参与的制约。”这个将王公们凌驾于宪法上的“君主制原则”（Monarchisches Prinzip）于是乎便用来对王公们单方收回其予以同意的宪法给予合理性说明。直到1907年，这个原则在俄罗斯对沙皇违反宪法未经杜马[*]同意而颁布选举法时仍起到了这种作

* 杜马（Duma），俄语含义是“委员会”，杜马一直存续到沙皇彼得大帝时期，从1906—1917年存在着“帝国杜马（议会）”。苏联时期实行苏维埃制度，直到1993年叶利钦又再次建立了国家杜马。本书出版于1987年，所以考夫曼特别注释到1906—1917年俄国存在着国家杜马。——译者注

用。德意志国家官方的宪政学说直到最近一个时期还恪守着君主制原则;但是由于再也没有人认为由此可以得出宪法的撤销性结
50 论,所以这个以前曾如此危险的反动武器早就变成了一种国家法的宫廷风格的无害形式。的确,君主制原则很难被作为一种法学上的建构来主张,但它却曾经正确地表达了一个政治事实:在迄今为止的德意志立宪主义中,君主制因素一直多于代议因素,因为立宪理论所设想的皇权和议会的平衡,从来不可能是稳定的。如一项必须合宪的立法行为,例如预算,皇权和议会如何达成合乎宪法要求的一致呢?如果立宪国家的国家法不打算违背自己的本质赋予一方或者另一方特权,那它就不能为这种冲突提供一种法律上的裁断;相反,这种冲突只会放任这两种争议因素的政治权力斗争。对于德意志来说,这种斗争,特别是从普鲁士冲突(der preußische Konflikts,1862—1866)以来,长期地是以有利于君主制因素而告解决。而且,这种皇权对于议会的最终独立性,直到最近一个时期都给德意志的国家制度打上了一种纯粹的表面立宪的极权主义国家烙印,尽管它具有所有那些立宪主义的形式。

君主与议会之间权力斗争的完全不同结果,导致了议会制政体。对于实行议会统治的国家来说,特别像英格兰和法国(如果我们首先想从外国谈起的话),其特点在于:国王或者总统始终要按照议会多数或是经议会多数的同意任命其部长。而且,由于在任何情况下,没有一名部长的副署,国王就不能发布一项在国家法上有效的法令。所以,与权力分立理论相反,议会将立法和行政权统一在了自己的手中,而后者是通过与议会多数相应的政府予以行使的。不过,就像不久前的英格兰,那里实际上只有两个大党互相

交替执掌政府，故政府明白直到下一次选举之前，它背后都有一个
稳定的、可与其患难与共的议会多数。如果一个内阁政府是由于
议会失察（Parlamentsunversehens）而产生，也就是说政府实际上 51
最终是首相以自主施政的方式独立于议会，那么他们的命运不复取决于议会，而是取决于选民——只有新的选举才可以使他们倒台。在此情况下，议会从它产生出政府那一刻起，就完全沦为了表决机器，沦为了对国内或者国外公开发布信息的遥远可见的舞台，选举期间国内政见对立者宣传和鼓动的讲坛，特别也是这个国家培养和挑选未来领导人的竞技场。但是这种两党制似乎不能长期地抵御多党制的瓦解，英国和美国均如此。与此同时，政府和议会的关系也会因而发生变化。在有多个党派并且不存在稳定多数的国家，例如在法国那种委任内阁的情况下；在不同利益集团根据各种政治形势而彼此结合成不断变化的多数的国家；在政府如果不想意外失去脚下的多数基础，因而只能和议会紧密接触，小心谨慎地对极度敏感、极不稳定的党派关系作出反应的国家，议会将长期地把政策领导权掌握在自己手中。但这种议会政府的真实必然要在相当程度上以政治生活的不连续为代价。

对于如今称之为总统或国王的国家元首来说，在或此或彼的情况下都适用如下这句话：国王统治，但不管理。议会制统治方式使平庸无能的王公们无碍大局，然而又不排斥有才能的人。议会制政体下的王侯若以其性格和才能为标准还算得上是个国王的话，那么其实他就是一个“影子国王”——英格兰的爱德华七世和比利时的利奥二世在某种程度上并不是影子国王。对一个议会制政体的共和国总统来说，这并不是非常的有利，例如在法国。对法

兰西共和国国家元首的宪定权力，一位法国总统说过，总统的宪定权力只剩下在国家大典上就座首席了。于是，一个有着强烈政治抱负的总统会十分容易地随着其政府的瓦解而垮台，我们不久前
52 其实刚刚再次经历了这一幕。然而，恰恰是在这种议会制政体国家所有政治力量的不断更迭中，需要一个最后确定的点，这意味着，无论他是一名王侯抑或一个有别于法国的由全民直接选举而不是由代议机构选举的总统，作为全民族委以重任的人，他不可能不受到议会动荡的牵累，于是这就使得两者没有什么决定性的区别。因为，一个权力分立的君主国和一个议会制的君主国之间，例如1918年之前的普鲁士和前法西斯的意大利，要比一个议会制君主国和共和国之间，例如1922年前的意大利和法国，存在着更加引人注目的政治上的区别。不过，假使这后两者就是民主的和多数人的专制同样形式，而分权的君主制则是一种自由主义的国家形态，这种形态挑唆专制主义的两个候选人——君主和多数派为了个人不可侵犯的，亦即第三等级不可侵犯的自由权相互斗争。即使是分权的共和国，虽然它是由总统的个人统治、由其独立于议会的内阁组合为标志，亦不能没有任何保留地将其描绘为民主的国家形态。实际上，尽管美利坚合众国的总统职位具有民主基础，但这个国家仍然是以自由主义为其主要特征。国家公民的自由在一个分权的国家政体中，实质上是相对于特定国家的自由；而在一个议会统治的国家政体中，国家公民的自由首先是参与国家管理的自由。在那个哺育了法兰西大革命的政治思想世界中，这些原则仍然还没有相互关联地得以阐发。人们一方面一味地相信孟德斯鸠的分权理论和美国的人权宣言，另一方面又以为卢梭的人民

主权理论可以并行其道。只是到了格奥尔格·耶利内克时，才将
卢梭民主国家理论和1789年《人权宣言》之间的鸿沟予以揭示，并 53
且最终予以阐明。①

前述宪法发展史表明，在第一次世界大战开始之际，差不多整个德意志之外的世界，不管它是表现为共和国的形态还是议会君主制的形式，均为民主的统治；而几乎只有在德意志才继续存在着以极权的君主制原则确立的君主立宪制形式。除了三个城市共和国和两个甚至仍然为等级君主制国——两个梅克伦堡，君主立宪原则构成了俾斯麦帝国宪法的基础。现在，首先对此加以阐述。

25个邦联合成一个国家，在多元化各邦的基础上缔造帝国的统一，而在帝国的统一中却又保持各邦的多样性，这就是我们的民族精神交给民族精神大厦创建者们的历史使命。由于德意志灵魂是这样一种灵魂，即它如此地向往统一，而在这种统一中又不取消多样化；反而是要予以保持；其哲学观念想要在普遍性中接纳个别的特殊性，其艺术想要给风格的博大注入深情可喻的充分个性，其政策又想要在民族充满活力的兴旺中接受本土特定生活的丰富多彩。所以，在德国发生矛盾冲突的或许恰恰就是充满魅力的篇章，它常常很少有一种完满的成功，注定只能是一种最大程度上的成功。这样一来，联邦制国家的形式就不只是由于王朝的利益而呈现于德意志民族的面前。

联邦国家的形式给那种努力想以一般概念上的国家单一性而

① 参见格奥尔格·耶利内克的《一般国家法理论》，1914年第3版（1929年重印）以及他的《论文和演讲选集》，1911年版；还可以进一步参见理查德·托马斯载于《国家科学词典》第4版第7卷中的著名词条“国家”。

享有声名的国家学说造成了很大的困难。也就是说,人们在此把主权视为任何国家都必须具有的一个概念上的必然特征,而由此出发就不可能将那些单个邦国的多样性统一为一个整体国家。虽然起初人们认为可以把主权归于那个作为诸多个别邦国集合的帝国,每一个邦国都能够在其活动范围内要求拥有主权;但是,从概念逻辑上讲,主权不能从个别邦国的活动那里得到说明,而只能从
54 整个国家权力那里才可以得到说明。而且,局限于特定活动领域内的国家主权本身就是矛盾的:一个由另一个权力限制的权力不可能是最高的权力。因而似乎只存在两种可能性:不是一个帝国享有主权,就是单个邦享有主权。在前一种情形下,单个的"邦国"就不是主权的,不作为国家,而只是被视做帝国的行省,于是德意志便只构成一个国家,一个统一的国家;在后一种情形下,单个的邦国享有主权,因而就没有其他国家可以凌驾于他们之上,如此一来,这个帝国也就不是作为一个国家,而是仅仅被视为 25 个德意志邦国在国际法上的条约关系,只是被视为邦联(Staatbund)。而从国家法的角度来看,这样一个德意志帝国不外乎就是那种我们的先辈们曾经渴望过的、可怜的德意志联盟。

然而,在我们早期帝国国家法大师鲍尔·拉班德*的主导下,大多数国家法学者都针对以下结论,即"因为主权属于国家概念,因此这个帝国不是联邦国家,而只是统一国家或者邦联"的理论提出了相反的看法,他们认为:"因为我们每天面对的活生生的现实

* 鲍尔·拉班德(Paul Laband),1838 年生于布雷斯劳,1918 年卒于斯特拉斯堡,德国国家法学者,柯尼斯堡和斯特拉斯堡的教授;是实证主义国家学说的主要代表人物。——译者注

表明，这个帝国既不是作为一个统一国家，也不是作为一个邦联，而是作为一个联邦得以生存发展，因此将主权归于国家概念的学说必然是错误的；这个帝国是一个主权国家，而且单个各邦虽然由于它隶属于帝国而不再具有主权，但它究竟还是一个国家，即非主权的国家（nichtsouveränität Staaten）。”[*] 持与此相反意见的人又不然：将国家与行省相区分的，如果不再是主权性，如果国家如同行省一样也要容忍凌驾于其上的一个更高的权力，那么国家和行省还有什么区别呢？于是，针对这种疑问，拉班德他们又予以反驳说，国家通过其法律权力的原初性再清楚不过地说明：行省与国家同生共死，因为它的血管里流的无非是国家这颗心脏输送给它的血液；而与此相反，成员国家则能在联邦崩溃后仍然独立存续，如同它在联邦国家出现之前亦能生存一样，因为它是依赖自己的生命力而生存着的。

帝国如同其成员一样本身就是国家，但这是一个什么样的国家？在不知究竟的人眼里，它似乎是一个两院制的有限君主制：皇帝（Kaiser）、联邦参议院（Bundesrat）和帝国议会（Reichstag），于 55
是便描述了君主（Monarchen）、上院（Oberhause）和下院（Unterhaus），并且分别去和以前普鲁士宪法中的国王（König）、上院（Herrenhause）和众院（Abgeordnetenhause）[**] 相比较。然而这可

* 参见鲍尔·拉班德（Paul Laband）：《德意志帝国国家法》（Deutsches Rechtsstaatrecht），1909 年第 5 版，第 15 页以下，特别是第 19 页。但是在这些地方并不能找到准确的原文。——译者注

** 上述注出原文的三组词尽管从汉语的角度来看差异不大，但是在德语中是对不同历史时期特定主体的特定称谓。——译者注

能会造成误导:即立宪国家中的两院在德意志帝国只能和帝国议会相对而言,因为这个帝国实行的只是一院制;相反,联邦参议院和皇帝则一起与君主立宪制国家中的君主相对应,表现为帝国的政府。因此,皇帝不是德意志帝国的君主,而是单个国家的"联合政府"中的帝国政府,以至于帝国始终是在"共和的顶峰"运作(俾斯麦语)。但是联合的君主和参议院(Senate)也不是个别地、亲自地从事这种对帝国的统治,而是共同通过获得其授权的代表的大会,即联邦参议院得以进行。只不过普鲁士具有一种优势地位,因为普鲁士皇帝除了他在联邦参议院中的表决权举足轻重之外,他还亲自和独立地参与帝国统治。因此,在有限君主制中君主们所享有的权力,在帝国中则于联邦参议院和皇帝之间进行了分配。就立法而言,联邦参议院则具有立宪君主的地位,它可以拒绝认可帝国议会已经通过的法案;相反,皇帝却不能拒绝签署一项已经由帝国议会和参议院批准的法案。因此,对于内部政策而言,皇帝没有君主的权力,而只有联邦总统那样的权力,但是,他却如同单个邦国的君主一样,独立地领导着帝国的对外政策。在国家法上,他仅仅是"德意志皇帝"(Deutscher Kaiser);在国际法上,在与外国的交往中,他却是"德意志国家的皇帝"(L'Empereur d'Allemagne)。如同参议院体现了帝国宪法中的联邦主义因素、单个邦国利益的多样化,皇帝体现了普鲁士的霸权地位一样,帝国议会除了体现立宪主义因素外,最终还体现了极权主义因素。作为并非产生于单个邦国组织的,不是属于普鲁士、巴伐利亚或者巴登的,而是属于全体德意志民众的,帝国议会应该表现了超越成员国家多
56 样性的帝国民众的统一。

作为联邦国家的德意志发现了可奉为榜样的瑞士同盟，特别是北美联盟（nordamerikanische Union）*。但是透过德意志宪法和美国宪法之间令人瞩目的平行关系，切不可忽略两者之间非常实质性的区别。美国参议院，即单个州的代议机构，是美国议会制中的上院，它与作为下院的众院平行。美国的联邦共和政体可以在议会中的上院得到政治上的体现，但德意志的诸侯联邦却不是如此，只要他们还没有沦为作为德意志皇帝的普鲁士国王的臣属。因此，俾斯麦宪法中的联邦制机构，亦即联邦参议院，不是第一议院，而是统治机构，是在皇帝和联邦参议院之间划分的统治；而在美国，它却未被划分地落在总统手中。与德意志皇帝不同的是，美国总统还拥有一个国家元首的全部权力，特别是在立法中享有延滞否决权。的确，就像人们所说的那样，美国总统在其为时四年的任期内是地球上最有权力的统治者。美国总统实际上产生于美国人民的直接选举，故他是作为这个联盟的全体民众的代言人出现，由此也就解释了与议会选举出的法国总统相比，美国总统何以拥有法国总统无法相比的权势地位。与法国总统不同，美国总统独立于议会的多数任命自己的国务卿，其自由度很类似德国皇帝任命其帝国宰相。但是，当德意志皇帝的尊严和普鲁士王权宪定地联系在一起时，美国总统的身份却与任何一个单个州的政府职位毫无关联；相反，它具有纯粹的联盟性质。与俾斯麦宪法的德意志帝国不同，美国并不承认任何一个单个州的霸主地位，相反，所有

* 北美联盟在此实际上是指美国，故下文一般统一将有关所指译为美国。——译者注

州都被给予两个参议院席位，就好像它根本不知道我们早期联邦参议院中根据表决权分配方法的不同而存在着各邦权利差异一样。

57 在俾斯麦宪法的背景下，我们现在已有十年的魏玛宪法的特点就被衬托得颇为清楚。①

俾斯麦宪法是联邦主义的、联盟的，其诸邦的国家性无可置疑，反倒是帝国的国家性大可怀疑，其纯粹的邦联特征无论如何都具有代表性。与此相反，魏玛宪法则是"第一个不稳定的联邦主义的例子"（理查德·托玛语）* 这是一个具有中央集权主义的发展取向，而这种取向的再进一步就是立即会促成一个统一国家的联邦主义的例子。旧的宪法开始就说："普鲁士国王陛下以北德意志联邦的名义，巴伐利亚国王陛下、符腾堡国王陛下、巴登大公殿下和黑森大公殿下，……结成一个永久的联邦。"但是魏玛宪法的表述却是："本出同源的德意志人民，……制定本宪法。"这部宪法是在没有各邦决定性参与的情况下，由体现为全体德意志人民的国民议会所制定。它不像俾斯麦宪法那样将单个邦的现实存在作为

① 想进一步了解当代政治状况，马克斯·韦伯（Max Weber）1921年版的《政治论文全集》首当其用。魏玛宪法之父胡果·普罗伊斯（Hugo Preuß）在他的如下著作中阐明的自己的思想：《德意志人民和政治》（1916年版）、《论魏玛宪法》（1924年版）、《帝国和邦》（1928年版）、《1919年宪法草案备忘录》。重要的《魏玛宪法评论》的作者格哈德·安许茨（Gerhard Anschütz）在他的题为《魏玛宪法的三个主要思想》的讲话中，精辟地勾画出了这部宪法的精神。最后，允许我提及自己在1928年8月11日共和国政府庆典时所做的宪法演讲。

* 理查德·托玛（Richard Thoma），1874年生于士特瑙，1957年卒于波恩。德意志国家法学家，海德堡大学和波恩大学教授；致力于推动民主、法治的宪法和行政法思想在德国的发展，有许多公法方面的著作。——译者注

前提;相反,从国家法的角度来看,邦的存续仅仅是它的后果,是宪法规定的结果。就像其产生一样,魏玛宪法从内容上来看也是中央集权主义的。它不仅扩大了帝国相对于诸邦的帝国权力范围、帝国立法权限、帝国自身管理权限(财政、交通、军务)、帝国对各邦的监督权限以及帝国深入干预各邦内部管理、采取紧急措施的权限——它还通过为各邦规定共和、民主和议会制的国家形式,许可违背成员邦意志而以帝国名义进行各邦领土的变动,它无视每个邦的邦籍赋予所有德意志人以国民权利,从各邦那里获得了对国家权力的三个基本要素——宪法、领土和人民——的自由支配权。58
所以,当它把俾斯麦宪法中的"诸邦"(Bundesstaaten)只是称作"诸州"(Länder)时,这是不无道理的,因为它们事实上已经不复为"邦"(Staaten)了,而只不过是仍然拥有广泛自身权利的自我管理实体而已——此时的帝国已经变成了一个统一国家。然而,这个法律上的名称与政治的现实并不一致。以前从来没有过的、俾斯麦早就曾指责过的"无法无天的主权欺瞒"(Souveränitätsschwindel)的地方分裂主义,在魏玛宪法的最初几年里发生了如此富有成果的作用。不仅如此,它也不再是以往那种可以以王朝联袂和利益共同体作为力量平衡的王朝地方分裂主义,而是一种更危险的变种。在新的帝国中,诸邦的分裂主义已与党派分裂主义形成灾难性地结合。当某个邦感觉到自己是反革命的大本营时,其他邦就会自视为社会主义的模范之邦。如果说旧式的地方分裂主义对帝国统一没有严重的危害,且对德意志文化的美好与多姿多态不无用处的话,那么在一个毕竟已经削弱了的帝国中,新形式的地方分裂主义则是绝对有害的。相对于这种分裂主义,《魏玛宪法》中的集权主义思想的实现就是德意志民族生存的必然。它就是目前正在进行的帝国改革*任务,有关这场改革的目的,亦即分散权力的统一国家,已经有几分清楚了,然而其途径至今仍然处于黑暗中。

俾斯麦的帝国宪法是一个极权国家的宪法:它的统治机关,即帝国首相和联邦参议院是由皇帝、联合政府在毫不考虑被统治者同意的情况下自上而下予以设置的。它建立在君主制原则(das Monarchische Prinzip)基础上:国家权力源自于皇帝和领主。与此相反,《魏玛宪法》第一条就宣称:"国家权力出自人民。"**它立
59 足于主权在民的思想基础之上,它是一个人民国家的宪法。人民不仅通过选举确定实施国家事务的权威人物,而且还通过全民要求(Volksbegehren)和全民公决(Volksabstimmung)来自己决定国家事务。当然,这仅仅是作为偶然的和并不总是希望发生的例外而存在。我们的帝国宪法规定原则上不是由人民自己行使的"直接的"民主,而是通过按照民众意志召集的代议机关行使的"代表的"民主。这些代表机关就是:帝国总统、帝国政府和帝国议会。

国民议会(Reichstag)***是出自俾斯麦宪法进而过渡到《魏玛宪法》的,然而后者实质上有着更广泛的基础和完全不同的意义。由全体国民,包括男人、女人、老人和20岁以上的青年;不是依据

---

* 亦即根据1919年《魏玛宪法》第18条而进行的致力于实现对德意志帝国符合目的的划分和管理的改革。——译者注

** 参见《魏玛宪法》第1条第2款。——译者注

*** 德文"Reichstag"可以有多种译法。对于俾斯麦帝国来说,译作"帝国议会"可能更好,而对于魏玛共和国来说,似乎译作"国民议会"较好。我国学者多将魏玛宪法中的立法机关称为"联邦国会",思想内涵其实没有差别。——译者注

以前处心积虑的“选区划分制度”(Wahlkreisgeometrie)*，而是根据使少数选票也能完全产生影响的《比例选举法》选举出来的。国民议会是一个缩小了的，但在理智上更可信的，对选举时以力量对比而相互角逐的民众意向的反映。进一步来看，在《魏玛宪法》中，过去说得太多、决定得太少的国民议会在政治上变成了一个差不多无所不能的国家机关。根据俾斯麦宪法，帝国议会本质上只是一个与另一个立法机关——联邦参议院——并存的立法机关，一项法律若没有后者的同意就无法完成立法；而根据《魏玛宪法》，国民议会一方面(原则上)是立法权的唯一享有人，另一方面还是行政权的掌控者。根据俾斯麦宪法，帝国首相只需要其皇帝主人信任便可身居其职，而不取决于帝国议会的同意与否；然而《魏玛宪法》却规定：“联邦总理及各部部长，于行使其职权时，须得到联邦国会之信任，他们中的任何人，若被国民议会以明确的决议撤销信任时，应即辞职。”** 这种因此而根据宪法确定下来的议会制统治形式意味着：议会不仅是立法的最终决定者，而且是行政的最终 60
决定者；以前帝国宪法中的权力分立如今由议会中的权力统一所替代。

以前的政府自诩为一个超越党派的政府，而今的议会政府却有意识地要成为一个党派政府(Parteienregierung)。极权国家曾

---

* 是一种通过选区划分而进行的选举方式，在特定的选区内实行赢者通吃的计票方法，所以选区的划分就非常重要。该选举方式最早由美国马萨诸塞州州长埃尔布里奇·格里所提出，并导致反对党联邦党在 1812 年的选举中尽管获得了全部选票的 51%，但是却只赢得了 40 个选区中的 11 个，最终败北。——译者注

** 参见《魏玛宪法》第 54 条。——译者注

建立在这样的思想之上：超党派的立场是可能的；以这种观点为依据，极权国家在“党派龃龉”中可能只是瞅见了泛滥的、对实际工作有害的争吵，只看到了那种因为欠缺见解和形成党派精神的恶意所产生的后果，因而便制造出“让祖国超越于党派之上”的原则。然而没有一双眼睛会如此昏花，以至于认识不到这种所谓的超越党派的立场实际上不过只是立足于另外一种党派立场之上的立场；和其他党派立场的区别仅仅在于：它要求自己独断专行，所以它即使没有将其他立场的代表者看做帝国的败类和无祖国的家伙，也会将其视为无端地拨弄是非之徒。所谓超越于党派而立，不过只是自以为拥有超人的天启者的妄言，好像只有他的戒指才是真正的戒指。而我们其他人则认为，用莱辛（Lessing）的话来说，我们每个人都可以认为自己的戒指是真的，并能通过造福社会的行动去证明它，但是却永远不能向那些认为自己的戒指才是真的人证明我们的戒指是真的。*

对于任何一个党派本身而言，它的立场都是最能效命于祖国

---

* 莱辛（1729—1781），德意志启蒙时期最重要的德国诗人和戏剧理论家，通过自己的戏剧和理论文章，莱辛为戏剧的发展指明了道路。他的代表作品包括：喜剧《年轻的学者》、《萨拉·萨姆逊小姐》（1755年）、《明娜·封·巴尔赫姆》（1767年）、悲剧《爱米丽雅·迦洛蒂》（1772年）、《智者纳旦》（1778年）。此处所引是莱辛在他的戏剧《智者纳旦》（*Nathan the Wise*）里讲的一个故事，其大意是：从前有一只戒指，凡是戴这只戒指的人都受到上帝和人民的关爱。戒指主人有三个儿子，他对三个儿子的爱同样深切。为了解决谁应该继承这枚戒指的难题，他另外做了两枚完全一样的戒指。三个儿子为了谁拥有真戒指争吵起来。但是一位聪明的法官，叫他们每个人在行为上都像拥有真戒指的样子，这便能看出谁有真本领能得到上帝和人民的关爱。通过这个故事，莱辛本身想表达的是三大宗教互相宽容的观念：毋须理论其他的戒指是假是真，关键在于相信自己的戒指真，各自努力向善，互相宽容，“自己活，也让别人活”。——译者注

的，这种立场的观点虽然未向任何其他人证明，从而使有不同信念的人可以理直气壮地与之斗争，但出于同样的道理，也无人能将它驳倒，因此这种立场应该得到尊重。所谓的“祖国高于党派之上”的共同语实则不过是一种自以为是的自我正义的表达，它自诩唯我独醒地看到了蒙蔽了所有其他人的真相。在我们这个时代，对国家发展的危险莫过于这样一种漠视的思考，它从遥远的天空上凭想象的毫无错误的认识完全不以为然地俯看着党派活动的底层；同时，这种危险也莫过于想象的或者所谓的“高于党派”的立场所催生的对政党生活，进而对政治生活的反感。因为，在民主国家 61
中，政治党派是宪法生活中最重要的组织机体，如同使整个钟表能够运动的平衡轮。那些为了能够在选举日不管是通过投出自己的选票，还是通过类似于“非选民的党”* 的效力，决定参与到政治生活中而置身于党派和政治生活之上或者之外的人，乃是国家生活安定进程的持续危险，是政治发展持续不稳定、不可预见的罪魁祸首。梭伦** 以酷刑恫吓那些在内战中放弃鲜明立场的人：事实上，在民主国家中，拥护一个党派乃公民的义务——当然也不是毫无例外的义务；但是，这种为特定官员或者职业设定的例外，需要特别的合理化说明。人们普遍承认，与政治上的选举权紧密相连的

* “非选民党派”（Partei der Nichtwähler），在德国目前是一个专有名词，指称 Hotelier Werner Peters 在 1998 年创立的一个小党。它将自己称为是“第一个没有权力诉求的党”，其基本的主张是建立一个没有党派垄断的政治图景，更多地实现直接民主，让市民更多地直接参与到政治生活中，缩小联邦议会和州议会等。在本书中，“非选民的党”并不是一个专有名词。——译者注

** 梭伦，约公元前 640 年生于雅典，卒于公元前约 560 年，雅典诗人和政治家。在一部内容广泛的新法典中，梭伦试图消除社会的对立，禁止奴隶制，并按照人们财产的状况划分了人们的政治权利。——译者注

是一种去行使这种选举权的道德义务；人们甚至一再要求以法律保障这种选举义务。于是乎，如今选择党派的公民义务就无异于这样一种义务，即不是基于一时的情绪行使选举权，而是基于一种对国家生活深思熟虑的和持之以恒的立场行使此权利；无异于一种正确的思考至最终问题的选举义务。这一点作为公民学课程中民主国家公民伦理的核心思想肯定已经给我们共和国的青年人留下了不可忘怀的印象。

人们对党派的形形色色、党派联盟的不稳定性、党派政策的不连续性加以抱怨，但却把本来是从“议会制危机”中产生的按照盎格鲁－撒克逊模式而产生的两党制称赞为灵丹妙药。但两党制的前提条件是政府中相互交替的两个政党在政策上，尤其是在对外政策上拥有相当的共同观点；否则，政党的更迭就意味着无休止的建设与拆毁、再建设与再拆毁，而不是一个仅仅渐渐改变其风格形式的建设的继续。而在德国，两党制或许将意味着资产阶级政党
62 和无产阶级政党根本对立情况下总体政策的分裂。恰恰是在政策上的某些连续性利益方面，尽管存在着执政党的更迭，我们仍旧希望多党体制、党派联盟体制、资产阶级和无产阶级联合统治的体制。我们的党派纷争必须要容忍一种有力的党派间伐，排斥弱小零散党派，把大量而持久的国家观的对立回归到较少数量。但是议会制政体的多种危机根源并不在于党派的多样性，而在于党派的僵化。

罗马式的党派体制则完全不那么僵化：是没有固定组织和固定纲领的松散团体，它聚拢在某个领袖人物的周围，既容易结合又容易分离；盎格鲁－撒克逊式的党派体制则是半僵化的：固定的、

持久的党派组织，但是却没有纲领性的信仰表达，只有一个选举期内的行动纲领，即“政治目标基点”；德国则是一个完全僵化的政党体制：具有坚定不移纲领的固如磐石的组织。在德国，加入一个党派就意味着接受一种世界观，而世界观党派必然把对信念的忠诚视为最高的美德，必然把与其他党派的任何一种妥协和联盟视为背叛，对党派良心而言，这种妥协与联盟只能是费尽周折、举步维艰地进行。这就导致在德国每一届政府的形成都异常的困难且缓慢。我们曾相信，我们本是源自极权国家的党派可以不经改变就在议会制政体中被接受；然而，在一种党派喋喋不休地高谈阔论，但其实却又什么都未决定的国家政体中，那种无休无止地表白本是不可调和的信仰的奢侈便是可以接受的事情。但今天政党最高的义务就是：牺牲自己的信仰，组建有工作能力的政府并使这个政府保持工作能力。

俾斯麦宪法的帝国政府是以独裁的方式组成的，只有帝国首
相才是真正意义上的部长，具体职责范围的领导机关、国务秘书等 63
乃是从属他的辅助性机构。与此相反，魏玛宪法规定了一种合作式（kollegial）的国家政府：每个政府部长在其自身职责范围内都是独立的，只不过受到由政府总理单独确定的政策纲要的限制。这个国家政府的合作式结构旨在扩大议会责任和影响的效力范围。但是议会制政府不应因此而被误解，就好像是议会自己在统治。议会制政府更多的意味着领袖的统治，这些领袖们基于议会的信任被任命且为议会所追随，直到议会撤回对他们的信任。实际上的领袖们意味着，只要他们还是领袖，就不会去为被领导者们指明什么道路，就不会在被领导者那里寻求指示和掩护。民主仅

在其出发点上才意味着所有具有人之面目的人的平等;而根据它的目的,它几乎就意味着这种平等的高尚的反面:即为贤能者开道,即选择领袖。没有无领袖的民主——现今对独裁者经常如此高涨的呼声仅仅在于:独裁这个潜存于任何政治领袖身上的因素,我们是既不想了解也不想承认;在共和国艰难的初期岁月里,如此经常的授权法案和非常措施的必要性也仅源自于:议会并没有给其领袖提供在议会制正常状态下提供自由的保障,而这种自由是领袖们需要和能够要求的。不过以上的论述已经表明,真正可以驾驭的政府可能更容易建立在两党制的基础上,而不是建立在多党的、政府联盟总是变换更迭的基础之上。因为,多党制本身所带来的种种利益关系,一定会以观点和意愿反映出来。

《魏玛宪法》充满艺术性的机制使魏玛政府成为一个立足于代议机构信任,从而也是间接的立足于民众意愿基础上的政府;成为一个立足于代议机构和人民直接选举出的总统之间协作基础上的政府。一系列重要的国家行为只能由总统作出:签署国际条约、国
64 家官员和军事首长的任命与罢免、对国防力量的最高指挥权、国家司法案件的赦免、国家法律的公布,但最重要的是任命和罢免联邦总理和联邦部长、解散国会和实施非常措施。但是联邦总统履行所有这些职务行为均需联邦总理或者一名部长的副署,如此一来,事实上宪法就要求在所有这些情况下,联邦总统行使其特权时必须在他和联邦政府之间具有一致的共同协作。对于这些职务行为及其中止,政府向议会负责;而总统则无须为自己的行为或者不作为向议会承担责任,也永不遭受议会的不信任投票。鉴于这种法律状况,这样一种观点似乎是完全可以赞同的:如果因渎职而向议

会承担责任的联邦政府要求总统采取某种适当的措施，则总统在政治上有义务在他的职权范围内采取适当的措施；此时，他没有任何独立的政治意志，他仅仅是“i”上面那个纯粹代表性的一点，仅仅是被请求以其自身的言行和尊严来体现民族和共和国。只有在组成政府时，总统才从这种纯粹代表性的角色中走了出来。由此，人们可能就更能理解总统的政治地位，就像在法国已有的情形一样。但是现在，德国总统却选择了一种介于法国总统和美国总统之间的中间地位。像法国总统那样，但和美国总统相反，他根据议会制政体的原则组建政府；但和法国总统相反，而和美国总统相同，他不是由国会选举，而是人民直接选举的。所以，《魏玛宪法》赋予了总统职位以另一种政治基础，即并非建立在议会支持基础上的政府所具有的政治基础，然而他现在也的确不只是政府意志的执行者。所以，在这种的情况下，即使他的信念与政府背道而驰，那也要尽可能将其付诸实现，这必须被视为联邦总统的政治权利和政治义务。这种观点与另一种简单得多的观点完全相反，它使总统职位成了整个国家政治中最难的一个职位。 65

如同我们看到的，总统无条件地屈从于政府政策，可能与魏玛宪法的精神相悖，上述总统和政府的极为明显的对立可能带来一种政府危机，而当这种危机进一步发展时，甚至于还可能会造成总统危机的后果：因此，总统和政府之间必须达成绝对的一致。不过在这种一致中，总统根据宪法的安排属于弱势的一方。相对于可以依赖议会多数这样一种有力的政治现实支持的政府，总统只能得到由民众所进行的选举这种更多是精神上支持的基础，也就是说在事实上仅仅以其人格和其所代表的立场为基础。面对每一届新政府，总统都必须想方设法、竭尽全力地使自己重新获得认可。然而，这种悄然的斗争只是在总统与总理、总统与部长们之间那不可洞见的谈话中进行。此后，总理和部长可能就会在议会面前详述自己立场的理由并为之辩护，而总统立场的依据却无人知晓，对任何批评他都以沉默处之。没有任何职位像总统职位这样要求与虚荣和敏感无缘，要求如此不可动摇的客观性和坚定的人格。我们可以幸运地自我评价：第一任德意志共和国总统以其政治家的睿智和完美无瑕的正直从一开始就立志给他的职位打上与魏玛宪法的精神一致的烙印。同样，我们也必须心存感激地对第二任总统表示尊敬，他以不可动摇的公正保护和管理着他承继而来的权力，对我们所有人而言，他是一个榜样，即能从以往发现走向新的国家路径的榜样。

《魏玛宪法》和《俾斯麦宪法》之间极为显见的对立，即"总统取代皇帝"，不仅标志着君主制国家形式向共和制国家形式的转化，而且还因此揭示了过去和现在的宪法之间的一个几乎同样重要的区别。通过德意志皇帝，同时也是普鲁士皇帝，使得德意志帝国实
66 现了与北德意志联邦中最强大邦国的结合，普鲁士的霸权也因此在这个帝国中建立，于是德意志帝国实际则表现为一个大普鲁士帝国。另一方面，在《魏玛宪法》产生的时期，人们在普鲁士的这种霸权地位中也看到了一种对于大德意志国家发展、对于德意志－奥地利在此帝国的结合以及对于这两个共同体统一的障碍。在这个统一体中，由于民族自决权代表人的力量诉求，统一的德意志民族找到了在当时来说仍然是一种双重的国家表达。但另一方面人们也很担心，"所有地方割据主义中最危险的地方割据主义"，即

"拥有霸权的普鲁士的地方割据主义"(普罗伊斯)[*],于是人们解除了普鲁士与帝国之间的所有组织上的联系。当然人们也意识到,将一个比整体联邦一半还大的大邦像那些中等的、小的以及袖珍的邦一样,在一部宪法中置于同等地位似乎完全不可能。但是,人们指望帝国联邦尽快作出某种新的划分,指望通过将小邦联合成中型的邦,以及将大邦普鲁士分割为一系列这样的中型的邦,于是魏玛宪法接受了使这样的划分成为可能的规定[**]。但除了 8 个图林根小邦联合成一个图林根州,瓦尔德克与普鲁士合并,25 个德意志邦因此归为 17 个州外,这个规定直到现在依然是一纸空文。

普鲁士对于分割企图的反对证明了这种分割比期待魏玛宪法产生更为不易,于是本为暂时打算的状况就变成了持久的状况,这种想法其实是"学说的和脱离现实的思想,即仅仅根据任何一种抽象的宪法规定,就要想将一个从任何方面来看,仅其单个邦就比其他所有邦联合起来还更有势力的邦和其他邦平等地予以对待"。是呀,最不合理的是:为了减少在联邦参议院中普鲁士表决权的比重,取消普鲁士政府一半的表决权,并将之分配给普鲁士的地方行政当局[***]。——这是对普鲁士的一种人为的削弱,也是巴伐利亚
在联邦决策中占有过大比重的原因之一!这种削弱的根据,即对 67
普鲁士地方分裂主义的担心,现在也被证明并非有什么根据。事

* 胡果·普罗伊斯(Hugo Preuß),1860 年生于柏林,1925 年卒于柏林,德国政治家和法学家,柏林大学国家法教授,国家人格有机主义的代表。1919 年任联邦内政部长,是 1919 年魏玛宪法的起草人之一。——译者注

** 指《魏玛宪法》第 18 条。——译者注

*** 参见《魏玛宪法》第 63 条。——译者注

实上,必然要在本身各种各样的地方分裂势力中寻求平衡的普鲁士作为整体根本不可能成为某种大普鲁士地方分裂主义的载体,相反地,它必然是联邦克服各种地方分裂主义的最好帮手。所以不是通过普鲁士的解体而是通过它的维持和扩大才能够通向德意志统一国家之路。普鲁士的解体不会成为中央集权国家形式的开端,而会成为它的终结。但是至此就会出现一个普鲁士-德意志式的宪法问题:联邦必须和那个拥有其2/5的土地和2/3人口的邦国再次建立一种别样的,但更密切的关系,但它并不是在普鲁士对联邦主宰的意义上,而是在普鲁士并入联邦的意义上,不是按照以前普鲁士霸主的那种方式,而是相反地朝着将普鲁士安排成一个或者更多的联邦州的方向。当然,每一种这样的权宜之计,都可能意味着最终解体的危险。帝国改革最基本的困难就在于它的两个不可分割的相互联系的任务:德意志的重新划分和建立统一国家——没有重新划分就没有统一国家,没有统一国家也就没有重新划分。

最后,与魏玛共和国联邦总统、联邦政府和联邦国会不同,联邦参议院是共和国宪法中唯一一个权力不是来自于人民,至少不是来自这个共和国民众的国家机构。联邦参议院是俾斯麦宪法中帝国参议院的承继者,它也是按照州的大小来确定的单个州政府的代表者。但和帝国参议院相反,就它本身而言,它不是与联邦最高统治机关并存的共和国第二个统治机关。这样一个与共和国统治机关并存,但无须对共和国国会负责的政府机关可能确实使国家统治的任何议会化不复可能,它事实上是俾斯麦宪法的时髦手法,即利用联邦参议院中所体现的邦联主义,其目的是要在国家立宪议会制进一步发展的道路上设置一道不可逾越的障碍。随着议会制的引入，州代表机关也必须完全改变它的地位。然而，和政府 68
机关一样，共和国参议院不是国会、一个第一议院，像美国参议院或者瑞士联邦议院那样的议会机构。相反，它是一个完全别具一格的国家法上的机构，它既不是一个国家政策机关，亦非针对那些不充分考虑国家政策的州个别利益的各州共同机关，而是一个地方主义的制动器，它享有一种中止国民议会决议的表决权，但这种表决权可以被国会再次以 2/3 的多数决议或者全民公决而导致不生效。然而，在此只表明了它在国家法上的认识而不是联邦参议院的政治现实。这种政治现实远比去估量参议院在宪法上的权限更有意义。在政治现实中，参议院不仅表现为一种各州邦联主义的制动装置，而且还是一个像旧的帝国参议院那样的，国家政策制定时不可缺少的合作者。它实际上的任务是，给从事立法准备工作的国家机关引入各诸邦行政管理的经验。参议院由那些不仅是其命令的传递者，而且更多地本身就是由具有较高能力和专业知识的人组成，尤其是通过强调团队精神而牢固聚集在一起，通过与国家机关成员紧密联系的同道之谊而发挥作用。参议院对联邦政策的影响将会是更多地通过心理上的不可捉摸性，而不是通过法律的规定得到体现。

“赞赏多，责骂亦多”——这同样适用于魏玛宪法。对于共和主义者和民主派来说，它就是先辈们长久以来所追求的自由和统一的、最终真正实现的黑红金*之梦。对那些不能把德意志国家

---

* 指德国国旗。——译者注

共和制的国家形式看作最好和最终的国家形式的人来说，通过这个宪法走向一个更好的宪法只能是南辕北辙。而对另外一些思想家来说，它必然是崇高庄严的民族命运书，德意志以往的总结和一
69 切德意志未来的起点。

第三章 私法

按照法学的观察方法，国家法是所有其他法律的源泉：它创造了国家并规定了国家的意志构成，由这种国家的意志构成，又产生出了以制定法形式表现的其他法律规则。但以从历史的思考方法来看，这种关系恰好相反：涉及我的与你的、商业和交往、家庭和继承的法权，简单说，这类私法构成了较为稳定的基础，而国家法则是容易变化的“上层建筑”。法律不单是在 19 世纪经历了这种变迁！国家意志赋予私法以约束力，这个意志起初是一个古老帝国的意志；接着是单个邦国的意志，先是许多邦国的意志，然后是几个邦国的意志；起初是绝对君主制邦国的意志，然后是立宪国家的意志；这以后又是一个新的帝国的意志，起初是一个皇权帝国的意志，随后是一个共和国的意志*——但这些意志的内容实质上始终不过是同样的，始终是在私人所有权、契约自由、一夫一妻制和继承权基础上建立其私法秩序，而《魏玛宪法》恰恰正是重新庄严地确认了这四个私法的基本概念。它促使个人于感觉到他们首先是配偶、父亲、商人，然后才是国家公民；因而，触犯一种因私法变

---

* 作者在此从历史变迁的角度指出了进行私法立法的不同国家形态：旧帝国——罗马帝国；封建割据的各个诸侯国；和统一德意志国家——君主立宪和共和国；进而说明虽然国家形态不断变化，但私法却保持着相对的稳定。——译者注

化而存在的既得利益，要比抵触一项政治制度改革所带来的现实利益更为艰难。私法千百年来的持续发展以及由此形成的私法基础的理所当然地必须要对如下的情形负责：即当我们在私法以外任何一个其他法学领域的门口欢迎学子们，向他们阐释法律政策基本思想时，私法领域却迄今未能造就出这样一种哲学－政治学原则理论；的确，理所当然的哲学总是设法身居不平常的哲学之后。就像异端分子不断地召唤出基督教辩护士进而又唤出教义一
70 样，只有当社会主义与私有产权，其实就是与私法进行斗争时，才激发了私法学对其基本原则的思考。如果社会主义法律制度就是一种不再承认有私法的法律制度的话（略有几分夸张的说），反倒是把经济和家庭变成为公法的组成部分：社会财富生产、社会财富分配及作为可委以社会任务的家庭教育；——那么与此相反地，无政府主义者则想把所有法权转化为私权：用自由契约取代发号施令的国家。

但是，什么是公法，什么是私法呢？我们或许可以用如下的判断予以阐明：如果一项义务产生于他人的命令，那么这项义务原则上就属于公法；而私法上的义务原则上产生于义务人的自我服从：不论愿意不愿意，人们必须交纳捐税或者作为陪审员（Schöffe）及陪审法官（Geschworener）尽其职责；为所购之物付款或者完成已经承担的工作，却是因为人们自己通过买卖契约或劳动契约承担了这种种结果。处在上下级关系中的人，其法律关系概括来讲就是公法调整的对象，亦即主人与臣仆之间的法律关系；而私法仅仅涉及法律上有平等地位的人之间的法律关系。由此可知，并不是所有个人和国家之间的法律关系都是公法关系：因为国家不能仅

以统治者的身份面对我们，而且还要以“国库”（Fiskus）的身份与我们平等的交往。如果国家在没有事先征询我们意见的情况下，让士兵在我们的住所宿营，那么它就是以公法为依据；如果国家将其机关设在我们的房中，而这房产又是我们自己租给国家的，那么这实际上便是以私法为依据。

在中世纪德意志国家，尚无公法与私法的区分，而且人们差不多可由此推导出等级国家的实质和中世纪的国家史，特别是古老的德意志帝国衰败的原因。[①] 对于我们来说，最重要的服从义务是服兵役的义务和纳税的义务，但对于中世纪的德意志国家来说，这两种义务则不具有服从的特点，即不是以义务人臣服关系为基础，而只是以义务人的特定承担为基础，即通过领主和附庸之间的采邑契约而产生的服军役义务，通过领主和各等级之间的协议建立的“贝德”（Bede）[*] 义务。这一方面以私法上的意愿取代了公法上的约束力，以致造成国家权力的严重损失；另一方面，私法也多方面地受到公法，如军役方面义务的约束，因而全部私法的合法性都与军役的公法前提紧密相关，但也因公法权能而提高。在此过程中，封地所有权与诸如根据私法分类而开发出的诸多控制权利，如承佃权（Grundholden）[**]、司法管辖权、警察权力、收取捐税和徭 71

① 如下的论述和贝洛（Below）《中世纪德意志国家》的观点相反，参见该书 1914 年版第一卷，第 291 页及以下。

* 参见本书第 54 页注释①。——译者注

** Grundholden 是佃农（Hintersassen）的另一种表达方法，亦即中世纪、近代直到 19 世纪的一种物权性地依附于土地主，属于自由或者半自由阶层的农民。此处是指在特定土地上作为佃农劳动的权利，其相应的义务是给出佃的地主从事劳作和缴付地租。——译者注

役权，等等，都与封地所有权相互联系起来。实际上，等级国家出于公共职能的缘故而制定私法，而这之后公共职务似乎又反倒是在私法的基础上得到执行，这的确是它的实质和厄运。这种公法色彩，特别是劳动关系中的公法色彩至今还在发生着影响，在财产占有人与其雇工之间、在主妇与其佣人之间、同样也在企业主与其雇员之间的关系中，古老的“一家之主”(Herr in Haus)的立场总是反对契约自由这种法律形式。只是到了德意志对罗马法的继受时，才带来了公法和私法之间的严格区分。它一方面解除了领主对各等级在私法上的依赖，并使之被赋予公法上的对于其领地的绝对号令权；而另一方面，它也消除了易北河沿岸贵族地主们对其农民统治中的家长制因素。这种统治依照罗马奴隶法已经演变成了一种肆无忌惮的、自私自利的，对于“隶农”的私权。这样一来，法律上的概念就能够深入到世界史中去，或者说这种世界史状况便能上升到自觉。即使是在我们这个时代所实现的法律生活的深刻变化，也是以最清楚的形式表现在公法和私法的关系中，表现在双方的重新互相渗透中——在一个新的法律领域的产生过程中——就像经济法和劳动法，人们既不能将之归入公法也不能将
72 之归入私法。对此我们要在后面加以详细的阐述。

罗马法在 1450 年至 1550 年之间如此蹑手蹑脚地潜入了德国，以至于这个影响最为深远的德意志法律史进程竟然在几乎没有被同时代的人所注意到的情况下得以实现，而且，如果我们试图将这个过程中的自然力量分解成一系列有界限的个别原因的话，那么我们就是有意识地要使自己成为一个没有谜底的谜语遗腹

子。出于大的结果并不必然是由小的原因所引起的这种认识需要，人们着力于将罗马法的“继受”（Rezeption）理解为同时代大的思想运动的部分现象，这就是我们所称的科学领域中的人文主义、文艺复兴以及宗教改革。然而它并不是无可指摘的。因为，这场运动实际上一方面以纯粹古典主义的旗帜（如人们所认为的那样“托古改制”）来反对中世纪经院哲学所导致的歪曲；但在这场斗争中，继受更多地属于经院哲学，而不是复兴的纯古典主义哲学，因为它给德意志带来了并非纯粹形态的罗马法，而是经意大利天主教经验哲学之手而接受的罗马法——如果曾经可能，就是对德意志民族，对其间已逾千年之久的世界适用罗马法！所以，这种继受不能简单地视为由法律所传播的人文主义——即使古典主义的人文主义荣耀也可能对出于其他原因而发生的罗马法继受有益处。但是另一方面，人文主义、文艺复兴以及宗教改革也意味着个人开始摆脱中世纪的束缚，而就如同我们马上会看到的那样，这种继受也应被列入个人主义精神运动之中。所以，除了这种继受的特殊法律史原因以外，无论如何也还可以看到其思想史上的原因。这种法律史上的原因在于：本民族的法律并非一样，相反，领地与领地、城市和城市之间的法律各不相同；本民族的法律并非确定，而是不成文的习惯法，故其不能够满足日益增长的交往需要。

与本民族不成文的习惯法相对，罗马法则是成文的和“普通的”（gemeines Recht）法，所以人们曾习惯于不太符合历史地将罗
马皇帝，同样还有优士丁尼皇帝视为“帝国的先辈”，即德意志皇 73
帝，于是乎也就自然而然地将优士丁尼的《民法大全》视为“皇帝

的"、"普通法帝国的民法大全"来看待。至今,人们仍然还是认真地以这种理论观念来使罗马法发生效力,并且使其在实践中得到适用。在此,一系列的因素共同发生着作用:其一,高等法院,特别是帝国最高法院(1495年)的建立。对这些法院而言,人们不能强求它们了解司法管辖区域内那些不可胜数的城市法和邦法,于是规定适用罗马法,而假使下级法院不愿看到自己的判决在上级法院被撤销,那么它们就必须迁就上级法院的司法判例。其二,愈来愈复杂的经济生活决定了法院必须拥有博学的法律工作者,但由于支离破碎的德意志法律不能构造一门法律科学,但是罗马法理论在意大利却从未消亡,而且如今又在德国得到了生长,故只有罗马法的理论才能够被教习。其三,正是前述这类法律人的文献著述活动,他们努力通过用民众可以理解的法律书籍而使他们那种新的时尚流行的罗马法学说也能够被没有受过法学教育的人所接受。最后,众多邦法和城市法的制定法确定化都从诸多方面与罗马法原则一致起来,部分是为了使帝国最高法院和地方邦主宫廷法院的司法判决互为一致,部分是为了用相同的法律代替色彩斑斓的地方分裂主义。于是乎,一个史无前例的历史进程得以实现:即一个伟大的民族为了一个外国的、异国语言的、千年之久的法典而放弃了它的祖国的法律。

对于这个历史进程我们是应该指责它还是赞同它呢?根据解答者对于先前所阐述的法哲学基本问题,对于相互对立的个人主义和超个人主义法律观的立场,有关这个颇有争议问题的答案必然是不同的。因为,在罗马法和德意志法的对立中就可以看到个人主义法律观和超个人主义法律观的对立。也就是说，如果我们探寻那时的德意志法公法和私法未有区分的原因，那么我们就会发现这不仅是因为原始法律思想缺乏抽象能力，在此还存在着更深层次的原因：日耳曼法律观念总是把个人视为总体的肢体部分，这样一来，其法律就始终具有服务于总体的功能，而且从一开始就是根据共同体的利益限定其内容的。因此，其土地上的权利较之 74
于自由所有权而言要受到多得多的限制：采邑主的财产权要受到军事上的限制并承担军役义务；继承人只能行使家庭所有权并于财产转让时首先得到家庭成员的同意。个体的所有权利都是从总体处获取并存在于总体利益之中。私法只是公法的一种扩散，只是公法的构成部分。与此相反的观点，即个人是一切权利的出发点和归宿的观点，早在罗马人建城的传说中予以表达，即一群没有祖国的、没有家园的、从每一种社会关联中脱身出来的强盗们，如同卢梭说的那样，缔结了一项社会契约。共同体是为了个人而存在，公法是为了保护私法而存在。所以，如同公法是日耳曼法的起点一样，私法也是罗马法的起点。正因如此，日耳曼法上的所有权从一开始就只被赋予有限的处分权：即只是那些由无孔不入的公法带来的，与共同体利益一致的权利；而罗马法上的所有权（像人们未能充分清楚地阐明的那样）则以其内容为依据，赋予对其权利客体不受限制的权力，而且这种权利的行使只能是通过其他个人的私权，或者是为了所有个人的利益而通过公法从外部予以限制。在此，服务于所有权是其他一切权利的最终目的，而且如同每一个终极目的、每一个自我目的一样。对罗马法学家来说，所有权也因此而获得了些许神圣：在法兰西 1789 年《人的权利和公民权利宣言》中，它被称为一种“不可侵犯的和神圣的权利”。[①]

但是，即使是超个人主义法律观的日耳曼代表人也必须对罗马法领情：只有它才教会德国人的法学思维。在罗马私法的土壤上，建成了那些后来作为所有法律知识必要范畴的概念设置，它们
75 的运用远远超出了罗马法，同时也还超出了私法的范围。所以直到今天，当罗马法丧失了它的实际适用性后，（虽然有合理的教育学上的考虑）成长中的法律者依然要以罗马私法学这个古典的典范而进入法学概念的世界。[②]

与罗马法个人主义－利己主义的特点相一致，“权利”（subjektives Recht）这个概念构成了这个世界的核心。实际上，我们使用这个词是指权利（Berechtigung）意义上的法权，以便与法律秩序意义上的法权，亦即“法律”（objektives Recht）相区别。[*] 人们尝试或者将其理解为法律所保障的意志力量或者（像耶林说的）

① 参见鲁道夫·耶林（Rudolph v. Jhering）：《罗马法的精神》，第一篇（1852年），第二篇第1部分（1854年）、第2部分（1856年），第三篇第1部分（1865年）；现在见第5版或者第6版。

② 鲁道夫·索姆（Rudolph Sohm）的《罗马法原理》（1923年第17版）就是这种方法最棒的引入。

* 在德语中，Recht（其他语种中也一样，例如jus，droit，direito，diritto等）包含着“法”和“权利”双重的含义。在主观意义上该词指代的是权利，而在客观意义上该词指代的是法律。学者们为了区分该词的意义，有时在指代权利时使用“主观法权”（subjektives Recht），而在指代法律时使用“客观法权”（objektives Recht）。在中文里，权利和法律两个词的表达本来是分开的，故不存在主观法权或者客观法权的必要性。为便于中文读者理解，且符合中文表达习惯，此处译文将“subjektives Recht”译为“权利”。其实也正是因为如此，将德文的“Recht”简单地统统译为“法律”或“权利”都是不对的。现在学界将“subjektives Recht”译作“主观权利”，而将“objektives Recht”译作“客观权利”则是错误的。——译者注

将其理解为法律所保护的利益。这两种描述都是正确的。前者是就权利的法律本质而言，后者则是就权利的前法律本质而言；前者是就法律后果，即立法者通过权利赋予而产生的后果而言，后者则是就法律政策的动机，即在授予权利时用以指引立法者的立法理由而言：权利实际是以权利人的权利内容为确定方向而给权利人的意志打开了自由之路，即使在个别情况下权利的行使对权利人毫无利益可言——盲人也有权索回他借出去的眼镜。立法者之所以赋予权利，例如出借人对于借用人的返还请求权，是因为权利人在多数情况下都对权利（Berechtigung）的内容享有利益，例如，出借人对于借用人的返还就享有利益。此即立法者予以保护的一种自利（Eigennutz）的利益，因为它同时是道德上的人格利益。道德规范一方面使我们承担义务，但另一方面也以此给我们履行前述义务提供了必要情况下需要的所有保障，——恰恰就是以权利的形式。权利仅仅是为了义务的缘故而存在，这就是道德（Sittlichkeit）的能力（Fähigkeit），当然因此同样也是不道德（Unsittlichkeit）的能力。权利最终不外乎是一种要履行义务的法权，所以具有以任何义务为基础的伦理激情的成分。它是两个相去甚远、深刻分歧的路向的唯一交叉点。除此之外，这两个路向始终是处于 76
敌视性的对立之中：自身的利益和道德的要求——它们在权利中携手共进。向来总是以规范予以约束的欲望，如今又反过来由规范解除了束缚。这也就是说，权利将人的两个相互斗争的侧面，亦即其自然愿望和伦理价值，指向一个目标，因而这就成了我们所知道的强度最大的精神力量蓄电池：那些伟大的“权利斗士”的历史及艺术故事正表明了人类行为的基本冲动，例如米夏埃尔·科尔哈斯的故事就表明了那种积怨成仇的精神病理。* 所以国家必须热切地看护只是保留给它的东西,通过其实证法尽可能地建立起欲望与规范之间如此危险的联系。而与此相反,革命运动的传统策略则是以为了这个目的而发明的自然法来标榜其企图的合理性;并以一种"反抗的权利"、"工作的权利"来为自己的利益引导出同样或更强有力的伦理上的力量,就如同它们内在的生存于现行法律秩序中的权利中一样。

权利要求一个权利主体。现今所有的人(Menschen)** 都有资格成为权利主体(只可作为权利客体的人,即奴隶,如今已不复存在),但不仅是单个的人可以成为权利主体,而且多个人的联合、团体,也可以成为权利主体。人们习惯于将它们作为"法人"相对于人或自然人而设置。在此,一个由来已久的法哲学争论至今悬而未决:即这种法人的人格是因为法律而产生的、拟制的,或是先已存在的;它是法律上的现实还是前法律的现实;它是因为法律而

* 米夏埃尔·科尔哈斯(Michael Kohlhaas)是海因里希·冯·克莱斯特(Heinrich von Kleist)的中篇小说《米夏埃尔·科尔哈斯》中的人物。米夏埃尔·科尔哈斯本是一个老实本分的马贩子。但在一次商业活动中,他与途经的一个骑士城堡产生了所谓"通关文牒"的冲突,他的马匹被容克及其手下扣下。当他最终办好了"通关文牒"再回到这个城堡时,他留下照看马群的仆人被打,而被扣压下的马也被虐待得不像样子。于是科尔哈斯走上了通过法律途径维护权利的道路,但是在此过程中他一再受挫,并最终导致妻子因此而被害身亡。此后,科尔哈斯不再追求公正,而是想去复仇,通过公然地违背法律而获取自己的利益。他从一个遵纪守法的商人变成了一个无所顾忌的谋杀者、一个令人恐怖的人。此后他和他的仆人组成了一个复仇的队伍。具体故事情节,请参阅《米夏埃尔·科尔哈斯》,〔德〕克莱斯特著,外语教学与研究出版社 1997 年版。——译者注

** 此处"Menschen"是指一般的生物意义上的人,用以和法律意义上的人,即"人格人"区分开来。不过这种区分通常在法哲学或法理学上才有意义。——译者注

存在还是独立于法律而存在。更明确地讲,这个问题涉及团体的利益可否完全地化解于它的成员利益之中,而且,如果要将团体的权利与其成员的权利严格区分的话,那么这种权利是否就只是出于技术上的理由而做划分,例如,类似的情况就像将商人区分为私人和商号,并且进一步对其业务的不同分支,完全就像对各个不同人的独立业务一样分别予以登记;或者是在成员的所有利益被刨 77
除后,是否仍然有不可分配的剩余利益存在,而就此利益而言,只有团体本身才可以被认为是利益拥有人,于是乎,这种团体的独立权利是否也能享有团体独立利益的保护呢?这个问题的提出立刻向我们表明了这个问题的不可解决性,它向我们表明了这同样也只是法哲学上不可解决的基本问题之一,即是否个人乃所有法律事物的起点和终点?或者是否超个人的实质存在也应该被认识到具有独立的法律价值?这样一来,以下的情形就能够得到理解了,即我们发现,在为法人本质而展开的斗争中,从一开始就是罗马法学者站在个人主义立场上,而日耳曼法学家则站在超个人主义立场上。

权利主要分为两大类:对物权和对人权或者债权(dingliche und persönliche oder obligatorische Rechte),亦即物权和请求权。举例而言,对一匹马的所有权是一方面,而对已购买的马的转让权(Übereignungsrecht)则是另一方面。物权是一种物上的权利,而请求权则是针对人的权利。物权是一种去骑我的马,或使之驾车,总之,随意予以使用的权利、自行处置的权利;请求权则是涉及另一个人处置行为的权利,如他向我交付我已买之马。对于物权而言,只有在物受到侵害那一刻,才会出现一个承担义务人。只要是物没有受到妨害，那么它就针对所有人但又没有针对任何人；如果它受到妨害的话，那么它就针对妨害它的任何人：对任何从我这里扣留我的马的人，我都可以要求他返还。请求权从它设定的那一刻起就是针对一个特定的人并且只针对他：我只能要求出卖马的人转让马之所有权，但却不能直接要求从卖马人处偷了被卖了的马的人向我转让马之所有权。物权提供长期的享益，而债权因实现而消灭：我每天都在重新享受我的马的所有权，如我骑它或者兜风；但我请求转让被出售之马的所有权的权利，则在马之所有权转让那一刻，亦即只有我能够享受它的那一刻，就结束了。物权是目的，而债权开始不过是手段：我请求转让已买之马所有权的权利之所以存在，目的就是为了使这匹马上原来的所有权消灭。物
78 权和债权对于法律世界而言就如同物质和力量对自然界——前者是静止的因素，后者是动态的因素；而且，根据这种或那种权利的优先地位，人们可以将法律生活区分为静态的或者动态的形式。中世纪直至近代的法律生活是静态的。劳动秩序建立在物权之上，手工工匠对其生产工具，地主依据物权对其劳动力、佃农(Grundholden)、农奴(Leibeignen)等，债权关系不过是通往物权的捷径，即从生产者直接到客户的捷径。今天的，即资本主义的法律生活是动态的。在这种法律生活中，所有权就是资本，无论是劳动契约中要获取劳动的资本，还是以借贷契约*获得可支配劳动的资本，只要它是对于人的力量，是力量借贷债权关系中的经济重

* 在有些立法中，例如《法国民法典》中，获取劳动力的契约被归入到租赁契约范畴。——译者注

心。债权人的力量和债权享益如今已是所有经济活动的目的，债权不再是获取物权，获得对物之享益的手段，它本身就已经是法律生活的目的。如今那些表面上看起来最具物权特征的生活关系，如人们与其住宅的关系，更多的是对人权（Persönliches Recht）、即租赁权的客体；反过来，对住宅的物上权利，即住宅所有权，大多只是目的在于获取租金的债权基础。经济价值在从一项债权到另一项债权的转移过程中始终存在，而在物权中它则任何时候都不会有持续的停留。即使是金钱——法律上的物，经济上获得物权的工具——也不是经济活动的最终目的：由一项债权所带来的塔勒（Taler）*，无须置于充满诗情的圣诞节长筒袜中，亦无须置于宽大的衣箱中，而是必须再次进入流通，以便成立新的债权。经济上的目的状态和最终状态体现在抵押权、国债和债权中的资产投放，其实也就是资本再次表现为债权状态。只要物权还是经济活动的目的，那么任何情况下，从一个物权到另一个物权的路途都会被物权和物权之间的债权链条无限地延长，而在物权上的停留则会愈来愈短。在一种法律客体于其中不间断流转的法律生活中，其动态的不安定显然摆脱了静态的法律生活惯性状态，而在这种状态 79
中，法律客体在任何情况下实际都被禁锢在法律世界的一个确定点上。

罗马法奉送给了我们一个统一的德意志法学，但它却不能送给我们一个统一的德意志法律。如同过去的德意志帝国处处面对着其富有生命力的诸邦而不得不退让一样，如今的德意志国家也

* 塔勒（Taler），指一种18世纪德国还通用的银币。——译者注

要求它的——罗马法式的——私法，只是“辅助性”的，只是在各单个邦的法律涉及偏离规则的情况下才发生效力，因此，它不能预防出现新的法律的分裂破碎。只有这个新帝国，这个要求自己的立法相对于成员邦的立法具有无条件优先地位（“帝国法优先于邦法”）的帝国，才能够通过1900年1月1日生效的《民法典》，从而对创造私法痛苦的融合统一提供长久的保证。不过，在对这部法典进行评价时，通过与1912年1月1日生效的《瑞士民法典》，即欧根·胡贝尔（Eugene Huber）的个人作品比较，就会使我们变得谦虚起来。因为《德国民法典》除了它是在错误理解精神产品那种有机的、因而也是不可分割的本质的情况下引入了我们的立法方法以外，本身还是一项集体委员会工作的无名产物。[①]

《德国民法典》可谓生不逢时。个人主义经济观念和经济思想，如从个人经济力量的自由放任中可以自动产生最佳效益的学说，完全自私自利和共同福祉之间本身就先已存在和谐的学说，都已经呈现出了衰落。但新的社会（sozial）[*]经济思想，即国家或许有义务对个人经济力量的自由放任予以规制，从而对经济上的弱

① 关于其中最优秀的同仁，参见弗伦斯道夫（Frensdorff）：《戈特里布·普兰克》（*Gottlieb Plank*），1914年版。可以作为辅助资料的，其实是《民法典》最重要的预备阶段，即《普鲁士一般邦法》（1794年）的创始者的传记。另见施蒂尔策（Stölzel）：《卡尔·戈特里布·斯瓦雷茨》（*Carl Gottlieb Svarez*）。

* sozial一词，在德语中有多种的含义。在我国的翻译中多将之译为“社会”，但是“社会”在汉语中并不包含有德语“sozial”的丰富内涵。例如有关德国的Sozialstaat的界定，它指的就是在国家行为中追求社会安全和社会公正，保证所有成员社会的和政治的发展的国家；强调所有人在极端困难的情况下请求国家照顾的权利。正因为有上述内涵，也有人将之翻译为“福利”或者“社会福利”。在本译文中，我们遵从习惯的译法，将“sozial”译为“社会”。——译者注

者提供保护的思想，那时还没有深入到私法的观念中。经济本身从自由经济形式向一种新的受约束的经济形式发展几乎没有开始。这种新的受约束的经济形式不再允许个人经济力量随心所欲 80
地发生作用，而是通过愈益包容广泛的经济单位的组织和规制所形成的组合而发生作用。于是，这便使《德国民法典》成了一部阶级意义上的“市民的”(bürgerliches)法典，一部体现市民自由主义时代精神的法典；而它恰恰因此又很大程度上具有着罗马法上个人主义观念设置的魅力。当然，新的社会法律观或此或彼地发生了影响。当时，对《德国民法典》草案的批评出现了两个影响深远的批评者。他们站在不同的出发点，成了社会法律思想的先驱：奥托·基尔克(Otto Gierke)和安东·门格尔(Anton Menger)*，前者从德意志法的立场出发与草案的个人主义罗马法学观念展开斗争，后者则立足于社会主义观念批判了草案的经济自由主义。[①]所以，《德国民法典》处于两个时代的交接点上：它的双足依然立于自由市民的、罗马个人主义法律思想的土壤之上，但是，它的双手却已经踌躇迟疑地、偶尔不时地向新的社会法律思想伸出。

法权形式平等和自由的市民思想是《德国民法典》财产法的基本思想。它不知道农场主、手工业者、工厂主、企业主、工人和雇员，所知道的唯法律主体而已，即只知道“人格人”(Person)；而且，

* 安东·门格尔，1841年生于曼尼奥维(Maniowy)，1906年卒于罗马，奥地利法学家和社会政治家，维也纳大学教授；致力于研究民事程序法和新社会主义的社会观、国家和道德学说。——译者注

① 参见奥托·基尔克：《民法典草案和德意志法》，1889年第2版；安东·门格尔：《市民法和无产阶级》，1908年第4版。

它视这种“人格人”为完全自由的人。每个人仅就其自由决定负担的义务而负担义务。整个法律世界被理解为一个自愿相互承担义务，自由的订立契约所构成的组织体；一个唯一的一切皆可成为商品的大市场。契约自由（Vertragsfreiheit）是财产法的基本思想之一，它的另一基本思想是所有权自由（Eigentumsfreiheit），亦即任意支配自己所有权的自由——不仅是在活着的时候，而且直到死后（遗嘱自由，Testierfreiheit）。但是，在此人们并没有认识到，契约自由和所有权自由相互之间根本不可协调；所有权与契约自由结合起来不仅意味着一种对物的权力（Macht），并且意味着一种对人的权力，而契约自由的自由实际就是那些拥有这种权力的
81 人的自由，与此相对，这些权力所指向的对象却弱势无力。私有财产所有权人可以等候，直到劳动者接受了他提供的工资，租房者接受了他要求的租金，债务人接受了他索要的借用费用——相对的一方处在迫不得已的境况下，他们不得不接受财产所有人单方强加的条件。只要私有财产所有权不仅赋予了对物的权力，而且还赋予了对人的权力，那么我们就称其为资本。处在与私有所有权联系的契约自由，其实是资本主义制度的法律基础。但是一个社会的法律秩序本质却在于，为了经济上的弱者利益而对契约自由施加限制，并使所有权负担义务。

早在《德国民法典》前很久的时候（1880 年），人们就已经看到必须终结高利贷自由（Wucherfreiheit），特别是要在借贷交易（Darlehnsgeschäft）中为利息约定设置一定的限制。安东·门格尔的批评实现了这样一个效果，即使得《德国民法典》以强制性条款对劳动契约自由给予了强制性限制，亦即对强势一方当事人法

律上的契约自由予以限制，以保证弱势一方当事人实际的契约自由，最终是要保护劳动者的健康、道德和宗教。战时经济意味着，为了经济上的弱者和普遍的社会利益而对契约自由和所有权自由加以不同寻常的严格限制；由此发端的对于承租人的保护制度直到当代法中仍然明显突出。《魏玛宪法》曾作出过努力，想对新的社会法律观念作出原则性的表达。《魏玛宪法》之超越于《德国民法典》且具有典型性代表意义的进步，或许体现在《德国民法典》中那怯生生的“刁难禁止”*(Schikaneverbot)规定和《魏玛宪法》中响亮表达的关于所有权基本原则规定之间的差异上。《德国民法典》规定：“如果一项权利的行使仅仅是以加害于他人为目的，则该权利不得行使。”**而《魏玛宪法》的规定则是，“所有权承担义务，它的行使应同时服务于社会福祉”。*** 根据前者，所有权自由仅受到权利滥用禁止的限制，而根据后者，所有权自由只有通过社会利用这个前提才能从根本上得到合理性说明。但是，这种新的法律精神只是在两个新创立的法律领域中，即经济法和劳动法中，才实现了完全的突破。对这两个法律领域我们将在以后的章节中专门加以阐述。

经济法、劳动法这些新的法律领域，包括新的住宅法，都是在《德国民法典》之外，与该法典并行产生的，这可以说是一个特点。 82
《德国民法典》是一个如此典型的自由主义法律时代的产物，以至

* 一译“恶意禁止”。——译者注

** 参见《德国民法典》第226条。又有较为简洁的译法：“权利的行使不得以加害他人为目的”。——译者注

*** 参见1919年8月11日《魏玛宪法》第153条，第7、8句。——译者注

于它不能容忍新的法律精神嵌入它那以不可思议的缜密而相互交叉的条款结合处中。至少,它的财产法规定至今还如同一个顽固的自由主义堡垒一样,抵御着社会法律思想的冲击,并迫使它在城门外安营扎寨。与此相反,对《德国民法典》家庭法规定的影响或早或晚都会更容易发生。而且之所以会这样,是因为改革的努力在此恰恰意味着法典本身的自由主义思想更为尖锐的贯彻。时代对家庭法的推动并不像财产法那样以新的社会条件为必要,相反,它是以传统条件的松动为基础的。

然而,《德国民法典》这首自由契约的高歌却恰恰没有将婚姻理解为个人主义的自由契约,而是将其理解为一种超个人主义式的,用其立法理由中的话来说,"不取决于夫妻双方意志的、道德的和法律的秩序",是"婚姻生活"。不过时至今日,人们不断地趋向于越来越有目的地强调婚姻法中的契约思想,也就是趋向于婚姻双方在人身和财产关系中的平等地位和离婚的简单化。同时,在使非婚生子女(unehelich Kinder)和婚生子女的法律地位尽可能接近的努力中,也间接地表明了这样的趋势,即,使婚外的性关系的拘束力近似于一种松散的婚姻。

就像婚姻一样,对家庭(Familie)也存在着双重观点,它可以从个人主义的角度被理解为个别家庭成员之间的关系,也可以从超个人主义角度被理解为超越个别家庭成员的社会学整体,被作为特定"家庭传统"和"家庭荣誉"的传承人来理解,而这些传统和荣誉由该家庭的"荣耀的名声"和"闪亮的族徽"加以体现。《德国民法典》对这种超个人主义的家庭观依然承之不弃,不仅通过其施

行法对邦法中有关家庭信托财产(Familienfideikommisse)[*]的规 83
定予以保留,还以此极明确地表明了家庭利益中存在的个人之间的拘束;而且首先还是通过其本身就承认的,最远关系亲属之间不受限制的继承权来予以表明。在这种不受限制的亲属继承权中,大家庭(Großfamilie)的观念依然发生着影响。这种大家庭观念将所有出于同一血缘的后人,哪怕是有数代之后的分支和远亲,不论相互间的人身关系远近如何,统统彼此联系在一起。这种大家庭思想是超个人主义家庭观的表现——个人主义家庭观则只知道由家庭成员的人身关系所界定的小家庭。宪法所规定的废除家庭信托财产意味着个人主义家庭法以传统的超个人主义家庭法为代价得到了扩展和传播。这种动向迟早会导致远亲属被剥夺继承权,取而代之的将是国家或者共同体的继承权。

如果在这种国家继承权的思想中已经表明现在所追求的家庭法松动,不仅是以解除传统社会约束的自由主义思想为基础,而且还要以新的、与社会法律思想相配合的新约束代替旧约束,那么这种变化就会更加清楚地体现在教养法(Erziehungsrecht)中。《德国民法典》将教养法建立在"亲权"(Elterliche Gewalt)的基础之

* 家庭信托财产最初是罗马法上的一个概念,是遗嘱处分的一种形式,即对遗产设定某种负担,从而使继承人在一定时间后部分或全部地将其转让给第三人。但是,德意志国家继受罗马法之后,这个制度发生了重要变化,渐渐成为一种通过法律交易而设定的特别财产。这种财产原则上不可以出卖,也不可以设定负担,只允许特定家庭成员按照事先确定的顺序依次使用,以便持续性地维持一个家族的经济力量和社会声望。但是,这个具有封建色彩的制度早就受到质疑。德国 1848 年革命期间已经提出了这个问题。但《德国民法典施行法》第 59 条还是间接地保留了这个制度,直到 1938 年,德国才通过两个法令对此制度予以废除。不过,在德国有些地方仍然残存有这个制度。直到 2007 年,德国又以法律最终明确地予以废除。——译者注

上，子女的教养是父母本身固有的权利，虽然它处于监护法院的监督之下。然而，在1922年的《少年福利法》和1923年的《少年法院法》中，相反地体现了一个新的思想：出于家庭权利的教养仅仅是一种托付的共同体教养，如果家庭辜负了共同体的信任，则共同体随时可以剥夺这种教养权。在此我们可以极为清楚地看到，家庭法律关系的松动并非是与个人主义的，而是与社会的思想取向相对应。

这种家庭法律关系的松动早在《德国民法典》中已有表现。对于《德国民法典》的家庭法而言，它固有的法律特征就是那种显而
84 易见的、设置家庭成员之间互为保护的努力，如妻子相对于丈夫、子女相对于父母，即配偶之间和父母子女之间的关系，不仅置于道德拘束之下，而且还要置于法律保障之下。这种趋势通过新制定的《少年法》而得到进一步强化。如果说《魏玛宪法》还把对后代的教育视为父母的“最高义务和自然权利”[*]，那么《少年福利法》则已经相对于这种父母亲权规定了子女的权利：“每个德国儿童都有受教育的权利”[**]，而且这部法律还与《少年法院法》一起致力于保障这种子女权利的实现：“如果子女受教育的请求不能从家庭得到满足，则提供青少年社会救助。”[***]不过，家庭成员之间的这种互为保护已被当作一种在家庭关系中埋下潜在的不信任的祸根而受到

---

* 参见1919年8月11日《魏玛宪法》第120条。——译者注

** 参见1922年7月9日《帝国少年福利法》第1条第1款。——译者注

*** 参见1922年7月9日《帝国少年福利法》第1条第3款。本款的完整内容是：如果子女受教育的请求不能从家庭得到满足，则在尽管存在志愿者共同工作的情况下，仍应提供青少年社会救济。——译者注

斥责和斗争。

不过,这种不信任正是立法者的第一要务。法律不是针对善,而是针对恶来制定的。一项法律越是在它的接受者那里以恶行为前提,那么它本身就会越好。在涉及人的问题方面,立法者必须是悲观主义者,而且一个现代立法者或许很难以梭伦这个智者为榜样,把有些事情做得那样恰如其分。他所以不用刑罚对弑父进行恐吓,是因为他认为没有任何人会如此卑鄙无耻地去犯这种罪恶。相反,现代的立法者应该将席勒的忠告铭记在心:

> 从来都是,整体的人想要法律:
> 永远不会,个别的人令我制法。*

康德则说得更直截了当,法律必须也适用于一群魔鬼,如果它们只是有头脑的话。我们把所有法律技术的基本规则归功于自然法。同一时代,即以"很聪明和很自私的人"为出发点的古典国民经济学时代,亦教会了立法者必须同样考虑:作为法律规则接受者的,正是这些聪明和自私,但又没有些许道德而聚集一处的人。但是古典国民经济学后来不得不对自己提出异议,他们的规则也许并不符合现实,因为事实上人们并不全都聪明自私,多数人反而愚昧、随和并善良,尽管立法依然可与法律接受者的聪明自利的心理状态保持联系。因为对立法而言,它考虑的不是平均状态下的人,

---

* 参见弗里德里希・席勒:《1797年缪斯天文年鉴》,"致立法者"(1969年影印再版的1797年图宾根版),第32页。——译者注

85 而是最坏情况下的人：人如此自私自利，以至于假使不对他设定限制，他就不会关心任何他人的利益；而且人是如此的聪明，以至于他可能会立刻认识到这种限制的每一漏洞。这种新的法律技术的观点尤其是针对父权制。这种制度的实质在于，在尽义务的前提下给予权利：人的自利不允许以承担义务的不自利为前提。可以理解的是，人们最后才在家庭法中摆脱了这个前提：对于妻子和孩子而言，人们可以给予丈夫最荣耀的不自私的信任。然而，通过妇女和儿童保护运动从男人或者父亲的管束中争取到的人格权也需要在法律上得以表达。[①]

凡是大的立法成就，经常也会同时给法律发展带来一段时间的停滞。在一个设计杰出和风格统一的建筑上，人们会对进行妨害其风格的改造犹豫不决。所以，《德国民法典》在那个经济和社会观念急剧变化、经济和金融状况出现危机性干扰的时代里，没有经历任何实质性的转变。在某种程度上，《德国民法典》之外的许多立法重建肯定是不可避免的，例如居住法、劳动法和青少年法，但是，有相当一部分有弹性的概念成为可用且恰当的规则。《德国民法典》正是在一些关键的场合运用了这些弹性概念，例如诚实信用和交易习惯，同时还有司法判决，它们涉及新的和没有预见到的现象，尤其是货币的贬值。凭着明智的自谦，《德国民法典》的立法者并没有打算事先以一种僵硬的模式去把握不可预见的发展，而是号召法官在多种多样的社会变化中对法律进行创造性的发展。这些规定作为一种法律上的安全阀，防止了法典因为经济关系异

① 参见我的学术报告：《法律中的人》，1927年版。

常彻底的变化而被胀裂。《德国民法典》尤其要感谢那些或此或彼的伸缩性概念，它们使得这部法典在一个通常较为僵化的概念体系中，终究能够证明自己经受住了时代发展的无止境要求。 86

第四章　商法

个人主义私法的本质在于，它是为那些精于识别自己的利益并无所顾忌地追求自己的利益，非常自利和非常聪明的人设置的。这种个人主义法律规范接受者的典型是按照商人的形象刻画的，而商人的本性则决定了他唯利是图、精于计算——众所周知“商场如战场”。毫不夸张地说，个人主义私法的特点就在于将每人都视为商人——甚至工人也是劳动力商品的出卖者。事实上，商贸的需要产生了个人主义的私法。在福格尔家族和韦尔斯家族（Fugger und Welser）* 的时代，这种需要是德国继受罗马法的最主要动力。商贸的需要也曾对罗马法产生了非常重要的影响，使之以古典形式从为罗马商人和外国商人贸易而设定的万民法（ius gentium）中产生。正是由于日益畅通的国际交往，罗马法摆脱了民族的局限，使自己在后世能够作为超越时空的成文理性出现，并且具备了在另一个千年中控制了另一个民族的能力。

因而，在罗马法的范围内并不需要一部特别的商法。整个罗马私法就是为了满足商业的需要而形成的，并且能够通过罗马裁

* 福格尔家族和韦尔斯家族是 15、16 世纪德意志两大巨商和高利贷家族。——译者注

判官创设法律的权能，不断地调整以持续满足交易的要求。同样的原因使得一部特别的商法在另外一个注重贸易和法律的民族——英格兰那里，成为不必要的。与此相反，在法官不能根据改变了的经济要求相应地调整法律，只能以谦逊的克制去适用传统法律的地方，一部特别商法的出现则是必然的。于是，在欧洲大陆（除了斯堪的纳维亚），作为唯一的中世纪等级法的商人法，就一直
作为职业法存留到我们这个时代。它并非只是历史的残余，更多 87
的是因为它具有其他法律领域难以匹敌的更新能力和应变能力，能够不断为生活所充实，进而丰富了整个私法秩序。至少是在个人主义的法律时代，商法总是在不断地扮演一般私法的开拓者和急先锋的角色。

商法首先不断开拓使国内法和国际法趋向统一的道路。商贸不知道任何国界，正如个人主义只承认世界公民和世界市场一样。早在中世纪，意大利南部和汉萨同盟北方的商法就已获得了国际性的影响。德意志的商业需要成就了德意志关税同盟，这个同盟的建立比德意志帝国足足早了30年。同样的需要使得《德意志普通商法典》比《德国民法典》差不多早40年就制定了。在保罗教堂*虽没能促成德意志的统一，但它却没有经过太大的周折而颁行实施了一部统一的《德意志票据法》。尽管面临着重重阻碍，但一部统一的“欧洲票据法”和“欧洲支票法”将来也会先于“欧洲合众国”诞生。

* 1848年5月18日法兰克福国民议会在保罗教堂召开。在它586名代表中，有223名法学家，106名教授。工人、农民以及手工业者几乎全部缺席。这里保罗教堂（Paulskirche）代指1848年在法兰克福保罗教堂召开的国民会议。——译者注

那么，商法相对于普通民事法律，商人（Kaufmann）相对于私人（Privatmann）究竟有什么突出的特征？商人是“生意人”（Geschäftsmann）。订立法律交易（Rechtsgeschäft）[*]是他的本行，故他大量地缔结同一种类的法律交易。因而，商人和没有经验的私人相比，可以向其客户提出更多的要求。对于商人来讲，那些保护性的法律照顾已显得无足轻重了。一旦有商人的参与，用以确保参与者细心斟酌的法律上的形式化条件，例如保证的书面形式，就成为多余，这种形式化条件简直就是浪费，对于商人们来说就是金钱的时间。相反，商人的客户们却可以通过外在的法律形式确定与广泛的法律后果的联系。于是，商法中出现了严格的要式法律交易（Hochformale Rechtsgeschäfte），例如票据上义务（Wechelmäßige Verpflichtung），尽管这些要式法律交易已不独为商人们所使用。商人们知道其签字的影响范围，非常遗憾的是

88 私人并不是任何时候都清楚这一点。商人的客户首先建立了对严格的交易秩序的预期。记账（Buchführung）和通信往来（Korrespondenz）的规则对于商人来说，既是与商人名誉相关的东西，又是法律上的义务。正是书面要求才产生了今天意义上的商人职业：财会室、“写字间”，商业账簿和商务通信使得 13 世纪中叶的流动商贩变成了今天从事异地交易的商人。[①]

---

* 此处德文“Rechtsgeschäft”，较为准确的译法应该是“法律交易”，而应该译为“法律行为”的德文是“Rechtshandlung”。所以，本次译本修订将“Rechtsgeschäft”译作“法律交易”。——译者注

① 参见弗里茨·罗里希（Fritz Rörig）：《十四世纪吕北克地区的大商业和大商人》，载于《吕北克历史和古代文化杂志》，第 24 卷第 1 册。

任何商事交易都不过是无数的其他商人之间交易链上的一环。这个交易链上任何环节出现了一个障碍，都会接着使整个交易链发生连续的震荡。因此，面对这种影响广泛的障碍，法律交往的安全就成为商业上生死攸关的需求。商人因而就负有诸如对交付的货物及时检验，并在发现有瑕疵时及时通知的义务。所以，法律也保护商人对外在事实要件给予信赖的权利。例如，在一般交易范围内予以判断决定的授权、把一个商品的占有人视为对该商品具有处分权限的人。汉萨城市的商法不仅修正了在罗马法上那炫人眼目的符合其逻辑的规则，即任何人都有权要求其所有物的返还，即使该物已几易其手，而且即使是德意志法律观点本身，即在自愿将物交付给他人的情况下，所有人只可以向他交付占有的人，而不可以向从占有人善意取得标的物的人提出请求。另外，如果是盗赃物或者遗失物是漂洋过海而来，或者是运送回国内年月已久，则原所有人不能向第三人主张权利。

商人的个别交易行为与他本人的其他交易行为之间，有着不可分割的关联。他所有的交易共同构成其“生意”（Geschäft），这个相对于他本人越来越独立的整体以一个特殊的名称——商号而存在，并在这个名称之下和他的创立人分离，甚至还可由他的创立者予以转让，而且可以在其死后继续存续。如果有多个或者许多 89
人加入到这个生意中来，则特定个人就会完全隐没在生意背后。对参与到一个商业经营中诸多个人以各种公司形式予以规范，乃商法的一个普遍的使命。

那什么是商法的特征呢？没有任何领域比商法更能使人清楚地观察到经济事实是如何转化为法律关系的。只要不与强行法

(zwingendes Recht)相悖,商人就可以根据自己的力量,按照自己的需要以合意的交易条件方式设定他的法律关系。如果如此这般的、约定的交易条件变成了一般的交易习惯,即使在个别法律交易中因缺乏对该条款明示的合意而产生疑问,仍视其已得到默认。商事习惯,“惯例”(Usancen)对于商行为的解释具有决定性的意义。所以,只要是成文法没有规定或制定法规则允许偏离法律的约定存在,那么商人本身就自己创造着法律。然而,即使是强行法的规定,如果它们并非商人所期待的,那么他也会不断通过新的途径,通过不断的尝试来规避既定的交易条件——长此以往,他经济上的需求便往往显得要比强制性规定更为有力量。商界反对教会法关于禁止利息的规定并且为了取消这种禁止而发起的斗争,就属于这样一种情况。在此,对现行民事法律的规避,例如通过让与担保(Sicherungübereignung)来规避《民法典》中动产抵押的规定,也属于同样一种情况。通过经济生活规避法律的情况逐渐发展到如此严重的程度,以至于必须采取立法措施,从而用以防止由此而引起的各种各样的法律不安全。帝国法院(1923年)说,“商事交往的任务是不仅要服务于单个消费者,而且还要服务于整个民族不断变化的生活和经济利益,因此,为完满地达到这一目标,贸易交往就应该尽可能少地受到强制性规范的制约,而且应实质
90 上按照自身的规律和需求发展。”*

如果说,商法近乎于商人阶层自行设定的自治性法律,那么这一点就不难解释了,即在适用这个自治法的同时,也必须设定自治

* 帝国法院的这个判决并没有收入官方的汇编中。——译者注

司法(autonome Rechtspflege)。商界有这样一种倾向，即当事人间约定通过仲裁人的裁决或仲裁评判人的鉴定，使其法律关系或法律纠纷免受普通法院的司法管辖。整个商贸行业都是通过这类仲裁协议而摆脱了普通法院的管辖和影响。但是，这样的仲裁协议往往导致对经济力量弱小者的欺凌，尤其是在卡特尔形式中。在此，问题的焦点在于，当利用契约自由触及普遍利益时，而既有法律规定又对不道德法律交易的无效无能为力时，那就必须准备进行立法干预。

和任何其他法律领域的法规相比，商法领域的法规更为生动。它不是停留在纸面上，无须从法律文字中去解读，只需从法律交往中观察。与其他任何法律领域比较，商法更能表现法律与利益之间的较量以及利益对法律的影响，亦即规范对事实的有限力量和事实的最终规范力。简而言之，这就是经济历史观关于经济和法律关系的解释。这种经济历史观也教导我们理解，在个人主义法律时代中，整个私法的开路先锋的重担必然落在商法头上。在即将来临的社会法律时代，劳动法将承担起相应的角色。这样一来，商法和劳动法就成为了当代私法的两个对立的极点，亦即个人本位和社会本位(sozial)的极点。 91

第五章　经济法和劳动法

如果要用法律语言来表达我们所见证的社会关系和思潮的巨大变革，那么可以说，由于对“社会法”的追求，公法与私法、民法与行政法、契约与法律之间的僵硬区分已越来越趋于动摇；这两类法律逐渐不可分地渗透融合，从而由此产生了一个全新的法律领域，它既不是私法，也不是公法，而是崭新的第三法域：经济法和劳动法。

从私法角度观察所看到的经济关系，不过是两个私人间在确定平衡正义（ausgleichende Gerechtigkeit）* 意义上的关系。但是，私法的观察方式却看不到第三人，亦即各种经济关系中最大的利益人：公众。当人们还可以乐观地相信自由竞争、相信能在共同利用的方向上自行平衡各方的私利时，这种对经济的纯私法的阐释仍然可以成立。然而，当世界大战将德国经济和世界经济隔离，个人经济活动在变得狭小得可怕的德国经济空间内发生触手可及的彼此碰撞时，这一信条显然被打破了。而经济法（Wirtschaftsrecht）正是在这个过程中诞生的。当立法者不再仅仅是在实现经济关系

---

* 平衡正义（ausgleichende Gerechtigkeit）和分配的正义（verteilende Gerechtigkeit）相对，是由亚里士多德提出的正义类型之一，他强调所有的人都应同等地看待。——译者注

参与者之间公正平衡的意义上，而是优先地从共同经济利益、生产效率、经济性的视角观察和处理经济关系时，经济法就诞生了。当国家不再以纯私法的方式保障各种经济力量的自由放任，而是尝试着通过法律规范来把握社会学的运动规律时，经济法就诞生 92
了——法律规范本身就是一种可能有效干预社会学运动的社会学事实。经济法是组织经济的法律。[①]

战时经济提供了一幅全面彻底的组织化经济图景，一个包罗万象的经济法样板。人们把这种情形称为“战时社会主义”，但若是真的将它理解为社会主义的雏形，那则大错特错。战时经济意味着传统国家将整个经济生活置于自己的掌控之下；而与此相反，按照社会主义者的观点，一个新的类型的国家体制（Gemeinwesen）应该是在未来共有经济的基础上成长起来。让整个国民经济服务于国家的权力目的更多地符合专制国家的“重商主义”（merkantilistischen）[*]经济体制，而不是社会主义的纲领。它意味着需要弹性法律形式的经济被强行地纳入僵死的官僚式的国家行政形式中，故只能作为战争时期和战后军人遣散时的紧急经济法而存在。但是战时经济的一个效果却难以消除地一直存在，即：经历过战时立法的深入干预之后，私人所有权和契约自由永远不复享有

① 参见汉斯·戈尔德施密特（Hans Goldschmidt）：《国家经济法》，1923 年版，第 12 页。有关经济法和劳动法的经济基础，参见弗里茨·纳弗塔利（Fritz Naphtali）：《经济民主》，1928 年版。

* 重商主义是 18 世纪欧洲流行的一种政治经济体制。它认为一国积累的金银越多，就越富强。而要得到这种财富，最好是由政府管制农业、商业和制造业，发展对外贸易垄断，通过高关税率及其他贸易限制来保护国内市场，并利用殖民地为母国的制造业提供原料和市场。——译者注

直到战前所具有的不可侵犯的自然法荣耀。

虽然《魏玛宪法》(Reichsverfassung)*依然将所有权、契约自由作为基本权利加以保护——但却强调这种保护只是要"按照法律规定的尺度保护"。所有权和契约自由的内容和限制都是出自法律的规定——而且在某种程度上十分苛刻。"命令契约"(diktierter Vertrag)**这种法律形式已经变得越来越常见。如果出租人既不能决定是否缔约,又不能决定契约的内容,甚至也不能决定契约的终止时,那么他还剩下多少契约自由呢!既然宪法规定了所有权负担义务,即应在其行使时服务于社会公益:尤其是土地耕作和土地利用中土地所有人负有对社会的义务,那么这也就不仅仅
93 是道德上的义务,相反是在扩大征用的可能性,特别是在开垦土地的立法方面,它已成为具有法律现实意义的原则。所有权制度的发展过程类似于亲权制度发展已经经历过的过程,即同样是由一个利己的权利变成了一个受义务制约的权利,并且其行使的合义务性处于国家监督(Obervormundschaft)之下。人们干脆称之为德国法中所有权概念与其天生公权限制的复活,称之为新出现的超越一切私人所有权的国家最高所有权;由此也可以看到因宪法而变得可能的"社会化"(Sozialisierung)的基础。

* 此处作者虽然使用了"Reichsverfassung"一词,但其实是指《魏玛宪法》。北德意志联盟建立,即俾斯麦帝国和魏玛共和国均使用"Reichsverfassung",其德语语言上的原因是用以和"Landverfassung"区别开来。——译者注

** 命令契约(diktierter Vertrag),也有人译为强制契约,是限制契约自由的一种方式,不同于缔约强制、内容强制,其基本的特点在于通过公权力行为建立一种契约或者类似于契约的法律关系。例如在德国夫妻离婚后根据房屋管理委员会的指示而建立的关系。——译者注

但是迄今为止，社会化的努力目前只取得了零星的成果。社会化并不必然意味着国有化（Verstaatlichung），更多的是意味着各种形式的公司化（Vergesellschaftung），除了国有化之外，还包括地方共有化（Kommunalisierung）*，以及国家或者乡镇以起决定作用的资本参与到私人企业中（也就是所谓的“混合经济企业”gemischt-wirtschaftlichen Unternehmung），最后还包括“强制辛迪加化”（Zwangssyndizierung），也就是说把一个经济行业的所有企业强制组织成为受国家监督的自治行业。这类处于“经济自治机构”——如国家煤炭委员会、钾盐业委员会——领导下的，辛迪加化企业的“经济自治”形式以及国家对其的监督，已被视为社会化的最重要形式。类似的方式还有国家对钢铁、畜牧、硫酸业的公共经营的监督，而对烧酒业则采取了国家垄断的方式。

实际上，不仅是公法渗透进了经济生活，而且反过来，私人经济也以合法或非法的途径渗透进了政治生活。如果人们看到了在战后最困难的时期，经济界的代表和政府进行平起平坐的谈判，就像封建国家中力量强大的领主可以和邦主进行谈判一样；如果人们看到了经济界的代表是如何像那些领主一样经过或未经政府授权和外国进行谈判，人们有时就会以为自己在形式上是生活在一个民主国家，但实际上不过是生活在一个经济上的封建制国家之
中。这种经济上以不符合宪法的方式，直接或迂回的越过党派而 94
施加给政府的影响远远大于以宪法形式起作用的影响措施。

---

* 地方共有化（Kommunalisierung），原译“地方化”，但毕竟不同于一般所说的地方化，而是一种与国有化相对的社会化形式，实质上是将企业所有权收归地方机构所共有。所以，此次修订将其译作“地方共有化”，以便同地方化区分开来。——译者注

《魏玛宪法》的起草人曾经想象：国家制度(Staatsverfassung)之外还有一个社会制度(Gesellschaftsverfassung)；在由平等、自由的个体——如同他们所认为的民主一样——所组成的砖瓦房子之旁，还存在着一个由各种不同经济部门和社会阶层材料所构成的方石建筑。宪法规定区劳动者委员会(Bezirksarbeiterräte)和国家劳动者委员会(Reichsarbeiterrat)* 应与相应的企业代表和其他民众代表共同参加区经济委员会和国家经济委员会。** 现在国家经济委员会已经建立起来了，但是基层的区经济委员会却依然没有建立。以法律形式表现经济状况——也就是通过议会中席位的数量表现各个职业阶层和阶级在经济和社会中的比重——的困难实际上几乎不能克服。没有任何可用数字表示的标准能用来评价具体的经济部门。对于雇员和雇主之间比重关系的问题只能回答为平等(Parität)；恰恰是通过用雇主和雇员的平等代替了民主形式下雇员表决权的绝对优势，才在某些范围为职业阶层思想赢得了许多认同者。但是，绝对不允许一个说来说去不过是随意组成的组织具有举足轻重的影响。因此，《魏玛宪法》的如下构思，即不将经济委员会设置为立法机构、上议院，而是仅仅将其设计为一个咨询性质的专家议会，完全是正确的。一个由职业阶层组成的议院之所以不适合作为立法机关，是因为每个职业分支所选举

* 德文“Arbeiterrat”源于德国1918年基尔港水兵起义期间所组织的旨在支持议会政府和结束一战的工人和士兵组成的委员会。该委员会以苏联十月革命时期的苏维埃模式为榜样，但其参与人多是社民党(SPD)和独立社民党(USPD)的成员。魏玛共和国建立后，这种委员会被改造后吸收进了宪法。——译者注

** 参见《魏玛宪法》第165条。——译者注

出来的人仅仅感觉自己是该职业分支的代表，而无法像政党一样意识到自己有义务形成一种意识形态，用以指导政党，同时将自己作为全体人民的代表。职业阶层议会必然缺乏意识形态的整体前进推动力。由此就会导致整个政策的经济化和工会化，而该政策也将会使文化问题沦为脑力劳动者的阶层问题提供路径。这个如 95
此容易反驳的法人工会（körperschaftliche Kammer），即“职业阶层国家”（Berufsständischer Staat）的思想却不依不饶地一再出现在民主的对手那里，经过法西斯的国家改革，甚至已经以国家工会（stato corporativo）的形式在意大利变成了现实。

对于经济法究竟是一个新的法律领域，还是仅是一种新的法律思想方法在不同法律领域的运用，人们尚存争议。与此相反，劳动法（Arbeitsrecht）作为新学科这一点却无毫无疑问。① 如果说经济法是将经济关系置于国民经济生产效率的视角下进行观察的话，那么劳动法则是将经济关系置于保护经济上弱者免受经济上强者侵害的视角之下进行观察。前者倾向于企业主的立场，后者则注重劳动者的利益。故经济法的视角和劳动法的视角——以及体现它们的国家机关——国家经济部和国家劳动部——时常会发生实际上的或表面上的对立；有关8小时工作制的对立就是一例。

劳动法以民法的思想取向为前提条件。民法只认识“人”（Person）*，即双方自由决定而缔结契约的平等主体；不认识相对

---

① 参见胡果·辛茨海默：《劳动法的基本特征》，1927年版；海因·波特霍夫：《劳动法》（《活着的科学》第5卷），1928年版。

* 此处“人”一词指作为抽象的、没有实质差异的、民事法律上规定的人。——译者注

于企业主力量弱小的劳动者。对于劳动者的结社它一无所知，而正是通过结社，劳动者相对于企业主的弱势地位才得以平衡；对于大的职业联合会它也一无所知，而这些职业联合会通过缔结劳资协议成了劳动契约真正的缔结人，民法只看到了单个的契约缔结人以及单个的劳动契约；最后，它对企业的联合一致同样一无所知，《德国民法典》能够认识到的就是这些雇主与根本没有法律上联系的雇员所缔结的各种各样的契约，而没有将企业职工看作是
96 结合在一起的社会统一体。它真的是只见树木不见森林。劳动法的本质就在于它对生活的无限接近。它不像抽象的民法一样仅仅看到“人”，而且看到了企业、劳动者、雇员；不仅仅看到了单个的人，而且看到了工人联合会和工厂；不仅仅看到了自由的契约，而且看到了严重的经济上的权力斗争，这种权力斗争才是所谓的自由契约的背景。

在罗马法中，劳动关系建立在物权的基础之上：劳动者是奴隶，是主人的财产，是物。只有那些习惯于将劳动的人视为物的法律才可能以最近似物的租赁的方式使用“雇佣租赁”这个表达。与此相反，中世纪的劳动关系建立在人身权（Personnenrecht）的基础上：劳动义务产生于人的阶层，隶属关系一方面产生了对主人的服徭役的义务，另一方面，也产生了要求主人保护和照顾的权利，也就产生了双方的信赖关系。近代的劳动关系建立在债权的基础上，亦即建立在自由契约的基础上。这种形式上的契约自由可能仅仅意味着经济上的强者，亦即雇主的劳动契约自由：雇主可以等待，直到劳动力向他发出要约；但它绝不意味着经济上的弱者，亦即雇员的自由：雇员所拥有的就是饥饿的肚皮和他的双手，他必须

获得工作，而在他能找到工作的地方，无论好坏他都必须接受雇主向他提供的各种劳动条件。这种契约自由意味着在劳动关系双方自由和平等的表象之下，事实上存在的不过就是它已经超越的隶属性劳动制度。只不过在隶属性劳动制度中，佃农以各种形式为地主所有，地主也因此对信赖自己的人负有保护和照顾的义务，而在根据表象存在着契约自由的制度中，劳动者和雇主之间的关系被仅仅限制在了双方的契约义务中，而不考虑任何社会道德背景。隶属性关系尽管是一种违背人的尊严的法律关系，但由于它毫不掩饰地以人为客体，成为一种特地以人为客体而设计的制度，因此受到社会道德的渗透。契约自由制度仅将劳动关系看做两种被同 97
样看待的财产利益，亦即劳动和报酬的交换，并与此相适应建构劳动关系，也就是将劳动力视为物而不是人。但是却忽视了劳动并不是一种和其他财产利益相同的财产利益，而是人整体本身。

新劳动法的任务是实现劳动者的人权（Menschenrecht），在新的层面上，在人格自由的层面上将劳动关系作为人身法律关系重构。劳动法是抵制劳动契约领域法律上形式性的契约自由危险的行动：无论是通过"强行法"为契约自由设置直接的法律限制（劳动者保护），还是使雇员和雇主之间的个别劳动契约受制于雇员和雇主组织缔结的集体劳动契约（劳资协议法，Tarifrecht），抑或是为已经缔结的劳动契约的事实部分附加上不可排除的公法上的辅助后果（如负担社会保险或者企业协定中的权利和义务），以及最后尝试着促进劳动契约的缔结，在无法达成劳动契约时提供照顾以及控制由契约自由所导致的无法预料的生活处境（工作介绍和失业照顾）。在所有这些措施中，我们强调劳资协议法和企业协定对于劳动法的法律特征特别具有启发意义。

单个劳动者面对企业主是那样的势单力薄，但一个行业内全部或者大部分劳动者通过组织罢工这种“最后理性”(ultima ratio)时，* 则他们便会变得强大有力。所以宪法所保障的基本权利中，“保证以及促进劳动和经济条件的结社自由”、“联合自由”对于劳动者来说最为重要。但是只要雇员协会(工会)和单个雇主或者雇主协会就工资和劳动条件达成的协议对个别劳动契约
98 的权威性依赖于个别契约缔结者的意志，则该协议的效力就难以获得足够的保障。也许人们可以将劳资协议的合意看做个别劳动契约的缔结人愿意默认的合意，但是如果当事人明示地达成了其他合意的话，就不能视劳资协议的合意为当事人所愿意的了。为此，1918 年 12 月 23 日具有划时代意义的民众委托人(Volksbeauftragte)** 行政命令就规定：违反劳资协议的个别劳动契约一律无效。从此，劳资协议对于劳动契约不再仅仅因为个别劳动契约缔结人可推翻的、推定的意志才具有权威，更多的是“自动的”、“不可排除的”具有权威性。只是这种权威性仅仅对于作为缔结劳资协议的协会成员的劳动者和雇主才有效，对于局外人却没有效力。但是该行政命令却赋予了联邦劳动部长宣布有关劳资协议对其所涉及行业的全部个别劳动契约，包括局外人之间的契约，均有约束力的可能性。通过自动的和不可排除的效力，尤其是通过这

* ultima ratio 的原意是在所有道德和理性的解决方案都失败后，解决利益冲突的最后手段、方法、途径。——译者注

** 民众委托人(Volksbeauftragte)，指 1918 年 11 月革命时期威廉皇帝垮台后所成立的临时性政府。该政府存续期间为 1918 年 11 月至 1919 年 2 月。——译者注

种普遍的约束力，劳资协议完全超越了私法的形式，在和个别劳动契约的关系问题上，它已经获得了法律规范、法律渊源的特征。1918年12月23日行政命令的立法者已经赋予了具有缔结劳资协议能力（tariffähige）的社团在它所在的职业领域对工资和劳动条件进行自主设定法律，亦即自主立法的权利。从私法上的劳动关系中，我们看到一个公法性的劳动制度（Arbeitsverfassung）的诞生。《魏玛宪法》对其做了如下概括："劳动者及雇员得会同企业主平等的制定涉及工资条件和劳动条件的规则，并共同推动生产力总体经济发展：双方所组织之团体及其协定，均受认可。"*

新的劳动制度具有双重特征：它不仅从职业的角度，而且还从企业的角度予以确立。传统的法律秩序只看到企业主和与企业主处于特定关系中的单个雇员，而看不到全体职工和作为整体的企 99
业，只看到劳动关系而看不到劳动组织。这种关系却仅仅是"服务"契约的一种，亦即具有服从性质的契约的一种。根据过去的法律，企业主可以将路易十四那句名言稍作调整后用于自身：朕即企业！依据1920年2月4日颁行的《企业委员会法》（Betriebsrätegesetz），每个劳动者现在都可以宣布说：我们就是企业，这是自1789年以来思想上最大的革命。那时，《人权和公民权利宣言》将王权宣布为由国民为了全体的福利而可撤销的让渡的代理权，而不是君主自己的利益，将私有财产权宣布为自然的、永不失效的、不可侵犯的和神圣的权利；前者是由宪法规定的职位，后者则是先于宪法而

* 参见1919年8月11日《魏玛宪法》第165条第1、2句。但法条原文中"经济发展"和"双方所组织之团体及其协定"间用的是句号。——译者注

存在的权利——专制君主必须腾出宝座，以便专制的资本登上这把交椅。今天向资本的有限君主的过渡已经完成——虽然还没有过渡到“立宪的企业组织”、“经济民主”，但是人们仍然可以将《企业委员会法》和施泰因的《城市条例》（Steinischen Städteordnung）[*]作比较：两者均要求通过共同参与实现共同负责，通过参与共同生活唤起和保持共同意识。经济仆人换个好听的名字变成了经济公民。企业主不再是不受限制的“一家之长”。他在解雇工人、颁布工作规章等诸如此类的重要行动上受到企业委员会异议以及共同参与的限制。恰恰是劳动规章特别体现出企业组织法的法律本质。劳动规章和其他的“企业协议”均属于自治企业法（autonome Betriebsgesetze），就像劳资协议是自治行业法（autonomes Berufsgesetz）一样。他们再清楚不过地显示职业组织和企业组织法如何从私法基础上跃升为公法。劳动的双重组织——亦即行业组织和企业组织、工会和企业委员会、劳资协议和企业协议的并存——本身就带来了严重的危险。如果劳动者的经
100 济斗争阵线不想分裂为无数弱小的团体或者小团体，则职业组织，亦即工会必须尤其在工资的问题上，享有最终的话语权。这也是《企业委员会法》处处被清楚地强调的立足点：劳资协议优先于企业协议、劳资协议法效力高于企业法（Betriebsrecht）效力。

《魏玛宪法》许诺：“联邦应制定统一的劳动法”，大规模的有关《劳动法典》的准备工作也已着手进行。但是统一不只意味着法典

* 指普鲁士卡尔·冯·施泰因男爵在1808年前后进行改革过程中颁布的《普鲁士君主国城市法令》（Ordnung für sämtliche Städte der Preußischen Monarchie）。——译者注

的统一，首先应该是精神的统一，而只有整个劳动法的实施归于一个行政部门时，这种精神的统一才能得到保障。职业介绍、失业保险、劳动监察、社会保险必须成为统一的劳动行政部门的不同业务分支，经济纠纷裁决机关、仲裁机关以及劳动法院也必须紧跟此行政机关。有两种劳动争议："集体劳动争议"（Gesamtstreitigkeiten），亦即一个行业或者一个企业内组织起来的劳动者与雇主或者雇主组织之间关于劳资协议或企业协议的缔结而发生的经济斗争和利益争端（集体劳动契约或总企业协议，Gesamtvereinbarung）；"个别劳动争议"，亦即劳动者和雇主之间或双方组织之间有关解释或适用集体契约以及个别劳动契约而发生的法律纠纷。集体劳动争议为仲裁的标的，个别劳动争议属于劳动司法的标的。有关劳动司法机构曾引起强烈的争议：劳动法院应该归入将来的劳动行政部门，还是应该归入普通法院系统？一方面，劳动法院被设置在劳动法这个氛围中，而在劳动法中社会（sozial）观念和个人主义的市民法完全不同；另一方面，这种社会精神也影响了普通司法。因此，我们的任务就在于，为劳动法院在劳动行政机关的附近，但又不远离普通法院的地方找到它自己的位置。根据这
种要求，1926年颁布的《劳动法院法》在法官所追求的将劳动法院 101
归入普通法院系统和劳动者所主张的特别法院思想之间寻找到了一条中间道路：第一审劳动法院为特别法院，但它与司法关系密切，因为该法院的主审法官一般由普通法院法官担任；较高的审级，亦即州劳动法院和联邦劳动法院完全归入普通法院的主管范围。不难看出，平衡的结果是更多地倾向于将劳动法院归于司法机关一边。但是比组织问题更重要的是审判人员问题。在所有劳

动法院的审级中，由劳动者和雇主群体选出的同样数量的陪审法官被邀请共同参与判决。这种人选的安排，考虑了一个分化为阶层社会的社会情况。通过来自于两个相互斗争的阶层的陪审法官，职业法官可以随时清楚地了解到更大范围内的阶级斗争，它们实际上体现在要求裁决的劳动争议中。因此，除掉个人利益内容的表象将其上升为一般的超个人的阶级斗争，则真正当事人之间的对立就会在法庭上重现。或许有人认为，由于陪审法官存在着截然对立的观点，故从职业法官方面来说，他完全是在独立裁决；但正是通过陪审法官的对立使他了解了单个案件所包含的更广泛的社会争议情况，否则他会作出和没有陪审法官时完全不同的判决。唯有这样，在一个分裂为阶级的社会中，职业法官才能积极地获得这样一种意识，即他当然地不能够具有任何一种来自于他本身所属阶级的观念而且可以不使之受到检验。

这样，劳动法的精神，它的斗争精神和和平精神，同样也在劳
102 动司法中得到了无可类比的清晰表达。

第六章　刑法

直至1918年国家转型之前，旧的德意志国家完全是“民族—自由主义”的产物，它同时具有极权国家和法治国家的特征，竭力强调国家对公民的权威，而且恰恰是为了这些公民的利益才给设定了鲜明的法律界限。即与这个旧的国家本质相一致的由其制定并且至今仍然生效适用的《刑法典》中所采用的报复和威吓特征。对于超个人主义的权威思想来说，这一点是容易理解的：将刑法的观念也指向权威思想，犯罪被视为对权威的侵害，被视为反叛，而刑法被称为对权威的维护和对犯罪的报复。弗里德里希·尤里乌斯·施塔尔（Friedrich Julius Stahl）说过：“刑罚的正义在于国家通过消灭反抗国家之人或者使之痛苦来确立国家的威严。”* 但是报复思想也体现了法治国家的理念。恰恰是法治国家的拥护者，康德和费尔巴哈使得报复的思想和报复性威吓的思想在几乎一个世纪的时间里主宰了我们的刑法。报复刑事实上特别应该被称为“法律刑”，因为和教育与保安刑（Erziehung-und Si-

* 弗里德里希·尤里乌斯·施塔尔：《从历史的视角看法律哲学》，第2卷，1837年版，第372页。原文是：但是这种外在的刑法正义根据其本质不过就是根本的刑罚正义，就是上帝的刑罚正义。它是通过消灭反抗国家之人或者使之痛苦，来确立国家的威严和邦的威严。——译者注

cherungsstrafe)相比，它具有确定性，通过行为和罪责来量刑就具有了可掌握的尺度，而教育与保安刑的量刑则依赖于对导致错误行为发生作用不一的行为人人格的理解；此外，因为它将刑罚作为行为和罪责的唯一反应，而不像教育和保安刑一样为之设立了多种多样可供选择的处理手段。包含报复刑和威吓刑的权威主义刑法同时也能够维护法律的安全，防止统治者滥用权威。但是，除了从法治国家的角度以外，从另外一个方面报复思想也能够证明自己属于“个人主义—自由主义”的法律观。它所展示的结构和自由
103 劳动契约中的个人主义—自由主义观念如出一辙。无论是那里的“劳动力商品”还是这儿的犯罪行为，都脱离了人格的相互关联，仅作为人们可以将之与其他实际价值比较的实际价值考虑；在那里，劳动者仅仅是“人手”，在这里犯罪人仅仅是“行为人”，要考虑的仅仅是他们与特定行为之间的关系，而不是受设施和社会制约的人格，不是活生生的人。

从民族—自由主义极权国家向社会的人民国家转变，必然也带来刑罚观念的变革。社会保护思想和教育与保安刑法的思想代替了报复和威吓的思想。随着刑法改革运动的进行，传统的报复和威吓刑罚的追随者也在如此大的程度上承认了教育和保安思想，以至于刑罚的报复、威吓目的与刑罚的教育、保安目的由来已久的“学派之争”已经成为了过去。代替它的却是另外一种对当代刑法改革发生了重大影响的观点争议：当虽然报复是刑罚的目的，但不是唯一目的的问题变的无足轻重时，报复作为法律罚、报复在法治国家中的功能、报复作为刑罚的依据和界限的问题反而越来越成为刑事政策斗争的焦点问题。即使是那些原则上追求社会教

育刑法和保安刑法的刑事政策学家，也基于一再提到的“司法信任危机”对在目前情况下授权法院实施教育和保安刑法感到忧虑。这种刑法必然意味着授予法院在确认（行为人）人格前提以及选择刑法处理方法上比实施报复和威吓刑法更大的自由范围。由此，刑事政策斗争出现了一个新的前线：如今斗争的双方不再以刑罚的报复和威吓目的为一方，刑罚的教育和保安目的为另一方，而是刑事司法中确保严格的法律安全和扩大刑事法官的自由裁量范围 104
之争，以前的狭义的法治国家和福利国家、文化国家之争。

刑罚的难题已经不仅仅围绕着刑法的布局，而是根本上触及了刑法的根基。刑罚即有意地施加痛苦。在这个意义上施刑的人，必须坚定地意识到自己的崇高使命。“一种没有替天行道意念的人类力量，不足以挥动行刑的刀斧。”（俾斯麦 1870 年 3 月 1 日于国会）只要刑法是以上帝或道德戒律之名被实施，人们就可以依靠良心施刑。但如果是以国家或社会的必要性或合目的性之名，以多意的、不断随着时间而变迁的、充满争议的价值观之名行刑，则行刑之手就会颤抖。经常新出现的大赦、大量的赦免、缓刑以及减刑日渐清楚地表明，刑法已丧失了它的良知。①

但是，在一个分化成不同阶级的社会中，在一个最公正的刑法也可能越来越成为相对公正的刑法的社会中，在一个不可避免地

① 除了意识到刑罚的必要性之外，还要始终有对其质疑的意识——因为两者对于好的刑事法官都是必要的，请阅读青年法律人托尔斯泰（Tolstoi）、陀思妥耶夫斯基（Dostojewsky）、阿纳托里·弗兰茨（Anatole France）的作品。尤其是斯林（Sling）对法庭总体的描述，他第一次将法庭报告提升到人性和艺术的高度。参见斯林：《法官和执法》，1929 年版。

存在着其他类型的刑法公正和平等的社会中——就如同阿纳托里·弗兰茨所描述的那样:“法律以庄严的平等既禁止富人又禁止穷人露宿在桥下、在街上乞讨以及偷窃面包,对于这种平等性,同样也对于这样的刑法来说,恰恰可以适用如下一针见血的批评:‘你们让穷人有罪,你们留给穷人的只有苦难’!”如何才可能保持刑法的良知呢?如果完全是因为阶层状况而导致犯罪的涌现和刑罚的实施,那就意味着,不是刑法,而是,用弗兰茨·冯·李斯特(Franz von Liszt)的话来说,社会政策(Sozialpolitik)才是最好的
105 刑事政策。刑法能否向犯罪人弥补社会政策所没有为其做到的,是值得怀疑的。更尖锐的思想是:在行为之前所花费程序和执行成本在多大程度上能阻止犯罪的发生呢?这些发人深省的认识足以让冠冕堂皇的刑法理论——报复和威吓感到羞愧,并使得理性的刑法学说——教育和保安——看起来在社会理论上获得了接受。

然而刑罚,尤其是自由刑,除了保安以外,还能够起到教育作用吗?刑罚执行的进步,特别是自1923年《联邦参议院关于自由刑执行的基本原则》以来取得的进步,完全应受到尊重![①] 但是,根据自由刑的性质,它是否适合于教育目的依然是值得怀疑的。监禁教育是强制教育,而强制就会产生对抗,于是只有投其所好,教育才能奏效。迄今为止,我们尚没有一下子解决对青少年犯罪的教育问题,我们又如何能胜任对成年罪犯更加艰巨的教育任务!

现时的监狱建筑、防止越狱的堡垒、对被监禁者处处设防的囚

---

① 参见埃尔温·本克(Erwin Bumke):《德国监狱制度》,1928年版;普鲁士司法部1928年主编《普鲁士刑罚执行》。

牢，都已经构成对犯人教育的障碍，教育只能在充满信任的氛围中进行。尽管我们知道，一个现代的服刑场所看起来应该是怎样的——就如同一个现代的精神病院，也就是说：通顶结构、为细心划分的教育组别而配备的单独房间、尽可能淡化的自由限制、没有堡垒高墙和网孔铁窗，根据现代监狱的本质，坚固的牢房仅仅为少数真正的越狱犯而设。但是从哪里筹得设立这种新式监狱的资金，又从哪里找到为这种监狱工作的人呢？因为刑罚执行所需要的不是能干的文职候补军人的责任感，而是要求真正的修行者般的奉献和刻苦，要求愿意为了全体罪犯而几乎终生放弃自己的所有生活。自由刑的完全执行需要一个总体社会（Gesamtgesellschaft）*：这个社会对刑罚的执行要有完全的理解；它不出于竞争原因而给自由刑这种最为有效的教育手段，即确实有效率的监狱劳动，不断带来新的困难：它不出于对刑满释放人员太多偏见的不 106
信任而使得对他们的社会关怀变得几乎不可能。只要所有这些条件不能实现，情况就一直这样：吃的药越多，死的就越快；犯人受处罚越多，就越容易再犯。只要我们的刑事政策必须保持实质性的消极刑事政策（Negative Kriminalpolotik），我们就一定要关注自由刑的改善，但首先要关注避免自由刑：在犯罪行为或者罪责轻微时，应尽可能对被告不起诉或者免予刑事处分：如同 1921 年《罚金刑法》非常好的规定的那样，通过罚金刑代替自由刑；通过缓刑期的缓刑并且在缓刑期满如果表现好的话免予刑罚，如同几十年来

* 总体社会（Gesamtgesellschaft）是德国学者使用的不同于我国所谓社会总体的概念，它包含了社会政治、经济等多个层面，政府也属于总体社会的成分之一。——译者注

在我们这里尽管没有立法者采取行动，但是通过特定种类的赦免而进行的那样。

但是伴随刑罚执行难题的是一个不可忽视的刑事程序难题。将来教育和保安刑法的旧箴言是：不针对行为，而是针对行为人。但是已出现超越旧箴言的新箴言：不针对行为人，而是针对人。如果人仅仅被视为"行为人"，仅仅被置于个别行为的偶然视角观察，人的形象将受到多大的歪曲啊。人们可以似是而非地说：只存在着始终如一的人的整体；但更准确地说应该是：只存在着人的生命的流动整体，而根本不存在他的单个行为。生命和人是如此难以由个别行为构成，就如同海洋并非由海浪构成一样。它们是一个整体，是一个不可分割的整体中的单个行为交织在一起的运动。一个正确的心理学视角的分析过程不是由行为到人格，而是从人格到行为。但是刑事程序的过程却注定要走一条相反的路——对它不可克服的疑问就由此而生：从行为到人格，而他可能没有一次能走到最后，触及人性。新的心理学研究、心理分析、个体心理学突破了潜意识的极点，指出在心灵的世界，简单（Einfach）也是无
107 止境地纠缠在一起的，仅仅可能的正确就是完全的错误。根据刑事程序中的审判所具备的范围和法定的形式，它是不适合用以探究上述潜意识的极点的。某个轰动一时的刑事案件的审判经常可能会接近上述目的，但是如果认为从某个表面上看普通不过的盗窃惯犯案件比一个一眼就能看出不寻常的谋杀行为更容易理解，那就犯了个非常大的心理学错误，一个建立在如下肤浅的认识基础上的错误：即贪得无厌是一个不再需要进行心理学上探究的解释，是一个就其而言不需要进一步解释的心灵过程的直接原因

(prima causa)。相反，隐藏于这个自私自利的动机之后的东西才是心理学上的难题。事实上，刑事诉讼程序已通过社会法院救助(soziale Gerichthilfe)的安排，为研究行为人内在和外在的世界提供了方便。但正是将社会法院救助与现行刑事程序的诉讼形式相配合的困难，向我们表明未来的行为人刑法将向刑事诉讼法提出全新的、远远还没有解决的问题。

因而在我们看来，包括刑事程序、刑事执行在内的刑法存在着大量的疑点，其改革已经成为不可避免。但是从这些难题中还没有获得一个全新法律的确定路线，相反，所获得的不过是在将来也不无疑问的整体中的局部改善。人们还不能指望当代的刑法改革具有划时代意义，并能一劳永逸。

刑法改革涉及四个领域的问题：刑罚体系、量刑学说、保安措施以及根据刑法草案改变了的刑事法官的地位。

草案中的刑罚体系与现今的刑罚体系一样，由自由刑、罚金和名誉刑共同构成，而且死刑已是时过境迁。对于那些反对死刑，希望能够在此次刑法改革中得以废除死刑的种种理由，我们在此要提及的仅仅是因整体刑罚体系而产生的冷静理性的理由，其他那些每个人的人类感情和清楚思考都能如此强烈感受到并且予以理 108
解的理由[①]，无须我们在此重复阐述。在至今为止的刑罚体系中，死刑已是格格不入。死刑曾经是一种刑罚系列的自然终端部分(Endglied)，这种刑罚系列从痛苦的监禁、肉刑、断肢直至本身被分为各种等级的死刑。作为这个系列中至今仍然留存的残余，在

① 参见莫里茨·利普曼(Moritz Liepmann)：《论死刑》，1912年版。

一个建立在罚金和自由刑基础上的刑罚体系中，它因一条不可逾越的鸿沟而与其他刑罚种类分离开来，与其他刑罚毫无关联，故根本不可比较。只要人们还在说：以眼还眼！以牙还牙！以血还血！死刑就仍不失为一种报复方式；但现在我们已不再说以眼还眼、以牙还牙了，只是仍然还说：以血还血。过去，只要强盗和谋杀犯是惯犯，死刑就被用来消灭这类罪犯中最危险的分子。但是，人类的恶疾如今从野蛮者向欺骗者发展也在犯罪分子身上得到了体现。今天的惯犯已不再是职业的强盗和杀手，而是心机诡诈的高级骗子和技术高超的入室盗窃者。因此，今天的死刑针对的已不再是它以前确定的职业犯罪人；相反，甚至经常是针对初犯者，而在这些人的一生中，他们可怕的行为也许只属于一段不会再重复出现的插曲。没有人愿意将死刑的范围从谋杀扩张到其他案件。然而，死刑的意义却不能通过对它所适用案件数量的统计来衡量。在刑罚体系中，死刑并不具有完全的单一性意义。大部分人都是以对刑法的印象为标准对整个法律作出判断，又进而以最重的刑罚对刑法作出判断。死刑表明了刑法最显著的特征。正因为如此，从人们对死刑的印象出发，死刑也影响了人们对其他刑种的印象，导致其他刑罚看起来也被笼罩上了死刑的惨无人道和血腥味，使得在一般人看来其他刑罚也成为了报复、恐吓、痛苦的残酷刑
109 罚。因而，在一个社会教育和保安措施的刑罚体系中，不允许继续为死刑留有一席之地。

名誉刑在这个体系中也同样没有立足之地。“草案不复存在剥夺公民名誉权这种刑罚，社会对刑满释放人员的不信任和憎恨本身已经构成了他们重新融入社会最大的困难。如果人们愿意与

此斗争，人们就不应该通过法官宣告被判刑者名誉丧失的判决怂恿这种偏见。”* 草案以上述精彩的言辞抵制了社会强加给刑满释放人员的道德私刑以及通过法定名誉刑对该道德私刑的确认。因为要保留权利丧失的刑罚，则它也不外乎被理解为名誉刑而已。

被处刑者不应作为丧失名誉者，而是应该作为赎罪者重归自由。将刑罚和名誉对立起来的依据，同样必须确定不会再进一步以一种自由刑去威胁重返者，这种自由刑与依法发生的名誉丧失联系在一起，它本身具有的缺点是对名誉不可避免的伤害，以至于这个缺点和刑罚的刑名——囚禁刑（Zuchthausstrafe）** 不可分离。相反，监禁（Gefängnis）和囚禁（Zuchthaus）这两个名词表面上使人以为二者是两种不同的刑罚种类，但除了 Zuchthausstrafe（囚禁刑）会毁坏名誉外，二者事实上不存在种类的不同。一切想在执行方面区分二者的努力都是徒劳的。到目前为止，Zuchthausstrafe（囚禁刑）都不被认为是更长、更严厉的Gefängnisstrafe（监禁刑），因此，二者应该融为一种刑罚。尽管草案未能决定这种融合，囚禁刑依然将会给其牺牲品烙上囚犯的烙印，从而就像民事死亡一样消灭了该囚犯的社会存在。

* 参见埃布哈特·施密特主编：《古斯塔夫·拉德布鲁赫普通德意志刑法典草案（1922 年）》，1952 年版，第 53 页。——译者注

** Zuchthausstrafe 和 Gefängnisstrafe 在汉语中都被译为监禁，而在德国的历史上曾有区别。Zuchthausstrafe 是 1969 年之前的刑罚规定的一种单独的徒刑种类，其期限为 1 年到 15 年，直至无期，而 Gefängnisstrafe 一般指刑期为 5 年以下的徒刑。但是正如拉德布鲁赫所言，区分二者的努力是徒劳的，二者很难区分。为了区分二者，我们将 Zuchthausstrafe 译为“囚禁刑”，将 Gefängnisstrafe 译为“监禁刑”。但在现代德国刑罚中，二者的区分已经不存在了。——译者注

除了监禁和囚禁外，草案中还规定了两种现行法中已有的自由刑：禁锢（Einschließung）和拘留（Haft）。禁锢代替了现今的（对政治犯非侮辱性的）强制拘押（Festunghaft），它是针对信念犯，特别是针对政治犯，尤其是国内政治斗争中的战俘的特别自由
110 刑。它和自由刑的主要区别在于：它不能也不允许以改造为目的，因为后者被称为政治上的强制教化。拘留不是一种刑事处罚，而是适用于违反秩序和单纯“违警不法”（Polizeiunrecht）的治安处罚。将“违警不法”和“刑事不法”（Kriminalunrecht）相区分是草案的主要任务之一。

任何一种自由刑与对犯罪分子的改造都是弊大于利的。因此，罚金刑越来越有理由代替自由刑的观点就是值得赞同的。不应忘记，罚金以金钱代替刑罚或者报复，最初不仅适用于较轻的犯罪行为，而且适用于重罪。罚金刑的效用还有待进一步的发掘，当然它那令人忧虑的富人统治本质还无法克服。这一点一如既往地有效：无力支付金钱的人，就必须用自己的人格赎罪——过去是用他的肉体，现在是用他的自由。

如果说草案在刑罚体系方面回避彻底改革，那么它在量刑方面就带来太多新意。在这方面，它正视了“刑罚针对人，不针对行为”的格言。在刑法典分则按照行为的严重程度确认刑罚等级的同时，总则，特别是它的量刑学说的任务则是依据行为人的危险性区分不同的刑事制裁。李斯特（Franz von Liszt）论证了行为人的重要划分以及制裁目的的相应差异。[①]

① 参见李斯特：《论文和报告》（1905 年版），以及《刑法改革运动资料汇编》。

人类的任何行为，包括犯罪行为，都是性格和情况，或者说个性和环境这两个因素的产物。根据这两个因素在犯罪行为构成中哪一个居于主导地位，可以将犯罪人分为两种类型。一种是基于冲动或者机会而导致发生犯罪行为：激情犯（Affektverbrecher）和机会犯（Gelegenheitsverbrecher），有人将两者合称状态犯（Augenblicksverbrecher）；外在条件的不幸形成使这类人一下子成了罪犯，他们本质上却没有持续犯罪的性格。有人这样说，情况尚未 111
允许他们“内在”反省，感情已使他们“外在”铸错。他们不想成为罪犯，却已经变成了罪犯。用诗句中的话来说，他们的罪大多归咎于不吉祥的星宿。第二类罪犯则适合用另一句诗来描述：“恶由心生。”* 他们并不是因为时机陷入犯罪，而是出于习惯或者天性而步入犯罪。他们是惯犯，尤其是常业犯，以及（如果存在的话）龙勃罗梭（Lombroso）所说的“天生犯罪人”。人们将他们一起列为与机会犯相对的状态犯（Zustandsverbrecher）。状态犯是具有犯罪本性的罪犯。如果刑罚想阻止他们犯新罪，就必须寻求改变他们的犯罪人性格，尝试着改造他们。经验却表明，许多状态犯抗拒全部的改造，重返犯罪之路。法律只能通过使之无害（Unschädlichmachung），通过持续或者长期的监禁防范这些不可矫正者。与这些不具有矫正能力的罪犯不同的是不需要矫正的罪犯——情况犯。情况犯行为的根源不在于反社会的性格，而在于不幸的情况。对他们施加刑罚的目的仅在于给他们在类似情况下

* 弗里德里希·席勒：《瓦伦施泰因三部曲》（*Wallenstein*）第 2 部《皮克罗米尼》（*Picccolomuni*），第 2 幕第 6 场，载尤里乌斯·皮特森、海曼·施耐德主编：《席勒全集》，1949 年版，第 8 卷，第 98 页。——译者注

一个明确的教训，因而仅具有警告（Wahnung）的目的。因此，从犯罪人的三分法中产生了刑法目的的三分法：刑罚给情况犯以警告，给具有矫正能力的状态犯以矫正，使不可矫正的状态犯不再为害。我们认为，对青少年犯罪人的矫正应具有教育特征，应成为一种教育；对具有限制责任能力者，也就是那些虽不是精神病人但是精神耗弱的犯罪人的矫正或者无害处理应该与精神病学治疗措施一起进行，使其得到治愈或者安置。这样一来就出现了如下的犯
112 罪人分类和对其运用刑罚之目的的概览：

罪犯

机会犯：警告　　状态犯

有完全行为能力者　　限制行为能力者

可矫正者　不可矫正者　可治愈者　不可治愈者

成人：改造　青少年：教育

这种刑事政策上的分类以法律范畴的方式表现在了草案中。* 1923 年《少年法院法》对青少年的特殊处置已作出了规定。草案本身仅引入了限制责任能力这个概念。通过普遍允许的减刑情节设置，草案使我们所谈到的减轻情况犯的处置成为可能——这和过去的“消极刑事政策”形成了对比。另一方面，通过针对多次重犯的惯犯的特别规定，草案引入了对不可矫正者的加重处罚。

* 参见李斯特（Franz von Liszt）：《刑法的目的思维》，载《刑法论文和演讲》，第 1 卷，1905 年版，第 126 页。亦可参见《犯罪人的刑事政策划分》，载李斯特：《刑事政策的心理学基础》，第 2 卷，1905 年版，第 126 页及第 189 页以下。——译者注

除了刑罚以外，对不可矫正者还规定了持续性的，甚至终身保安管束的保安措施。

保安管束是一种“保安措施”，它的引入是草案最重要的革新。依照行为严重性而科处的刑罚未必总是适合行为人的危险性。不可矫正者的个别行为大概只能使一个量刑标准合理化，即使在一个时间点上释放犯罪人成为必要，但在这个时间点上，行为人再次犯罪的危险依然毫无减少地继续存在。限制责任能力意味着较小的罪责，但同时又意味着较高的危险性。而因罪责减少而减轻的刑罚可能并没有考虑这种危险性。习惯性酗酒者在自己嗜好的影 113
响下所从事的行为也具有较小的罪责，但减轻的刑罚却可能不能胜任对其较高的危险性的处理。无责任能力尽管完全意味着免责免罚，但必须考虑无责任能力者在一定情况下对社会有极大危险性。因此，草案允许在对无责任能力者作出无罪判决、对限制责任能力者作出减轻判决的同时，将其移交到治疗和照管机构；允许将具有可罚性的习惯性酗酒者在刑罚结束后，送到戒酒机构治疗；允许对不可矫正的惯犯在执行严厉的刑罚之后的不确定时间内采取保安管束措施。而如今《青少年法院法》已经使得如下一点成为可能：判决青少年犯罪人在刑罚之外，或者代替刑罚接受多种形式的教育措施。

处分措施的双轨制（Zweispurigkeit）——刑罚与保安或矫正措施——开始可能令人惊诧。从教育和保安法的思想中似乎必然导致如下的结果：刑罚本身将变成纯粹的教育和保安处分，或者它必须为教育和保安处分所替代。没有刑罚的刑法典也不再是乌托邦，而是立法的现实。在菲利斯（Enrico Ferris）的领导下所制定的意大利刑法草案已不再规定“刑罚”而只规定“制裁”(Sanktion),也就是保安和矫正措施。然而,它后来不得不对一部精神完全相反的法西斯刑法典草案作出妥协。但在苏维埃俄国,一部以菲利斯草案为蓝本而抛弃了刑罚概念的刑法典已经生效。然而,这两部立法文献却也证明,废除刑罚的时机尚未成熟:它们消灭了“刑罚”的字眼,但以制裁名义实施的仍完全是刑罚性质的处分。“挂羊头卖狗肉”的严厉指责可谓正中要害。只要社会中报复的动机依然像今天这样强烈——在报复要求占主导地位的情况下,对政治敌人太软弱就会招致对司法的各种谴责,那么纵使保安
114 处分已经代替了刑罚,它被歪曲为刑罚的危险就会长期存在。正是为了确保保安措施不致蜕化为刑罚,确保其纯正,才必须首先确立刑罚和保安处分措施的双轨制。但是刑法发展的最终目的就是单轨制,就是没有刑罚的刑法典,就是通过更佳的选择代替刑法,而不是对其进行改良。

但仅存在保安措施而排除任何刑罚的单轨制,如今在一种情况下已经变成了现实。迄今为止的刑法并没有在反社会行为和单纯的非社会生活方式(unsozialen Lebensformen)之间划定界限。它使用同一种武器对付不正派、粗鲁、流浪、软弱,由于将刑罚和在劳动教养所安置相联系,它甚至比对待小偷、骗子和暴力犯罪者更严酷的对待流浪者、乞丐和妓女。1927 年的《防止性病法》试图用对性病的行政防治措施取代刑法对卖淫的斗争。与此类似,也可以用对好逸恶劳者和流浪穷人的行政处置代替对乞丐和流浪汉的刑法斗争,将劳动教养所划归行政措施体系,并在这个背景之下完全排除轻微且没有实效的自由刑。所以,以前的,但遗憾不是最后

一个刑法典草案曾一度从犯罪行为中将乞丐、流浪汉以及妓女等所谓的“轻微犯罪”删除，并不再针对这些非社会生活方式规定自由刑，而是规定了劳动教养这种行政措施。该规则之所以出现，是期望改革工作的深入进行将会完全摆脱刑罚的束缚、跨越到将来的“保安管束法”（Bewahrungsgesetz）成为可能。从该法律保护和管束那些对自己和社会具有危险的人——精神病人和心理变态者、酗酒者和流浪汉、乞丐和妓女——这个背景出发，其将导致刑法在其真正意义上被废除：刑法作为管束法的一种特别类型专门 115
针对危害共同体的犯罪行为。因此，刑罚也将有望退去它由来已久的报复和恐吓的面具，成为一种真正的保安和照顾措施。

将来的刑法为法官处理具体争议案件所提供的将不是一种或者多种刑罚，而是可为之支配的处置手段的大装备库。它将比今天的僵硬刑法富有弹性。尽管和私法或者行政法思维相比，刑法思维的僵硬性有其充分的理由。

自从有刑法以来，自从国家代替受害人实施报复以来，国家就承担着双重使命：国家的任何行动不仅要保护共同体更好的对抗犯罪，而且还要保护犯罪人不受受害人的报复。所以直到今天，刑法不仅用来对抗犯罪人，而且用来照顾犯罪人。它的目的不仅是要设立国家在刑罚上的权力，而且要限制国家在刑法上的权力，它不仅是可罚性的渊源，而且是可罚性的限度，因此表现出悖论性：它不仅要保护国家免遭罪犯侵害，而且要保护“罪犯”免遭国家侵害；它不仅要保护公民免遭犯罪人侵害，而且要保护公民免遭检察官侵害，成为公民反对法官专断和法官错误的大宪章（Magna Charta）（李斯特语）。由此而产生的，自从1789年《人权和公民权利宣言》以来即属于宪政国家必要组成部分的原则，现在已纳入宪法中：“无论何种行为，非在行为之前已有法律规定处罚者，不得科处刑罚。”[*]也就是说，可罚性不可以通过习惯法设立，也不可以将制定法中的刑罚规定“类推适用”到其字面含义不符的案件，尽管该规定和该案件看起来如此的类似。由于《刑法典》只将拿走他人之“物”视为盗窃罪，而根据自然科学的鉴定，电力并不是物，而是一种“状态”，所以在特别法规定盗用电力之前，秘密擅接电源者免
116 受刑罚处罚。但是，这样一个刑法上的规定在同样属于时代政治斗争产物的刑事程序法中，却基于当时斗争冲突做了不同的规定[**]：“只要具备了充分的事实依据，检察官就必须对一切可以给予司法处罚和司法追究的行为采取行动。”至于是否有什么人能从该处罚享有利益，是否该惩罚只会加重伤害，是否将消灭一个可挽救的生命或者使家丑外扬，均不影响其行动。假使允许检察机关仅在涉及公共利益时才提起诉讼，那么如此一来，检察机关就有这样的危险，即任何情况下都会失去对犯罪嫌疑人采取公正的措施。刑事诉讼程序中的原则——“有罪必有罚”和刑法典中的原则——“法无明文规定不处罚”相对应。我们可以将这两个为刑事司法所做的，必须在字面上严格遵守的两个相辅相成的规定以“合法性原则”(Legalitätsprinzip)这个名称予以概括。

---

* 参见《魏玛宪法》第 116 条。1791 年《法国宪法》，它将 1789 年《人权和公民权利宣言》一字不动地纳入到自己的引言中：“第七条：除非在法律所规定的情况下并按照法律所规定的程序，不得控告、逮捕或拘留任何人……第八条：法律只应规定必要并显然不可少的刑罚。而且除非根据在犯罪前已经制定和公布的且系依法施行的法律以外，不得施任何人以刑罚。”——译者注

** 参见现行《刑事程序法》第 152 条第 2 款。——译者注

但是最近一段时间以来，为了有利于被告，合法性原则通过《青少年法院法》和 1924 年的刑事程序法改革多次被突破，“法官不问琐事”（minima non curat praetor），鸡毛蒜皮的琐事不应对簿公堂的原则再次获得了承认。只有对严重的罪行才会坚持不利于被告的合法性原则。但即使在刑法本身中，也可以发觉一种至少有利于被告的、逐渐地对僵硬法律思想的软化。对正当理由和可宽宥理由的接受，使得法学和司法越来越从僵死的法律语句中解脱。为了有利于被告，“法无规定不为罚”的原则在今天的司法和未来刑法的草案中依然有理由被毫不犹豫地奉守。但是迄今为止的判决却可能在做着如下尝试：为了不利于被告，将刑法的字面含义充分利用到极致，而刑法原本是为了有利于被告而要求严格遵守其字面含义的；这样一来，对将来刑法中弹性规定的诸如此类的解释将会成为一种灾难。刑法的弹性形式要求在其解释上有弹性的方法。如今，受到法律字面含义的拘束、因这种字面含义的限
制，并且充分利用这种字面含义的解释方法，很可能和新刑法的精 117
神背道而驰，并意味着法律政策上的极大危险。

迄今为止，刑事法官实质上是法律的执行人，法律为他规定了极小的裁判空间。将来他将在宽泛的法律限制中完成更多的照顾和保安任务，而不是单纯适用法律，他将成为社会官员、社会诊断专家和社会治疗专家的一种，将近似于管理人员而不是民事法官。由此必然导致法官的关注从罪责问题向刑罚问题的转移。迄今为止，法官的主要关注是对行为的事实认定和法律评价。刑事判决充斥着对诸如是否存在盗窃或者贪污、是主犯还是共犯、是单个行为还是多个行为等问题的详尽解释，即使这一切事实上对于法官

根据对案件的一般印象已经预先确定的刑罚没有任何的影响；而在大部分情况下，对量刑的理由极少说明，甚至一字不提。但是反过来，被告和社会较少关注为何被告要被处罚，更多关心他是否以及如何被处罚。为了将来量刑和处置手段的选择能够获得与事实认定和判断同样的重视，刑法草案通过如下方式对此进行了关注：它明确列举了增加或减少可罚性的理由，它几乎为法官提供了法定的调查表，该调查表提供了在每个具体案件中对量刑而言具有标准意义的问题。所有这些法定的量刑理由只不过是从刑法量刑原则所得出的逻辑结果。刑法学界英年早逝的著名犯罪学思想家马克思·恩斯特·迈尔（Max Ernst Mayer）将该量刑原则归纳为："性格加罪，动机减罪（Der Charakter belastet，das Motiv entlastet）。"* 行为的驱动力源自处境，可罚性降低；行为的驱动力源自行为人的秉性，可罚性增加。

没有全新型的刑事法官，新的刑法也无法变成生活事实。它
118 要求犯罪对策学培训的全面转变。为保持法学准绳的垂直，必须增加人和生命知识的重量，这一点不仅完全适用于法官，而且特别适用于刑事法官。所以未来刑事法官的培训不应是一个纯法学的培训，而是必须包含刑侦技术、犯罪心理学、监狱学，但首先也应包括各种类型执行场所的实践经验。所以，这些对优秀的刑事法官都必不可少，但又远远不够，因为归根到底好的刑事法官是天生的。对于法官不可或缺的善良且有理解力的心智以及坚定而严厉

---

* 马克思·恩斯特·迈尔（Max Ernst Mayer）：《有罪责的行为及其类型》，1901 年版，第 190 页。原文是：性格给犯罪者加罪，动机为犯罪者减罪（Das Motiv entlastet，der Charakter belastet den Delinquenten）。——译者注

的手段，是任何培训都无法赋予的。

能够提供给刑事法官的特别培训长期以往必然会导致刑事法官和民事法官职业生涯的分离，这将最终导致对刑事法官评价较低这种现象的终结。今天对于许多法官来说，民事法官职务中处理你和我的事务远比涉及生命、自由和荣誉的事务了不起。事实上，民事法官的活动比刑事司法提供了更多证明法学上的洞察力和经济上理解力的机会，而刑事司法对人性比对经济—法学能力提出了更高的要求。在资本主义时代的路线中，才干比人性更重要。刑法的精神，即用刑法使法官成为没有目的的报复机器，引入以恶制恶的工具，很可能会使法官的崇高使命被低估，使派往刑事司法部门的一些法官觉得似乎受到降职处分，使刑事法官经常感觉到像被流放的民事法官，因而想要竭尽全力地从该流放中回到民事司法中，起到了推波助澜的作用。只有对令人同情的刑事法官活动作出必要的彻底决定，才能保证将来刑事法官职位和民事法官职位的平等。

将来的刑法是否可以取得成效，取决于刑事法官能否将歌德在“马哈德，大地之主”（Mahadöh，dem Herrn der Erde）中所说的话铭记于心：

他应惩罚，他应宽恕；
他必须以人性度人。* 119

* 参见沃尔夫冈·歌德：《上帝和印度的舞姬》，载艾里希·特温茨（Erich Trunz）主编：《歌德全集》（汉堡版），第一卷，1974 年第 10 版，第 273 页。——译者注

第七章 法院组织法

法律不仅想成为用以评价的规范，而且欲作为产生效果的力量。法官就是法律由精神王国进入现实王国控制社会生活关系的大门。法律借助于法官而降临尘世。法律规范一旦离开创制它的立法者之手，即出现一个显著转变：它为一个目的而创制，但却不是为此目的，而是纯粹为着其自身存在的目的而适用，不仅如此，只要它真正服从于这个目的，就注定是无条件的。立法者将法律规范作为达到目的的工具——对法官而言法律规范则是目的本身，而且，在法官那里降临尘世的法律还不能受到异物的侵入：为使法官绝对服从法律，法律将法官从所有国家权力影响中解脱出来。“只在仅仅服从法律的法院中，才能实现司法权的独立。”这句话写在《法院组织法》的开头，同时作为司法原则，也在《魏玛宪法》中获得承认。

这是孟德斯鸠权力分立理论在立法上的表现。“司法权在没有与立法权以及行政权分立的时候，就不存在自由。如果司法权与立法权结合，就会导致权力对公民生命和自由的专制；因为如果法官成为立法官，(我们可以在此用孟德斯鸠的其他表述作为补充)并且判决成为法官个人的意见时，人们就得生活在一个不知义务为何物的社会。另一方面，如果司法权与行政权结合，法官就拥

有压迫者的权力。”[*]因此司法只服从法律，而与行政分立！ 120

司法与行政分立！行政是国家利益的代表，司法则是权利的庇护者，同一官署忽而忙于维护国家利益，忽而又将国家利益弃置一边，忙于维护正义，显然极不协调。旧时德国法律观念并未意识到行政和司法的职能应分别由不同官署承担，故行政的首脑同时也是最高的法官。后来逐渐被摒除的君主通过“绝对命令”“内阁司法”对司法的干预，可用腓特烈二世时代两个磨坊主的故事说明。一个是磨坊主阿诺德（Müller Arnold，1780）的真实事情，[**]国王通过绝对命令取代了在他看来不公正的高等法院判决，并把参与判决的法官斥为“毫无用处”、“一钱不值”而“让他们去见鬼”。另一个是无忧宫的磨坊主传奇故事：“你知道，本来我可以不花一分钱就取走你的磨房吗？”“当然，如果在柏林没有高等法院的话！”有人曾把国家元首拥有的赦免权视为内阁司法的残余，因而 18 世纪将内阁司法与赦免权一起作为对法律的专横干预而加以抵制，康德也称之为“统治者所有权力中最为无耻者”。[***] 但不可将用绝对命令更改判决与单纯禁止判决的执行等同而论。此处并不必然地存在对判决的批评，因为裁判本身可能严格合法却又极不公正；赦免所要确定的，是相对平均地考虑法律要去实现具体案件的公正。如果法官既不是公正，也不是法律安全的仆人，那么就必须存

[*] 孟德斯鸠：《论法的精神》，第 11 篇，第 6 章。——译者注

[**] 比较瓦尔特·耶利内克（Walter Jellinek）：《行政法》，1948 年第 3 版，第 85 页以下，尤其是第 85 页里的注释 2 和 3；也可参考马尔特·迪塞尔霍斯特（Malte Dießelhorst）：《磨坊主阿诺德案以及弗里德里希大帝的干涉》，1984 年版。——译者注

[***] 伊曼纽尔·康德：《道德形而上学》，载《康德文选》（普鲁士皇家科学院版），第 6 卷，1907 年版，第 337 页。——译者注

在另一有权限的官署，由其在这两者明显冲突的情况下代表公正利益。

司法不仅不能与行政共存于同一机关中，而且也不可以隶属于行政：司法不依赖于行政！因为司法的任务是通过其判决确定是非曲直，判决为一种“认识”，不容许在是非真假上用命令插手干
121 预，命令不能把真的说成假的，也不能把假的说成真的。“学术自由”被用于实际的法律科学时，即成为“法官的独立性”。因此，法官没有义务，甚至没有资格去服从行政机关及其首脑即政府的指示；即使上级法院也不可向他们就法律作出一定解释，下级法院根据新的案件，可以背离帝国最高法院的法律观点——当然有这样的危险，即帝国最高法院撤销其判决，使因下级法院偏离判决而最终败诉的一方承担无谓的费用，于是，尽管有一切法律独立性，也仍旧有事实上占主导的、符合法律安全利益的“判例崇拜”。因而，法官相对于政府所采取的姿态，如同在非决定论神学中人相对于上帝所采取的姿态一样：法官拥有的权力来自统治者——以前“以国王的名义”，现在“以民众的名义”来宣布判决——但法官可以自由运用判决，政府放弃了对从自身引申出的权力运用的所有影响。

因此，法官在判决过程中不受来自上面的影响；为保证他在实际中无后顾之忧，《魏玛宪法》规定了“法官独立性的保障”：终身任命、稳定的，可通过诉讼追讨的薪俸，不可撤职以及不可移调。为使法官不因担心受到处罚而作出与信念相悖的判决，法律已有所规定；至于为使法官职业生涯和职位升迁的希望不受影响，则只有道德保障，而没有法律保障。因为所有法官保障只适用于正式法官，为了保证司法独立性，对候补法官，尤其是通过第二次国家考试

的候补文职人员只适用有限的保障。法官独立性的法定保护所产生的法官专业利益，应该通过自助、专业机构和法官协会予以维护。

但是，即使政府不去指定具体法官，如果它对法庭组成或法庭的案件分配拥有影响力，那么就仍可能对法院判决的落空施加影 122
响；这样，政府就可以为一个政治性诉讼在法院安排有明显倾向性的法官，或选择由这类法官组成的法庭。为预防这种情况的出现，一方面，不得就事论事地决定案件的法院管辖，而应尽可能清楚地通过一般法定管辖权予以确定。“漂浮不定的报刊管辖法院”之争，对管辖权规定的高度政治性提供了说明：因为犯罪行为的行为地法院拥有刑事诉讼管辖权，而在一个报刊诉讼中，最高法院认为即使收到一份印刷样本的地方同样也是行为地，故导致众多法院都对该案享有管辖权。在此情况下，检察机关则可以从这些法院中选择最为合适的法院来对案件予以审理，特别是通过南德陪审法院来作出选择。经过长期争论，最后在 1902 年将管辖权限定在了印刷品出版地。最近，尤其经过 1924 年刑事诉讼法改革而使管辖权更加依赖于检察机关的裁量以来，明确管辖权规定的这种作用还未受到应有的重视。另一方面，通过“合议庭中的不可变动性”防范政府对有管辖权法院的任命，其必要性尤其在普鲁士冲突时期得到了证明：即不经过政府，而是通过法院自治独立的执行委员会，每年预先在法院各部门、民庭和刑庭中统筹进行法官人事安排和案件分配。法院组织法和宪法共同希望的具体内容是：“不允许有例外法院，任何人不得摆脱其法定的法官。”

可是所有这些保障仅仅能使法官摆脱自上而来的，即政府的影响。但是，威胁法官独立性的真正危险不是来自上面，而是来自

123 下面的政党。目前议论颇多的“司法信任危机”，恰恰可以用司法受一定政治观点左右，而新的国家精神还没有得到足够贯彻这种印象予以说明。因此不难理解，除了法院相对于政府的独立性之外，现在更应强调法院在国家中的定位。1883 年的法国甚至出于上面所指的印象，临时废除了法官的不可撤职性，而德国还没有一个主管机关提出这类打破法官不可撤职性的要求。另一方面，只要现有的国家对司法的影响方法有利于司法在国家整体中的安排，那么也不应荒弃这类影响方法：即用政府的赦免权调整司法的可能性；服从政府指令，严格接受政府领导的检察机关；政府拥有的任命、激励擢升法官以及由此制定符合新国家精神的人事政策的权利。假如法官职位自行增补或法官由民选产生这类设想一旦实现，那么司法部门这些人事政策就只能付诸东流。但是，恰恰是在过去的专制国家中为摆脱政府干预，确保司法独立而要求依照美国、瑞士模式产生民选法官的政党，现在又在民众国家中使司法受到极为危险的被政党左右的影响。社会民主党的埃尔富特纲领(1891 年)曾要求“审判应通过民选法官进行”，但现在这已由海德堡纲领(1926 年)的另一个要求替代：除正式任命的法官，应有“选举产生的陪审员的实质性参与”。然而，要想使国家尽可能少地利用其保留的使司法纳入国家整体的权力手段，那么司法本身就应该能够运用法官同业公会的权威来反对法官违反国家利益的不当行为。不久前，普鲁士法官公会运用这种权威公开地影响了一个
124 在政治上和法律上均有疑问的判决，从而开创了这样的先例。

行政不得干预司法——同时司法也不得干预立法。因此，按照俾斯麦宪法的主导思想，法官无权假定有违宪的发生，而不理会

按规则颁布的法律:那时候,法律在颁行之后相对于法官而言即具有无可辩驳的合宪性。然而这种法律观在新国家已被帝国最高法院抛弃。最高法院认为,凡包含更改宪法内容而事前又未获得修宪所必需的2/3多数同意的法律,任何法院都有权拒绝遵守。这种“司法审查权”新学说,不论从政治或者法律观点出发,都意味着严重的危险。它易于不断制造司法机关与议会之间的对立。它将联邦宪法有关基本权利义务的认定交由司法机构以严格解释方法处理,却未顾及这一纲领式的宣布会使僵化的法规雪上加霜,从而造成法律进步的障碍。它主要会动摇法律安全性:纵然合规范颁布的法律也不再可作为依据;生效多年的法律,仍可被法院宣布为违宪。而最糟的莫过于:同一法律在有的法院被认作违宪,而其他法院却认为它仍具有法律的效力。帝国政府很快觉察到新司法的这一危险。有关帝国法律合宪性审查的法律草案,意图取消法院篡取的审查权。法院不应自行宣布一个法律违宪,而在对法律合宪性有疑问时,应移送宪法法院决定,[*]以便后者对违宪性或合宪性作出具有普遍拘束力和最终的确认。

相对于怀疑法律产生(Entstehung)存在违宪情况而言,怀疑法律内容(Inhalts)的不公正更不足以使法官可以偏离法律。的
确,帝国最高法院的法官公会在其1924年1月8日有名的信函 125
中,认为拟议中的有关提高因通货膨胀而贬值的债权价值的法律限制规定,可能因法院视此类规定违反诚实信用原则而被当作无

---

* Staatsgerichtshof这个词此处乃历史概念,指联邦层面的,应当注意,现在指德国个别州(比如不来梅和黑森州)的宪法法院。——译者注

效。但帝国司法部部长在复函中指出，如果法院有权自作主张不去采用依照宪法而制定的法律，国家组织将会陷入严重动荡。事实上，帝国最高法院未采纳法官公会的意见，而是承认了有关升值规定的法律效力。通过这个例子进一步要强调的是，法官不得作为立法者，他不仅不可以撤销现行法律，更不能针对现行法律创制新法律，换言之，他的职责只是适用现行法律。

孟德斯鸠为表明法官在审判活动中毫无创造性的特征，选用了再清楚不过的字眼：判决只能作为“法律的准确复制”[*]，而不得用作其他目的，法官只是“宣读法律文字的喉舌，一个不得削弱法律效力和威严的无意志的存在物”[**]，因此法官的权力“在一定意义上等于零”[***]。在此之前，人们还有理由将所罗门式的判决阐述为法官活动的完美模式：它曾作为法律的创制而存在，是弥补不完备的法律的法律创制，甚至是对过时法律的法律创制，否则罗马法何以在1000年后适用于不同民族？创制法律的人，他自己必须正直。法官将他的品格——既有认识方面，也有判断方面；既有其悟性，也有其个性——全部投入法律创制、法规和价值判断的创造之中，对个性的要求，构成《施瓦本法鉴》(Schwabenspiegel，约1275年)充满热情所描绘的完美法官：“任何法官都应具备四种品质：首
126 先是公正，其次为智慧，再次为坚强，最后为克制”——即四种著名的基本品质；或用《卡洛林纳法典》(1532年)较为客观的话说：法官和裁判人应该是“善良、正派、明智、有经验的人”。希腊人和罗

[*] 孟德斯鸠：《论法的精神》，第11篇，第6章。——译者注

[**] 参见上引书。——译者注

[***] 参见上引书。——译者注

马人也早已在正义感所激起的愤怒中看到了法官的一个显著特征。[①] 从外在的行为方式来说，法官已经应该具有如下的特征为："（根据《苏斯特城法》）在法官座椅上的法官，应像一头威严易怒的雄狮，其右掌压在左掌上，当其对案件得不出正确判断时，应一而再、再而三地慎重思考。"可是，将人性分为自私和聪明的文艺复兴时代的理性主义，则不相信这种非理性因素。如果人最根本的性格特征是自私自利，那么在司法中就必须排除任何性格影响，只有由法官独立性保障，且与性格仔细分离的理性才允许在司法中发挥作用。在法官座椅上的法官只不过是归纳器械、判决机器、法律自动装置，或者是人们按照新的完美法官模式所描述的无评价能力因此也无个性的理性化身。因为理智并不产生价值判断，仅依理智发挥作用的法官不能制定法规，故法官的活动须仅限于适用法律。这种转变了的法官与判决之间关系的观点，给我们展示了一个我们在前面已阐释过的所有法律技术基本规则的适用情况，即法律的规范应"能够有助于每个人好好思想，但却又永远不需要他如此去思想"（席勒）。[*]

法官活动能否真的限于法律适用？法官不能因目前的法律对诉讼当事人争执的问题未作规定，法律规定相互矛盾或含糊不清，而告知当事人对相关法律问题无法作出答复。对于《法国民法典》

---

① 参见鲁道夫·希尔策(Rudolf Hirzel)：《法律和正义女神特弥斯，狄克及其亲属》，1907 年版。

* 语出弗里德里希·席勒主编：《文艺年鉴 1797 年卷》(*Musen-Almanach für das Jahr* 1797)中《最好的国家宪法》，1969 年影印出版（原图宾根 1797 年版本），第 32 页。——译者注

(1804 年)中的著名原则,不论是否已作出或未作出宣布,它实际上都已获得普遍接纳:"法官借口法律缺项、法律不明确或不完备
127 而拒绝审理者,得按拒绝审判予以追究。"* 只有当法律的制定者已对所有可想象的事实做了清楚且无可争议的考虑时,法官才能够对可以想象的事实作出清楚而无可辩驳的判决——孟德斯鸠时代的法律制定者确实相信这一点——对此最充分的证明是《法国民法典》将法官对此所持的相反观点仅视为"借口"![①] 我们的时代已不再有人相信这一点。谁在起草法律时就能够避免与某个无法估计的、已生效的法规相抵触?谁又可能完全预见全部的构成事实,它们藏身于无尽多变的生活海洋之中,何曾有一次被全部冲上沙滩?尽管如此,我们的时代曾相信法官拥有神力,可以无须自身创造性补充而从法律制定者充满漏洞、不明确和矛盾的条文中,找到处理所有案件的清楚且不矛盾的裁决。为强迫沉默的法律开口说话,所有刑讯室的**解释方法都任由法律工作者支配:文意解释、扩张解释、限制解释、类推、反证(argumentum a contrario);可惜就缺少一个能够列出何处应使用何种方法的规则了。

一个候客大厅(重复一个过去的例子)布告上写着:"不得带狗入内。"一天一个要熊人看到这个布告后,不知可否带着他的熊进

* 这段话出自《法国民法典》第 4 条,后来的 1810 年生效实施的《巴登州邦法》直至 1900 年《德国民法典》都沿此原则未变。——译者注

① 当然其创作者对那条规定有着不同的理解;参见关于杰出的波塔里斯(Portalis)的论述:《一个超时代的伟大立法者和法律思想家》,载康托诺维茨(Kantorowicz):《自由法律运动前史》,1925 年版。

** 原文用刑讯室("Folterkammer"),并非指装满刑讯逼供器具的房间,而是强求某些东西方法的集合。——译者注

入大厅。他觉得对狗适用的规定，也必然对熊适用。如果他是法 128
律工作者，就会这样表述这一个通过类推而得出的结论：熊不能带入，因为他同狗一样，也是动物。但是为什么他要用类推法，能否假设他根据相反的推论，反过来说：熊可以带入，因为它是熊而不是狗？很明显，这种推论只会推导出荒谬的结论。解释因此在追随着结论——它们的结论，在确定结论之后，才选出解释方法。所谓的解释方法实际作用是对已发现的创造性补充内容进行事后的理由说明，而且不论创造性补充如何表述，总会有这个或那个解释方法，类推或反推，可用以说明理由。假设我们的要熊人是法律工作者，他就会相信他从布告中解读出的话：

> 解释要鲜明生动！
> 若是解释不了，那就引申其义。

我们可以将法律工作者的这种信念解释为，类似于想从《民法典》中抽出有关飞机航行的复杂情况的规则，即认为尽管《民法典》对此一无所知，法律起草人也闻所未闻，有关规则却已经暗含其中，“如同大理石毛料中的大理石雕像”。但即使可以将这种错误信念视作对法官专断的一种有益的束缚，我们仍难以苟同这一观点。如果我们破除法官的这种错误信念，对于法官而言，并未赋予他任何权力，如果他目前未占有这种权力——承认法官在法律未作规定的情况下是法律创制人，并不会中断法官所受的严格约束——而带给他的不过是他对一种自己一直无意识且不间断行使的权力的意识。法官进行创造性活动的范围大小，因不同的法律领域而异。民事法律上，法官可自由确认一项义务是否适当，在扩大类推，譬如把明文仅针对契约规定的解释，根据交易惯例适用于所有的意思表示方面，也没有限制。在不断增加的大量情况中，立法者甚至以“公正裁量”、“明智尊重具体情况”、“诚实信用”、“善良风俗”或其他类似表述，提醒法官注意独立的法律创制。相反，在
129 确认债务的数量方面，法官受到极为严格的约束：法官判给原告的金钱，须与原告所受损失或原告所提供的贷款一致，一分钱不多，一分钱不少。刑事法官正好相反，在确定是否给予刑罚方面受严格限制——我们已知道刑罚禁止使用类推扩张——但在刑罚轻重方面却极为任意：1826—1827 年对盗窃罪规定了不同自由刑的科处，而有人曾幽默地计算，欺诈罪中规定的不同刑罚范围，甚至可以有 70—80 亿种选择。

“自由法律运动”的功绩，在于认为法律不可避免地带有漏洞，法官必须针对漏洞进行近乎立法者的自由的法律发现。这一自耶林以来作为最富活力的德意志法学生命象征的运动，不久前还鲜为人知，被嗤之以鼻，后来广为人知，却仍受到轻视；在不长时间内经历了从奇谈怪论到老生常谈的各种各样认识。目前则因为其优秀的追随者的年纪和地位而意想不到地获得大量支持者，以至于必须抱怨听不到反对声音以及那些年轻时髦的标新立异者将其引入平庸之中。[①] 作为自由法学运动的信条，欧根·胡贝尔（Eugen

---

① 推荐下列自由法律运动文献：热尼（Gény）：《法律的解释方法和法渊源》，1899 年版；欧根·埃里希（Eugen Ehrlich）：《自由法律发现和自由法学》，1903 年版；热纳斯·弗拉威斯（Gnaeus Flavis）、赫尔曼·康托诺维茨（Hermann Kantorowicz）：《为法学而斗争》，1906 年版；尤其是卡尔斯鲁厄的律师富克斯（Ernst Fuchs）的论文。他的文

Huber)* 在《瑞士民法典》开篇所写的文字，应有利于法官履行其职责："凡本法在文字上或解释上有相应规定的任何法律问题，一律适用本法。如本法无相应规定的，法官应依据习惯法；如无习惯 130
法，依据自己作为立法者而应该制定的规则裁判。在前款情况中，法官应依据经过实践确定的学理和惯例。"自由法律运动相信，它只是把一些已经存在的东西说了出来，尽管如此，它还是认为这种法官立法从无意识走向有意识的转变具有重大意义。因为，尽管法官在事实上必须创设法律，但只要他仍相信必须适用法律，那么在作出判决时，他就很容易宁可舍弃符合正义感的良知进行裁判，不使用由此产生的明白易懂的理由作为裁判依据，相反，强迫自己从沉默的法律中找出牵强的、有悖正义感的、无关紧要的表面托词作为依据，而立法者可能对此一无所知，并且肯定未料想到正在处理中的案件。在判决理由的说明中，常见的并非是法官的智慧，而是他事先练就的，从法律中变魔术般得出令人瞠目判决的快捷手法，也许他在相当大的程度上应对人们时常提及的"法律与民众间的异化"承担责任。

对于同样议论颇多的"法律人脱离现实"，主要原因可能在于未来的法律人有这样一种认识，即认为法律活动不外乎就是法律适用，因此他们的学习内容就只限于获取法律知识。应当让学生

章《自由法学派的目的是什么？》(1929 年版)，是该运动最成熟的成果。参见最近的海因斯海默尔(Heinsheimer)的校长演说《活的法律》(1929 年)。

* 欧根·胡贝尔(Eugen Huber)，瑞士法学家，《瑞士民法典》的独立起草人。——译者注

同时了解业已明确的法律工作者创制法律的职责，了解揭示法律创制指向的价值标准的法哲学和法律政策，学习认识社会生活需要的社会学，而法律正是为了这种需要创造的——用罗马法学家的话说，就是认识神和人的事物(divinarum atgue humanarum rerum notitia)——以使法律工作者预先具备更宽的知识面。鉴于法官创制法律的行为不仅是判断行为，同时也是意志行为，因而自由法律运动要求法官不单单具备法律本身和法律以外的知识，
131 还要具备法律思想。法律工作者的职业如同其他极少的职业，例如医生、教师和神职人员一样，与那些可以远离精神源泉在外围就可以完成的行为完全不同，它要求具有内在的精神源泉以及外在的坚固基础，对其他科学职业则很少有这类要求。因而，法律教学必须转变为真正的法律教育，它将持续进行，直至法律工作者的职业与个人血液真正融为一体。但真正的法官品格可遇而不可求，故自由法律运动最终提出了诸如减少无足轻重的格式、限制审级、用独任法官代替合议庭、减少法官职位，以及条件允许时，仅仅吸收那些德高望重，尤其在长期实践中证明合格的律师作为法官的司法改革。自由法律运动打破了法学的固执和封闭，用力推开了法学狭小寓所的所有窗户，向法学展示了外界生活的丰富和广阔的理想天空。唯有如此，才能消除我们青年法律工作者中盛行的职业忧郁症。席勒早在他的学院就职演说中就深刻指出了“受过法律教育的人要摆脱他的法学”的原因：“他感到自己与事物之间的联系被割断、撕裂，因为他拒绝将他的活动与整个世界相结合。”

反对法官创制法律的人认为，如果允许法官创制法律，制定法

就会失去普遍效力，只要法官不采用制定法而自行确定法律，他的决定就因世界观和国家观念的差异而难免主观，这样法律的安全、司法的统一、判决的可预见性都将受到严重危害。为防止司法中出现过激的主观性，人们便确立了两个制度予以控制：合议庭和多个审级：通过多个法官互相之间以及多个法院先后对一个判决的 132
协作，可控制个别法官的个性，使判决回到传统价值判断的平均线上。如果上述的内容还不足以消除疑虑，只要观察一下海峡那边的国家即可：英国承认法官拥有最大程度的法律创制，其法官因此在世界上最受人尊敬。由于事实上盎格鲁－撒克逊文化圈内未继受罗马法，使英国、北美为一方，继受国为另一方中间出现了一条鸿沟，文明世界也因而分裂为两种法律文化，以至于两者之间的相互理解变得异常困难。德国的学者们成了批评家，他们站在大陆法系法制的观点立场上，经常地带有偏见地批评并指责英国式的法律状况，以至必定认为，在英式法律生活中已找不出任何与德意志法律概念的相似之处。这种情况尤其也适合于英国法官的法律立场，尽管相对于罗马化了的大陆法官而言，英国法官其实恰恰代表了日耳曼法官的观点。英国法律并未进行大陆所开展的将习惯法彻底转变为成文法形式的“法典编纂运动”。与我们过去的历史法学派相同，英国法律观赋予法律的目的，仅在于消除习惯法适用于具体情况上所出现的不正确状况。在零散的制定法（statue law）文件上，占主导地位的仍为习惯法，更确切地说是判例法（case law），其本身是由数以千计的判例汇编（Law Reports）组成。对年轻的罗马法学习者还应指出，与罗马法以市民法（jus civile）和万民法（jus gentium）组成类似，英国习惯法由两部分构成：一部分是过去普通法院单独运用的严格法律（Common Law，普通法），另一部分是为纠正普通法的冷酷无情，模仿古罗马的裁判官，早先由大法官作出的，现在普通法院也同样遵守的衡平法（Equity）。表现为这两种形式的习惯法以及由此产生的英国法律
133 的主要部分，是法官的创造物。尽管英国历史中，法官几乎拥有立法者的地位，然而最初印象中的现代英国法官，却显得比大陆法官受到更多束缚。英国的先例（precedents）不同于我们任意的“先例崇拜”（Präjudizienkults），为了法律安全利益，它具有法律拘束力，而且先例不只来自上级法院，一般也源于同级，甚至下级法院。肩负着成百年判例的英国法官，并未因此丧失继续历史地发展法律的能力。他不仅在没有先例的情况下，有自由发现法律的可能，不仅允许在例外情况下不遵循判例（to overrule）——主要是由于判例的多意性，故对法官自由的拘束远远没有像僵硬的法律条文那么牢固，而且普遍性的法律规则往往必须先从一个先例的具体判决中，经过一个通常没有把握的推论而赢得。英国司法与英国法律生活完全一样，以同时并存的稳定性与灵活性之间难以仿效的，只有历经百年法律文化的适当发展方获得的联系为特征，这不禁使人联想到另一伟大的法律民族：罗马。

经过一番努力，刑事诉讼方面除职业法官之外，还设置了毋庸置疑地具有独立性的陪审员。法官独立性的保障只能使法官不受外来影响，但难以确保法官不受下意识的冲击。因为法官具有法律工作者、国家公务员和一定社会阶层成员的三重身份，他在政治性质诉讼中尤其易于受到这三方面的影响。陪审员对国家权力的完全独立性以及建立在这一基础上的信赖，促使民众有了这种当

然与现行法律绝对对立的观念，即赋予陪审员以更进一步相对于国家法律的独立性，使其得以行使特殊的权能和宽恕。

在刑事案件方面，非职业法官裁判在我国曾经历了两种形式：参审法院与陪审法院。在参审法院（Schöffergericht）中，参审法官（Volksrichter）与职业法官一起作出裁判；在以前的陪审法院（Schwurgericht）中两者分别裁判：陪审团只决定“罪的问题”，即可罚性，法庭单独决定“罚的问题”，即刑罚程度；自从 1924 年刑事 134
司法改革后，我们保留了参审法院。刑事诉讼中常提到的陪审法院，实际即参审法院，原陪审法院所具有的陪审团和法庭在罪与罚之间分工的特点现已不复存在。然而，对原陪审法院分工的意义和价值的探讨以及与此相关的极富原则性的研究并不能因此而被忽视。对于这个曾作为 1789 年和 1848 年两次革命政治纲领焦点的问题，具有超越纯粹法律技术之外的原则上和政治上的意义，尽管这无助于对问题本身的客观解答，并且通过行政强制命令也未能使这个问题归于平息。

陪审法院的分工并非出于合目的性，而是源于历史机遇。我们在 1848 年从法国引入陪审员制度，法国则是于 1791 年将其从英国输入——陪审员制度本身却是在不大确定的时间从法国本土流传到国外的。陪审员最早出现于 9 世纪的法国，而且是在民事诉讼中：对争讼事实，法官需询问对自己陈述真实性宣过誓的确定人数的市民。当时的陪审员也就是民事诉讼中的证人。随着威廉的征服（1066 年），这一制度从诺曼底传到英国。不久，英国在刑事诉讼中也采用了“证明陪审团”，原本按日耳曼法律观念，应由被告人通过决斗或神明裁判而得到其无罪的证明。在这里开始要通过特权,之后通过法律,演变为被告人有权要求不进行决斗或神明裁判,而援用陪审员的陈述获得免罪证明。从此,陪审员就是刑事诉讼中的免责证人。这类免责证人逐渐变为法官。在其他证据方
135 法消失,1219 年禁止神明裁判以及决斗也被摒弃之后,否认有罪的被告人为免责而诉诸陪审员的权利首先变成一种义务。原来的个别陪审员的证言也被后来的陪审团证言取代;不仅如此,这一时期的陪审员也愈来愈多的根据证言种类而运用相近的科学对案情进行研究,差不多自 1530 年以来,在陪审员面前进行证据调查已十分常见。从 1650 年开始,要求不再偶然依靠个人知识,而应该完全以这种证据调查为依据进行判决。然而,这一时期仍然保留了陪审员作为免责证明工具的特点,在他们面前呈示的不过是有罪证明——他们自己来陈述免责证明;1702 年以后,免责证明才必须由陪审员提出。因而,尽管陪审员从免责证人变成法官,可至少仍保留了其最早的证人特征:他们只过问罪的问题,不干预罚的问题。

陪审法院分工的形成,难以用合目的性理由来说明,但对这种分工的继续存在,或许可用合目的性尽量辩护。的确,在法律历史领域中,我们常常遇到"目的转换"现象:一种法律设置伊始的目的早已迷失,不可追寻,但它却向着截然相反的方向发展出功利效果,以此作为其继续存在且言之成理的目的。可是,原来陪审法院的分工却完全否定了这种功利效果。陪审员应对罪的问题作出裁决——但他必须具备与罪的问题紧密相关的法律概念的认识,未受法律教育的陪审员并不能仅仅凭借主审法官作出的简短法律指引而获得这种认识。由于缺乏引导抽象思维的罗盘,使得陪审员

因其“心证”(intime conviction),其善良心肠或道德愤怒以及期望的刑罚的引导而无所适从,会仅仅因为他想要阻止一个死刑判决,而否定对一桩杀害案的审慎考虑。就如同陪审团能够干预刑 136
罚的问题一样,法官在必要情况下也能够干预罪责的问题。为了量刑,法官必须对罪责有一个构思,这一构思很可能完全不同于陪审团在认定罪责情况下的那种构思,因为法官并不能设身处地地想到陪审团的多数会怎样思考,或者根本就不想站在他们的立场上思考,例如,当陪审员裁定认为是伤害致死而法官认为实际为谋杀,这时候法官就会通过裁定适用“杀人罪”的最高刑罚而表明其立场。陪审法院判决中这种“两重性”是不可避免的。即使参审法院和现在的“陪审法院”(它本身不过是一个大的参审法院)也有其危险性。我们德国曾一度存在过参审法院;其后罗马法传入,罗马法学者狂妄地视参审法官为“白痴法官”,只配对“可笑的母鸡和其他可笑的家畜”进行宣判。起初,受过教育的法官以精神上的优势将作为法盲的参审法官逼到墙角,最后干脆撵出法院。现在的陪审员也时常被法官作为充数的南郭先生。倾向于保留门外汉参与审判的人,会更热衷于保留原来的陪审法院。将来必须要解决的问题是,在新型的陪审法院中,相对于受过法学教育的法官,陪审员是否能发挥自己的作用。未来也将显示陪审法院分工是否具备另一大优点:在新型陪审法院的公开和言词主审程序中,保持通过分工对诉讼资料的强制彻底调查。

与陪审员参与刑事法院活动相比较,陪审员在某些民事法院,比如商事法院、劳动法院和租赁法院的参与还有一个不同的特征:前者是人民法院,后者是专门法院;在前者,陪审员主要是要制约法官官僚权力,后者的陪审员应作为精通专业和鉴定性质的法官,辅助精通法律的专职法官工作,并且通过创造性的司法,使其本身所代表的职业利益在法律的继续发展中得到重视;前者那里陪审员的参与应该阻止某一特定民众团体的观点出现,而后者则在于促使某一民众团体的观点出现;在前者他们侧重于维护法律安全,在后者则在于捍卫公正。

137 对我们建立法院组织起过极大作用的政治理想,同时将我们的注意力引向律师业。律师业作为法律工作者阶层中自由民主的要素,处于因职业而具有更为保守专断倾向的法官阶层的对立面。律师作为个人利益的职业性代表,习惯于从个人主义的合目的性角度出发来观察法律秩序,因而他在政治方面也是天生的个人利益代言人;过去在国民议会所在地圣保罗教堂里面竟坐着 90 名律师,占了整个议会代表的 1/6! 因此,国家权力曾再三尝试将律师纳入公务员编制,藉此使律师听命于国家,并受行政纪律司法管辖的约束。国家统治权与律师业之间的斗争,早在律师履行其政治使命之前便已开始,人们对弗里德里希·威廉一世(Friedrich Wilhelm I,1739 年)那恶名远扬的敕谕想必还记忆犹新:"那些敢于煽动人们追究陈年旧事的律师、代诉人和其他参与者,必须马上交出其记事簿给皇帝陛下,而那些插手司法和赦免事宜的人的记事簿则通过士兵(即波茨坦的'大个子卫兵')转交给皇帝陛下,这些人不受宽恕和赦免,要由猛犬看守,全部处以绞刑。"其继任人甚至在一段时间内(1781—1793 年)完全取消了律师业。相反,为了这个明确的目的,即在律师业里面给议会和自治管理获得更多受过法律训练且独立的人才,自由主义和民主派要求在律师业也适用“职业自由”思想，主张“自由律师”。最终他们在《德意志律师法令》(1878年)中实现了其主张：“凡有资格投身律师业的人，在通过法官资格考试之后，有关联邦法院应对其申请作出批准。”[①]今天的民主共和政体比以往任何时候都更需要在经济上和道德上健 138
全的律师阶层，它不论对我们的司法，还是对整体的社会生活都必不可少。

最近，除了律师有偿的法律咨询之外，还出现了公益性质的法律咨询处，这些称为劳工秘书处、妇女权益保护机构、青少年保护中心，或以其他名目设立的协会或社团，目的在于帮助那些常常不知道自身权利，不懂得如何行使所拥有权利的穷人。1924年的司法改革中，通过原则上赋予这类组织对法定调解程序的管辖权以及强制执行和解的能力，确认了这些机构构成我们司法的不可或缺的组成部分。我们看到，在这些机构的范围内出现了一种完全新型的法律工作者。律师如果代理双方当事人，会被刑法处罚——相反，法律咨询机构乐意为双方当事人提供咨询；更确切地说，它们不同于私人代理律师，超然于当事人之上，却又以不同于法官的方式超然于当事人之上。除了在法律限定之下代表国家利益的行政官员，代表当事人利益的律师，以及仅执行法律的法官，出现了将法律作为服务社会工具而工作的法律工作者——社

---

① 有关律师职业，参看维也纳律师埃德蒙特·贝尼迪克特(Edmund Benedikt)的佳作《当代律师职业》，1912年第4版；马克斯·海申堡(Max Hachenburg)的自传《一个律师的生活回忆》，1927年版；另有奥古斯特·克尼尔(August Kneer)的《一个律师对于文明史的研究》，1929年版。

会法律工作者。这一发展的努力方向在于使法官不断地从争执法官转变为调解法官,从刑事法官转变为救济法官,即社会法律工作者。

正是在与此关联的意义上,出现了新时代的重要革新:允许妇
139 女不仅可担任陪审员职务,而且可从事司法方面所有的职业活动和工作(1922年)。

我们的法律是男人的法律,与男人的利益和男人感受方式(特别在亲属法中)有内在联系。尤其在法律的阐释和适用方面,以及在对严厉的普遍原则纯粹理解式地实际掌握方面更是男性的,在这些方面,个人及其感觉毫无意义。因而,过去剥夺了妇女参与司法活动的机会——现在则应欢迎妇女参与司法。妇女在议会中有限的参与已对我们的法律产生了相当影响;妇女在司法领域的加入必将动摇男性正义感,从而使人们明确意识到这种法律感觉的局限和缺陷,并将导致专横的大男子主义法律被真正的人的法律所取代。那些指责"女人"缺乏法官职位所要求的客观性的陈言滥调,是否值得驳斥?我们可以冷静地承认,较之于男性而言,女性或许更经常地欠缺适用法律时必不可少的冷酷求实精神,但我们又必须马上强调说明,较之于男性而言,女性在更高程度上拥有其他一些对法律适用同样不可或缺的品质。事实上,妇女足以胜任一切工作:譬如在监护、少年管教、婚姻法方面的活动,提供在法律限定的范围内所需要的关心;具备刑事和民事诉讼所要求的对人际关系和精神过程的直觉理解;再如律师业所需要的对自由行使个人权利的感受,等等。总而言之,允许妇女参与司法,不仅仅是

为了实现宪法中的承诺,也意味着我们司法上的一大进步。[①]

如果我们翻阅一些过去的笑话汇编、俗语大全、短诗或漫画, 140
总是能够从中不断发现一些对律师胆大妄为,对法官收受贿赂的讽刺,在今天仍有新意。[②]

律师劝告他所代理的债务人,在法庭上除了东拉西扯之外别的什么都不要回答;债务人果然被宣判不承担债务,其后在律师诉他不付酬金时再次使用律师教他的旧招,竟然同样胜诉(耶尔格·维克拉姆[Jörg Wickram]:《车中小书》,1555 年;这一笑话与 14 世纪或 15 世纪一出滑稽剧《帕特里律师》相似)。

对一个不想继续其诉讼的寡妇,有人建议她不妨"在法官手上涂油"[*];头脑单纯的女人居然按其字面之意,果真给法官大人的手上涂了黄油;法官却领会其象征之意,羞得无地自容,以致匆匆作出判决。

原告送给法官一辆马车,被告人则送了两匹马。结果,原告被判败诉。他叫道:"我的马车啊,你走得可不是方向!"法官回答:"马往哪里拉它,它就往哪里走。"(两则故事出自保利[Pauli]、申

① 有关妇女与法学的问题,参看德国少年保护中心缔造人、著名女社会法律工作者的传记——弗丽德·丁辛(Frieda Duensing):《回忆录》,1926 年第 3 版。

② 参见插图作品:弗兰茨·海涅曼(Franz Heinemann):《德国过去的法官与司法》,载乔治·施泰因豪森(Georg Steinhausen):《德国文化史专题论著第 4 册》;汉斯·费尔(Hans Fehr):《图画中的法律》,1925 年;科内利乌斯·费特(Cornelius Veth):《漫画中的律师》、《杜米埃和司法》,保利·李斯特(Pauli List)出版社,莱比锡,以及内容相似的作品——乔治·弗罗姆霍尔德(Georg Frommhold):《绘画艺术中的公正理想》,1925 年版。

* "die Hand zu salben",德文字面意思指在手上涂油膏,此处暗喻贿赂法官。——译者注

普夫[Schimpf]和恩斯特[Ernst],1522年)。

法律工作者的堕落在此并非愤怒的对象,而只是作为不言而喻的幽默和简单的笑料,无异于今天大学生的手头拮据和教授先生的心不在焉。各种不同民族流传着有智慧的法官的故事,从所罗门式的判决到日本法官冈之助(Ooka Tadaska)的裁决[1],从莎士比亚的《威尼斯商人》[2]到克勒尔(Gottfrid Keller)的《格拉夫泽的总督》,大多颂扬的是用计谋规避适用的法律,制伏拒不认罪的被告或造谣中伤的公诉人。总之,歌颂的并非法官式的智慧,而是
141 机智,在我们今天,刑警长官应具有这种品质,法官要是如此,恐怕有失尊严。

我们必须不断提醒自己,为达到现今这样的法官精神和道德水准,我们曾走过漫长曲折的道路。前事不忘,后事之师,由此我们才能确定为达到下一个目标,我们还有多少路要走。今天有相当一部分人对司法不再信任,我们必须清醒地认识到,这种不信任其实起源于一个极小——不过却是司法中最重要的部分,即对政治案件的刑事司法。这里不是去争论究竟在何种程度上"司法不信任危机"有合理性[3]的场合——即使对那些怀疑司法危机合理性的人来说,这种在此程度上所存在的事实也并非仅仅是痛心疾首地予以抵触的理由,而且还应是严肃思考和自我反省的动力。

---

① 参见汉斯·兰佩茨(Hans Lampertz):《古代日本小说中的法官》,1911年版。

② 参见约瑟大·科勒(Joseph Kohler):《法学论坛上的莎士比亚》,1883年版,1919年第2版。

③ 欲了解这方面的情况,请首先参看威廉·科罗纳(Wilhelm Kroner)1925年版的《司法》,有关德国法律制度更新的杂志。

因为司法依赖于民众的信赖而生存。就所有评价的主观性和可争辩性而言,司法公正最终都不外乎是对司法的信任!但历史上已不乏先例:大变革之后,通过司法独立性防止对司法人事变更和直接对司法活动的干预,以及通过心理调整趋于职业保守观念的司法机构,相比国家其他机构而言,总是在适应现实社会关系上较为迟缓。中肯认真的批评,尤其是时间无声无息推移的效果会有利于这种适应。如果说随着时间的推移,对民主政体不可废除的信念会迫使它的敌人放弃抵制,那么尚未适应新国家关系的司法,最终也自然会适应不可废除的已存在的事实。 142

第八章　程序法

如果将法律理解为社会生活的形式，那么作为“形式的法律”的程序法，则是这种形式的形式，它如同桅杆顶尖，对船身最轻微的运动也会作出强烈的摆动。在程序法的发展过程中，以极其清晰的对比反衬出社会生活的逐渐变化，其次序令人联想到黑格尔精神发展过程的正反合三段式。

刑事程序的历史，清楚地反映出国家观念从封建国家经过专制国家，直到宪政国家的发展转变过程。

中世纪的犯罪在相当程度上是对所涉及的个人的侵害，刑事程序中的民事程序观念合乎逻辑地与犯罪的这种私法性质观念相对应。与现代的民事程序法相似，按照中世纪的刑事程序法，只有受害人起诉（自诉），才能引致程序的开始，被告人的认罪无须审查即被假定为真实（形式的真实），对争执的事实须由当事人提出证明予以确认（当事人举证责任）。不同于现代民事程序的是，它不是由原告证明罪责，而是被告必须证明其无罪。原因在于这一类证据仅可供那些认为自己无罪的人使用：由宣誓证人支持的无罪誓言、神明裁判、向控告人提出的司法决斗。如果受害人没有足够的胆量和力量提出自诉，或作恶者有足够的胆量和朋友，在宣誓保证人的协助下宣誓无罪，罪犯就难以受到惩罚。这种刑事程序必

定对于惯犯和中世纪晚期的拦路抢劫的骑士不能发挥作用。大量 143
刑事行为不受惩罚这一事实，必定促使愈来愈强大的国家权力恍然省悟到追究犯罪不应仅要受害人参与，国家本身也有责任参与。

只有法律的继受才带来了根本的补正。通过1532年的《加洛林纳刑法典》，德国引入了纠问（调查）程序（教会对异教徒的纠问只是其中一个特别的表现形式）。如此一来，法学家们必定要使那些未受过教育的陪审员熟悉新的法律。[①] 在今天看来，纠问程序的功绩在于使人们认识到追究犯罪并非受害人的私事，而是国家的职责。其严重错误则在于将追究犯罪的任务交给法官，从而使法官与当事人合为一体。如果说此前的控告程序依循的是“没有人告状，就没有法官”，此时根据纠问程序的本质，则允许在没人控告的情况下，由法官“依职权”干预。如果说过去的控告程序是在原告、被告和法官三个主体之间进行，则纠问程序中就只有法官和被控人两方。被控人面对具备法官绝对权力的追诉人，束手无助。对纠问程序适用的谚语是“控告人如果成为法官，就需要上帝作为律师”。纠问程序第二个特征体现在它的证据法上。作为一个长足的进步，它用现代符合理性的证据，首先是证人证言，取代了旧时建立在信仰和迷信之上的证据，尤其是与宣誓保证人一起作出的表明无罪的起誓，随之被告人无罪举证责任也改为法官对被告人的有罪证明责任。为防止法官的错误和专断，纠问程序中还以详细的法律规定明确了其要件（一种法定证据理论）：只有嫌疑人

① 1532年国王卡尔五世的《加洛林纳刑法典》，由拉德布鲁赫编辑和注解（莱比锡，菲利普·雷克拉姆[Philipp Reclam]出版社）。

认罪或者有两个见证人证明其行为时，才应该作出有罪判决。对于那种出于谨慎、未邀请两个见证人证明自己的行为，又不乐意认
144 罪的嫌疑犯，不能作出有罪判决；另一方面，例如那些在凶杀现场附近被碰见手持血斧并且在其住处发现了死者钱包的人，不能轻易放过，有鉴于此，就必须用刑讯强行取得其供词。这样一来，就使法定证据理论中所有的谨慎成为可归咎于刑事程序立法者的最大轻率。当然，刑讯原本应该适用于差不多确有嫌疑的情况下，以及嫌疑事实(间接事实)有如此大的证明力，以至我们今天立即就可以作出有罪判决的情况下。但是人们一直对此视若无睹，尤其是在对巫婆的审判中(全盛时期：17 世纪)。毫无权利的被控人在阴暗的刑讯室里面对着毫无恻隐之心的审讯者，毫无能力以其有活力的话触动法官的耳膜；而法官，虽然满腹经纶，却远离人民，只会用毫无生命的刑讯记录和证人记录文件作出判决(quod non in actis，non in mundo，不记录者不存在)；他重见天日的时候，也就是被拖出去命丧刀剑之下、受车磔、受火焚或被送上赫然的绞刑架的时候。此时的刑事程序与中世纪的诉讼程序相比相差甚远，因为后者是由民众挑出的陪审员在法庭公开听取当事人的口头辩论之后，才对当事人作出判决。

当较为开明和人性的时代从纠问程序中剔除刑讯的时候，整个坚固的纠问程序大厦也濒临崩溃。如果人们知道，在 1751 年《巴伐利亚刑法典》中，刑讯还是无可置疑的具有正当性的定罪方法，奥地利的玛丽亚・特蕾西亚于 1768 年颁布的刑法典中还通过仔细雕琢的铜版详细描绘了刑讯工具；如果知道，伟大的刑法学家费尔巴哈(Feuerbach)通过努力才在 1806 年获得巴伐利亚的统治

者、开明君主马克思・约瑟夫(Max Joseph)的同意废除了刑讯,* 而在德意志其他邦仍保留刑讯的残余,那么就更能理解 1740 年弗里德里希大帝(Friedrich)在登基后第三天就率先宣布废除刑讯, 145
这是何等革命性的措施。消灭刑讯,意味着同时要抛弃法定证据理论,弃置不考虑明显的间接证据,而仅依据供认或见证人判罪的基本原则,因而这是一个颇为困难和费时的决定。

在刑事程序发展过程中,曾有两个因素起着作用:针对犯罪分子而增强的国家保护人民的需求,导致中世纪刑事程序向纠问程序转换;针对国家而增加的保护无辜人的要求,促使纠问程序大约从 1848 年开始向现代刑事程序转变。中世纪的刑事程序建立在受害人自诉的基础上,纠问程序以由法官执行的国家对犯罪的追究为基础。现代的刑事程序吸取了纠问程序中国家、官方对犯罪追诉的原则(职权原则),同时又保留了中世纪的无告诉即无法官原则(自诉原则),并将这两者与国家公诉原则相联结,产生了公诉人的职位:检察官。这一职位与相对应的原则是由法国输入德国的。它提出了与纠问程序法定证据原则对立的自由心证原则。它最终导致重新采用中世纪刑事程序的言词审理和公开性。

现在适用的是自由心证原则。法律不再规定要求法官在何种前提下视有罪证明已提出或未提出。"根据从整个审理所获得的自由的确信,法庭决定证据调查的结论。"法官不再仅依据供认或见证人方可作出有罪判决,他也可以在犯罪行为虽无人见证,却有

* 他是拜因的统治者,但并非是在拜因。此处的 Max Joseph 指 Maximilian Joseph(1756—1825),在民间流传这个简称,是拜因首任国王。——译者注

大量嫌疑事实(间接事实),使无罪认定如此不可能,以致必须将其视为不可能的情况下,宣判那些拒不认罪者有罪。他还可凭借自己对证人可信性的认定,相信那些未起誓的证人,而不相信起过誓
146 的证人;他不再受法定的证人名册的约束,相对其他内容而言,证人的年龄、名誉和职业在可信性方面不再具有重要性。对于被告人的精神状态是否影响他作出正常人的判断,有无涉及科学问题,是否需要鉴定人作出鉴定,以及他同意或者不同意鉴定人的鉴定结论,法官均可自由裁量。被告人的供认对法官也没有拘束力。如果法官认为供词并非真实,或认为供认人只是因为严冬将至而想在监狱找到一个栖身之处,他也可以判其无罪。民事程序中,法官仍可在有起誓义务的当事人对一事实起誓之后,无须审查即视这一事实为真实,在当事人拒绝起誓时,无须审查即视该事实为不真实,而刑事程序当事人起誓——以前被告人声明无罪的起誓——今天已不存在。正如历史学家在研究一个历史事件时可以自由评价原始资料一样,法官也可以在调查具有司法意义的事件时自由评价证据,也正如有一些历史考据学的科学研究规则,近10年同样产生了对法官认定证据的科学指导方法,即汉斯·格罗斯(Hans Groß)创立的犯罪学学科,尤其是证言心理学。[①] 法定证据理论已被科学证据理论取代。科学证据理论的现状是:一方面

① 参见汉斯·格罗斯(Hans Groß):《犯罪心理学》(第2版),1905年——这是一本关于人的知识的真正教科书;黑尔维希(Hellwig)的近作:《审问技巧心理学》,1927年版。在证言心理学方面,阿纳托尔·法朗士(Anatole France)(原"阿纳托里·弗兰斯",Anatoli France),法朗士乃1921年诺贝尔文学奖获得者,此乃通用译名。感人至深的司法中篇小说《克兰格比尔》(Crainquebille)提供了极好的例证(该小说似乎译为克兰比尔的较多,请查法语译名表,原拼音错误改之)。

从心理学上对各式各样轻信误解进行深入分析，从而降低了人证的证明价值；另一方面对例如指纹、血迹等勘察对象用改进的技术进行分析，相应提高了物证的证明价值。

随着法定证据理论的消亡，被告人供词的优先地位也必须取消。被法定证据理论所束缚的法官，可用尼采的话概括：“哦，法官 147
先生和祭司们，在牺牲品未同意之前，你们不愿宰杀，是吗?”[*] 整个刑事程序的目的，曾是为了获得供词：开始是刑讯，刑讯被废除之后则用“谎言处罚”，两者区别在于，前者是提前告知被告人，如果说真话就可免受皮肉之苦，后者则因为被告人说了假话，而通过精神折磨的“纠问技巧”迫使他说真话：包括法官的突袭、智取、疲劳战术。允许仅依据间接事实作出有罪判决之后，才可能放弃刑事程序中利用被告人本人作为对自己定罪的方法。现在允许被告人对控罪沉默，如果他有所陈述，也不会因其中虚假而受罚，法官诱供则视为非法。法官应询问被告对指控是否有所反驳（而不是他要求反驳），《刑事诉讼法》中还进一步规定：“审问中应给嫌疑犯提供机会，以排除针对其提出的嫌疑根据，并使其指出对自己有利的事实。”只有通过废除法定证据理论，嫌疑犯才不再仅仅是提供对自己有罪证明的客体，而转变为诉讼当事人、诉讼主体，并有权为自己辩护。只有废除这一理论，刑事程序在诉讼原则上才赋予当事人双方同等权利，一如控诉原则（Anklagegrundsatz）在广义上所要求的那样。

---

* 弗里德里希·尼采：《查拉斯图拉如是说》，第 1 部，*vom bleichen Verbrecher*，载《尼采全集》，第 13 卷，Richard oehler/Max Oebler/Fr. Ch. Würzbach 出版，1925 年版，第 42 页。——译者注

如果严格遵守当事人原则，法官就不得干预控告人准备其控告，以及被告人和其律师准备其辩护，而只在主审程序中指挥审判以及最后作出判决。整个举证，尤其对证人的询问，都应由当事人自由进行（交叉讯问）。这是目前英国刑事程序的特征，也可能是我们有关程序发展的方向。可是现行的当事人原则仍受到重要例
148 外的损害。尤其是在主审程序中的主审人并不满足于一个不偏不倚主持审讯的位置：他自行审理，讯问被告，询问证人，基于检察官和预审法官所提供的预审程序的案卷，他必定在主审程序开始之前，已对事实状况有一个主观印象，因而有从不偏不倚的法官角色突然滑向控告一方的危险。

预审程序卷宗对主审程序的这一影响，同时威胁到言词原则或直接原则。在纠问程序下的刑事程序曾为书面审判：审判法院或接受“卷宗移送”而被请求作出判决的法院*，仅仅根据预审法官的卷宗便作出裁判。他们依据从未亲耳听到的证人证言，对从未见过面的被告人进行判决。被控告一方不正常的举止、紧张和愤怒的表情、证言陈述中不情愿的停顿，提前背熟的流畅和急速表述，所有这些细微区别和难以描述的状况，在单调呆板的官方记录中消失得无影无踪。人们可以极其夸张地说，只有诗人才能说出真实，而不是每个书记官都具有这种神赐的能力。唯有恢复旧时德意志的言词审判，才能弥补这一缺憾。为了使生动的印象，而不是那些用文字记载的记忆成为判决的真实依据，必须（不同于民事

* “卷宗移送”在中文语境下主要指检察院在提起公诉之前需要将卷宗移送主审法院，与德国和欧洲中世纪卷宗移送不尽相同。——译者注

程序，常常在一系列“期日”之间有很久的停顿）将审理和证据调查集中在一个主审程序中，以防止在同一程序中有重复的危险，诉讼的中断最多不超过3日（集中原则）。

所有这些原则，归根到底需要公开性，尤其是新闻和议会的监督予以保障。现代刑事程序重新采用了为纠问程序所抛弃的中世纪刑事程序的公开性。司法的公开性不应仅仅为了监督。民众对法律生活的积极参与会产生对法律的信任，对法律的信任同时又是他们主动参与这类活动的前提：陪审法院、自治以及议会制。149
众所周知，这依然只是一个美好的梦想。罗马法的侵入给我们带来的，较其他地区更为恐怖的“法律与民众间的异化”，只能用一种方法消除：我们学校中的公民学。联邦宪法规定，公民学是学校中的一个课目。最终实现这一规定，是我们人民国家最根本的需要。

大约同一个时期，民事程序中也适用自由心证、言词和公开原则。尽管如此，刑事程序与民事程序有一点必须被永远区分开：刑事程序所实现的是站在国家立场上的国家利益，民事程序则是实现代表私人的私人利益。在诉讼程序中私人权利可以自由处分，与在诉讼程序外权利人拥有的自由处分并无两样。而刑事程序适用的是职权原则，民事程序则由处分原则主导。

提起刑事控诉是检察官的公职义务，提起民事诉讼仅为一个权能。义务人与权利人一样，也可对民事诉讼进行处分：他可以通过自愿履行而使诉讼失去意义——相反，没有预先的控诉以及最后的判罪，自愿服刑就根本不可能存在。

另外，刑事程序中可判处高于公诉人所提的刑罚，民事程序中却不可以判给一方当事人多于他所要求的利益:法官没有理由会比当事人本人更能照顾其私人利益;“不愿得到之人,乃为已有之人。”

同一道理,民事法官只考虑当事人一方或另一方已援用的有法律意义的事实。当事人自己负“主张责任”;如果被告人根本未声明他已经清偿债务,民事法官也不会从自身角度出发考虑这种
150 可能。相反,在诸如正当防卫的情形中,即使被控人因笨拙或漠不关心未提及有关事实,刑事法官也要调查有关减免刑罚事实存在的可能性。

基于同样的理由,民事法官须假定一方当事人的主张在另一方承认或不争辩时是真实的,对承认得到消费贷款的一方,无须查明他所承认的事实是否真实存在,而直接判其须偿还债务——相反,刑事程序中,法官如怀疑被告人供认不实,例如作供仅仅为了冬天在监狱中栖身,那么纵然被告人供认不讳,法官也必须查明这一事实是否真实。刑事程序力争得到的事实,是真正的“实质”真实性;相反,民事程序中视双方当事人达成一致为真实,满足于人为的“形式”真实性。这种中世纪经院哲学家的“双重真理说”,正是司法流行的思维形式。因为,民事程序所寻求的真实性并非在于承认所强求的事实,换言之,只是程序中的人为产物,反映当事人对事实的表示——“我否认”以及“我承认”——仔细观察就会发现,其实这不是对一事实真实与否的陈述,而是对一事实要求证明或放弃证明的意思表示,即使有意使之与事实相背,也不能视为撒谎。循此思路就不难理解,流行的观点并不承认当事人对诚实负有法律义务。

基于这一原理，民事法官最终只会采纳当事人对争议所援用的证明，刑事法官却必须寻找有利于澄清事实的所有证据，而不问当事人是否对使用这些证据提出请求。

因为民事程序中当事人必须举证，故在此最重要的问题是，哪一方当事人负有“举证责任”？被告人声称原告人诉他的交易，是 151
在他喝醉以致无行为能力时达成时，到底是原告因不能证明被告人的清醒而败诉，或者被告不能证明自己出于醉酒状态而要被判败诉？刑事诉讼程序中不存在这类举证责任的分配问题：因为既不会因声称作出行为时喝醉以致无责任能力的被控人所列举的证明有疑点，而一定判其有罪，也不会因检察官不能成功证明被控人处于清醒状态，而一定宣布被控人无罪。法院必须依职权调查一切有利于证明责任能力的证据，而不论它们是否为一方或另一方提出过，并在对刑事责任能力存疑的情况下，均宣布被控人无罪：In dubio pro reo（遇有疑义取有利被告者）。

直至不久前，民事诉讼程序的进行，其速度的快慢，与主张权利和澄清事实情况一样，主要任由当事人或其律师自行控制（当事人进行）。双方当事人要求延期审理，法院就得延期审理；双方当事人未出庭，审理就得休庭；只有双方当事人中的一方要求继续时，方可重开审理。法官如同“一只破钟的机件，要让它很快再走动起来，就得不断敲打震动它”*（门格，Menger）。

这一警句足以表明，刑事程序与民事程序、职权原则与处分原

* 安东·门格（Anton Menger）：《民法和无产者阶层》，1904 年第 3 版，第 32 页。——译者注

则之间的尖锐对立在一些人看来已不符合现实的需要。民事法官的消极性，将民事程序的进行与整个事实情况的澄清全部交由当事人和其律师自由处置，这在那些法律没有规定必须由律师代理的诉讼中会损害贫穷者和笨拙的当事人，在必须由律师代理的诉讼中也会因律师与其同事达成共识而宣布推迟审理期日，从而损害那些有律师代理的当事人。这种无所作为的参与方式，与旧的
152 曼彻斯特自由主义学说[1]建议国家对经济生活一般采取“自由放任”(Laisser faire，Laissar aller)的参与方式相同。然而，正如绝对自助思想让步于国家扶助的社会思想一样，民事程序中盛行的当事人自决也必须给法院依职权支持当事人留出应有的位置。换言之，因为当事人自决实际上多由当事人的律师代而为之，故律师的诉讼权必须受到有利于法官的诉讼权的限制。法官在诉讼上较为自由的地位，或许与其业已实现的较自由的私法上的地位，与那些愈来愈多地要求法官“公正裁量”、“充分考虑具体情况”的规定相互呼应。

这类要求过去曾实现过一次：弗里德里希大帝时代的普鲁士立法曾在民事诉讼程序中引入法官职权活动，在一段时间甚至主张废除律师制度。19 世纪上半叶，甚至承认法官出于对当事人的关心，可以提出当事人根本未提出的证明，这种不顾当事人的意愿而强加于人的做法，是警察国家特征的表现，后来也被取消。基于社会政策考虑，尽管有所削弱，在 19 世纪末克莱因(Franz Klein)

① 1838 年建立的运动，主张极端的经济自由主义，绝对的贸易自由和自由竞争，指责所有形式的对经济的干预。

的作品，奥地利民事程序立法中（1895 年），再次恢复了“警察国家”的思想，即通过法官调查证据和当事人承担真实义务的思想。

1924 年德国程序法的改革向着与此相同的方向发展。当事人对期日的支配已完全废除。法官可以强制要求当事人必须亲自到场，以便澄清那些因律师间接处理而往往复杂化的事实状态。刑事诉讼程序的集中原则经过调整，也在民事诉讼程序中获得运用，以便于尽可能地在一个言词审理中解决法律争执。为达到这一目的，赋予法官有力主持程序的更多可能性：不是当事人和律师，而是法官从现在开始对程序的组成和进行拥有决定性影响，并 153
对此承担不可推卸的责任。与强化法官主动性相关的是，合议庭案件判决的准备，有时甚至判决本身，都归由有裁判能力的独任法官作出。已变得过于空洞、拘泥于形式的言词性也被严重破除。最重要的是规定了，在提起基层法院诉讼之前，有关案件必须首先经过法院的调解程序，或由司法行政所确认的类似法律咨询机构的调解机构予以处理。

法律安宁的建立比任何诉讼改革都更为重要。我们过于偏重于将迄今为止的司法仅仅作为争执的裁判，而未主要作为争执的预防来认识，过多寻求法律外科手术式的治疗，而较少注重法律自身健康的防护。或许目前仍适用耶林（Jhering）“为权利而斗争”[①]的热情号召，他对个人名誉感的呼唤——忘却受损害的权利，必定意味着同时要以丧失保护和丧失名誉的人格受损作为代价；他对

① 耶林（Rudolf v. Jhering）：《为权利而斗争》，1872 年第 1 版，最近由瓦塞尔曼（Rudolf Wassermann）（柏林，菲鲁出版社 1925 年版）及胡赫（Rudolf Huch）（莱比锡，菲利普·雷克拉姆）再版。

社会良知的唤醒——要求人们连同自己受损的权利一起,保护那同样作用于自身的法律秩序不被蔑视。但考虑到每年花费在诉讼上惊人的金钱、精力和人力,在我们看来,人们倡导的与诉讼对立的和解已成为迫切的需要。如果说将任何权利损害都认作名誉损害的敏感,胜过民众毫无感觉地忍受不公正时的麻木,那么,相对这种敏感,不把琐碎小事与名誉混为一谈的高尚冷静,则更胜一筹。因为法律秩序也是和平秩序,如果能为"热爱和平"而放弃"好
154 的法律",法律秩序就会在某些琐细案件中发挥最佳作用。

第九章　行政法

我们习惯于将各种各样的国家活动划分为三类：立法、司法、行政。立法创制法律，司法和行政则以不同方式遵守法律。在法律限定的范围内，司法所实现的是争议中的法律，行政实现的则是公共利益。法律希望（如有可能）对司法中合乎法律的裁决作出明确的规定，却尽可能有意地给行政留出自由选择的余地，使行政在其中可进行合目的性的行为。法律对于司法一般为路标，对行政则一般是栅栏——行政的路标是“国家利益至上原则”。从上面有关法官相对于法律的地位的探讨中，我们可以得出结论：司法不仅仅是按既定方向进行的国家活动，同样意义上的行政也不仅仅是自由的国家活动。将有关内容分为立法、司法与行政，并非出于对三者定义的目的，而仅仅是为了阐述的方便。同样，当我们依据有关主体，将立法作为立法机构的活动，司法作为法院的活动，行政当作行政机关的活动时，也仅仅是为了阐述的方便，而不是为了对其定义。孟德斯鸠主张将三种国家职能划归三个国家机构的分权说，从未严格实行过；立法机关通过例如提出国家预算进行行政，通过行使议会纪律处罚权进行司法；法院在创制法律时近似立法
者，并且被委托例如分配业务的“司法行政”、“非讼事件管辖”，以 155
及诸如监护事宜的“法律警察”等工作，从而完成行政任务；行政机

关则以“行政条例”参与立法，以(下面论述的)行政司法参与司法。19世纪行政法兴盛的根源，即在于行政抛弃了国家活动绝对不受法律拘束的旧习，向司法靠近，转向并非其唯一目的的法律适用。

早在行政尚无法可依的时候，司法已成为公法——刑罚和程序法——的对象。只要国家的行政活动仅仅由国家利益和合目的性来左右，而不受任何法律约束，就只可能有行政技术，而无行政法可言；只有赋予与国家利益相对立的私人利益在法律上的请求权，并尊重它，赋予相互义务与权利，才有产生这一法律的根本基础。这一点在封建等级制国家时代已为人知：国家给予领主在一定范围的主权，* 如果领主以提高课税而逾越这一范围，受损的臣民甚至可向韦茨拉尔帝国最高法院** 或向维也纳的帝国枢密官提起针对领主的诉讼。但这绝不说明在等级制国家存在行政法和行政司法。臣民不仅可在帝国法庭针对领主滥用其主权提起诉讼，甚至可以基于私法理由对领主起诉。这种行政法上的请求权与民事法律请求权不加区分的处理方式，向我们表明，这两者之间的差异还未受到充分重视。按中世纪的特点，在公法和私法之间还没有作出严格区分：请求权和诉讼所针对的领主，并非发号施令的统治者，而不过是拥有特权者，作为原告人的权利伙伴，同样要遵守
156 并非自己制定的法律，并且与在民事法律中当事人以平等法律地位交易的情形相似，这种表面的行政法律关系实际上具有民法特

* 德文 Hoheitsrecht 在指向国家时可以译成“主权”，但在不涉及国家时如何译却是个中文难题。原译作“君权”，现仍然译成“主权”，因为在德文中，不管什么时代，都是采用这一个表达，而且“君权神授”，授予领主“君权”不一定准确。——译者注

** 帝国最高法院(Reichskammergericht)，设立于1495—1806年。——译者注

征。只有在统治者从他和臣民一起遵守的不取决于他本身的法律秩序中解脱出来，面对自己可以限制的统治权的时候，才可能从平民相对于统治者的权利中找到行政法、公法。

这就是过去的专制、警察国家所能取得的成就——其中并没有行政法；因为从等级制的法律和帝制法律的外在法律束缚中解脱出来的统治权，起初相对平民并不受任何法律限制：在统治者看来，任何符合国家利益这一目的的活动，也必然符合法律。专制国家根本不可能实现法律对行政首脑、统治者的拘束，因为专制统治者作为行政首脑，甚至可以在偏离法律时，作为立法主体随时为此而更改法律，使不可能作为行政行为的行为，倒作为立法行为而具有效力。

只有在立宪国家基于分权说，剥夺由行政首脑——领主所独
占的立法权之后，才可以设想通过立法机关制约行政机关，用国家
的立法制约国家的行政，也才可以想象“国家的自我约束”、“依法
行政”以及臣民相对国家所拥有的“主观的、公共的权利”以及与此
相对应的对行政的法律限制，只有这时候才可以想象行政法的存
在。行政法学在相当晚的时候才从行政法律地位的这一变化中吸
取经验。长期以来，人们习惯于仅仅依据“国家学的方法”对行政
任务——贫民救济、教育、风纪警察、刑事警察等——以及有关的 157
法律限制予以分析阐述，这些法律限制存在于国家权力的各个任
务领域。奥托·迈耶(Otto Mayer)[①]用他所创立的“法学方法”澄

① 奥托·迈耶，1846 生于菲尔特(Fürth)，1924 年逝于海德堡，斯特拉斯堡和莱比锡的教授，德国行政法学的奠基人。——译者注

清了这一观点，即不是每一个职能，而是法律限制及由此产生的国家和臣民之间的权利和义务才对行政法至为重要，故行政法学不是根据每一项职能划分，而应着重研究在所有职能领域中国家与臣民之间有规律性的法律关系。[①] 不过，如果这种法学方法除了从法律角度考察行政之外，并没有同时对行政的全部实在权利（Daseinrecht）从国家学的角度予以考察，即对充满活力的行政目的框架内的行政制度设置和规定予以描述的行政学说给予尊重的话，那么它很快就会使行政学陷入形式主义的空洞贫乏之中。

依法行政不仅意味着行政行为不得违背法律，而且更强调任何设定负担的行政行为，任何对自由和所有权的干预，都必须以法律为依据（“法律保留”）。法律授权可通过十分概括的方式作出，正如 1794 年颁布的《普鲁士一般邦法》第 10 条第 2 款第 17 项（它至今还适用于普鲁士，并根据习惯法的承认也在普鲁士以外的地方适用）的著名规定，警察权力的法律依据是：“警察的职责是维护必要的公共安宁、安全和秩序，并排除公众或其个别成员所面对的危险。”[②]依此规定，警察只有消除骚乱的资格，而无权过问社会福利的积极促进。福利事业不能建立在普通的警察概念基础之上，它需要较特定的法律授权。普鲁士高等行政法院通过判决对警察概念进行了更为精细的界定，这对建立德意志法治国家起过重大作用。

人们习惯于把不单单依据国家利益至上的合目的性规则，而

---

① 参见弗里茨·弗莱纳（Fritz Fleiner）：《德国行政法制度》，1928 年第 8 版；瓦尔特·耶利内克（Walter Jelinek）：《行政法》，1929 年第 2 版。——译者注

② 引文出自 1794 年《普鲁士普通邦法》第 2 部分第 17 章第 10 条。

且还拥有将国家与臣民关系置于制定法之下的行政法的国家，当 158
作与警察国家相对立的法治国家（这一词在此的意义不同于为了与福利国家或文化国家比较而将自身使命局限于权利保护的“法治国家”）。法治国家时代只是在有了行政诉讼法院管辖之后才真正到来。在此之前，认为拒绝颁发建筑许可违法，或认为课税违法的当事人，只能循申诉途径向行政机关上级，直至部长声明异议。这样，行政就自行处理自身的事务，作为申诉人的对立者决定申诉人的权利，并有权自己来解释本来是要约束它自身的法律。直至目前，在很大范围内仍存在这种法律状况，大多数邦所适用的并非所有行政争议均可通过行政诉讼程序处理的“一般条款”，而是将行政诉讼的管辖限定在列举范围内的“列举方法”。但是，在行政法框架内将行政机关与市民一视同仁的思想，仅在有不偏不倚的独立于争执双方的法官对行政争议审理时，才可能获得实现：无法官即无权利！

接下来为了对抗行政违法行为就应该在申诉途径之外开启诉讼途径，即允许受害人在普通法院，即他针对作为财产所有人的国家提起民事诉讼的同一法院，提起针对作为统治者的国家的诉讼，过去的德意志帝国和今天的英国和北美洲就是这样。北美洲的法官，不仅对行政的合法性进行监督，而且拥有对法律合宪性的审查权，因此对立法的合法性也予以监督；其司法负有监察整个国家机器运作合法性的使命；法治国家已成为“司法国家”。

然而，德国并没有追随盎格鲁－撒克逊式的模式。人们曾认 159
为，民事法官并不具备行政诉讼所要求的对公法的了解，尤其不具备评价一种行政处分的事实依据所必要的专业知识——诸如是否因为缺乏实际需要而存在拒发烟酒营业许可的前提条件——同时,人们也忧虑将行政置于司法之下违背分权说,藉此行政会推卸自身对有关措施应承担的责任。因此,德国个别邦,首先是 1863 年的巴伐利亚,为行政诉讼特别设立了行政法院。当时的行政法院并没有我们所熟悉的普通法院应具备的一切保障。基层行政法院的工作全部由行政机关承担,它们同时行使其本身的纯粹行政机关的职能;尽管在行使其纯粹行政机关职能时,它们必须服从上级命令,从事行政法院活动时却不受这类命令拘束;但在行政诉讼程序中常常与陪审员一起工作的行政官员,本身却没有"法官独立性的保障"。只有最高审级,即"邦高等行政法院",才不再同时为纯粹行政机关,而由具有法官独立性保障的专职法官组成。

现在的帝国宪法对行政诉讼思想已作出肯定:"帝国和各邦应依据法律,设立行政法院,以保护行政官署的命令及处分所针对的个人。"[①]目前,只在各邦设立了行政法院。现在帝国仅在一些特定的领域拥有行政诉讼管辖权,尤其是帝国财政署拥有的对于税务纠纷的管辖权。在其他方面,由各邦自行施行帝国行政法律的保护。帝国既然已在宪法的"基本权利"中对于帝国和各邦的针对个人的行政作出了限制,那么为了保证这一任务得到持续执行,保障帝国法律中所确定的基本权利,就应在各邦的行政法院之上设
160 立最高审级的最高行政法院,即"帝国行政法院",如果这样的话,普鲁士高等行政法院就可以升格为帝国行政法院,使其伟大的法律传统得以发扬光大。

① 1919 年魏玛《帝国宪法》第 107 条。

依照宪政国家思想，一方面应在行政领域，通过行政法和行政诉讼管辖保护民众免于国家侵害。另一方面，应通过自治体现国民参与国家管理。自治指的是具体国民和社团的自治。非公务员参与国家的行政管理就是一种国民自治——就如同他们在陪审法院参与司法，通过人民代表参与立法一样。社团自治则指在国家：城市、乡镇、县、省当中，国家放弃一部分行政的职权范围，由在其监督下的社团在该范围内自行处理本身事务。在此我们也必须对我们常用的历史发展的正反合三段式加以论证：在等级制国家中，拥有包括生死裁决权的最广泛自治的城市，在某种程度上已成为从领土国家约束中解脱出来的“国中之国”。在警察国家的高压之下，城市没有独立性，只不过是完全服从上级命令的国家行政区域；目前国家在县、省一级有限地恢复了地方自治和地方协会。今日的行政是由一个通过行政首脑任命而设置的官僚组织及出自广大民众选举而产生的各种自治组织分别实现的。相对于传统权威的官吏制度，已出现了充满民主气氛的第二代公务员制度。前者要逐步适应新观念，后者已在小范围内勇敢地取得实验性的成功；前者寻求的是整齐划一的意志，后者则体现了充满活力的进取愿望所具有的个性丰富的多样化。在新生的德意志共和国，从大城 161
市市长中产生了很多精明强干同时具有灵活性的部长，这绝非偶然。

现代的行政自治始于1808年的《普鲁士城市条例》，该规章作为所谓施泰因-哈登贝格（Stein-Hardenberg）改革的组成部分，产生于普鲁士国家崩溃后的革新时期。但是，施泰因与哈登贝格不只在时间上不衔接，而且在内容的出发点上也各异。施泰因更倾向于有机的国家观念，哈登贝格则注重个人主义的国家观念。1808年的《普鲁士城市条例》系施泰因[①]的作品，用一句经常被引用的话（达尔曼，Dahlmann）[②]评价他，即他“在较海因里希国王所能建造的城堡更深刻的意义上，成为德意志城市的创建者”。这个规章源自有机组织的国家观念。这种国家观念不仅将国家作为具有超个人主义目的的组织，而且正如我们已见到的，这一观念也被适用于婚姻、家庭；它甚至被适用于介乎国家和家庭之间的组织：乡镇。让具有自身目的的每一个较小的有机体，作为有益社会的一分子，以循序渐进的方式将自己并入一个更广泛的有机组织和其目的之中，这曾是施泰因《普鲁士城市条例》的伟大构想，即通过公民作为乡镇组织的成员从事活动，使他感受到作为乡镇成员，有可能在国家的更高层次从事活动，甚至有可能在构成自治最高等级的国民代表机构从事活动。施泰因《普鲁士城市条例》确立的使命是：“满足市民急迫表现出的有效参与国家管理的要求，在全体市民中塑造坚实的共同点，赋予其对国家管理的有效影响，并且通过这种参与，激发和保持集体精神。”[③]

162 但是，即使在自由主义国家观念中，也不排斥自治思想：自由

---

① 施泰因（Karl Reichsfreiherr vom und zum Stein），1757年生于拿骚，1831年逝于卡朋贝格宫（Schloß Cappenberg），普鲁士政治家。

② 弗里德里希·克里斯托大·达尔曼（Friedrich Christoph Dahlmann），1785年生于维斯马（Wismar），1860年逝于波恩，德国历史学家和政治家，在哥廷根和波恩任教授，属“哥廷根七君子”之一，法兰克福议会成员（Frankfurter Parlament）；极力赞成在普鲁士领导下的德国统一；对19世纪历史有重大影响。所说的引言出自奥托·基尔克（Otto Gierke）：《施泰因城市条例.为庆祝皇帝国王陛下生日的演讲辞》，1909年1月27日，第32页。

③ 《普鲁士城市条例》，1808年11月19日，柯尼斯堡，第3—4页。

主义如果打算将个人的活动范围从国家干预之下解脱出来，就必须在更大的生活领域寻求活动空间，团结个人力量排除国家干预，并努力以自治方式获得对其成员的约束。自由主义国家观与有机组织说一样，也向往自治，但却出自不同目的：有机组织说之所以重视自治，在于将个人纳入乡镇集体秩序之中；自由主义理论则欲利用自治，将乡镇从国家较高秩序中（部分地）分化出来。

然而，自治思想并不完全符合民主的理想境界。将乡镇交由乡镇的多数人管理，意味着，乡镇管理可能会与国家多数观念不同，而按照民主制度国家多数观念具有不受限制的支配。在民主能够将其多数人的观念在国家予以贯彻的地方，比如法国，一如专制君主一样，会或多或少压制自治。相反，在非民主的政体，如过去的德意志政体中，民主全力推动自治以之作为实现民主的开端，而正是自治导致乡镇成为一个个小的民主共和国。即使在将来的德国，也需要在民主思想之外，保持充分的非中央集权化的倾向，以防止乡镇地方自治——我们民族最伟大的政治业绩——因财政危机造成的困难而瓦解。 191

行政自治，行政诉讼的审判——也就是行政法，系 19 世纪的产物，与任何新鲜事物一样，它是最具生命力的法律领域，可称之为“扩大的国家活动的法律”。我们从法治国家（在其另一意义上）向福利国家迈出的任何一步，都意味着在发展行政法方面迈出一大步。行政法是社会的法律，在将来社会主义的福利国家中，如我们所料，民法可能会完全融合在行政法之中。

第十章　教会法

我们常常遇到规范冲突的有趣现象：存在几类并行的规范，而每类规范都发号施令，以绝对的、最高的、唯一的主宰法律自居。与此相关，由于缺少一个彼此都承认的裁判者对主权之争作出最终裁判，故只能对孰为较高规范各执一词，莫衷一是。过去的法律、习惯和道德，即制定法与习惯法就处于这种状况。此类冲突中的第三种对世界历史已产生影响：这就是国家法与宗教法之间的冲突，即皇帝与教皇之间从主教续任权之争，直到不久前的"文化斗争"。

中世纪鲜明的思想方式可用代表宗教权力和世俗权力的两柄剑来形象说明："上帝赐予世界两把剑用以保护基督教界：教皇掌握宗教的，皇帝掌握世俗的。"* 倾向于皇帝立场的《撒克逊法鉴》(1225 年)一开始就是如此表述的。代表教皇立场的《施瓦本法鉴》(约 1275 年)中则规定："上帝即救世主，因为他要去天国，所以赐予世界两柄剑，以保护基督徒，我们的主把这两柄剑都借给了圣彼得……世俗的剑由教皇借给了皇帝，教皇掌握着宗教的剑。"**

---

* 1225 年《撒克逊法鉴》，第 1 篇第 1 条。——译者注

** 参见 K.A.埃卡特(K.A.Eckhardt)1979 年版第 152 页所引原文。——译者注

教皇卜尼法斯八世(Papst Bonifaz der Achte,1302 年)在他著名的教皇训谕《神圣教会》(Unam Sanctam)中,以序言那种惯常的方式更为尖锐地表达了同一思想:"教会握有两把剑:宗教的与世俗的。但是后者是为了教会而用,前者则由教会所用。前者是属于教士,后者则假国王和骑士之手而用,不过这也取决于教皇的意
愿。而一把剑必须置于另一把之下,即世俗权力必须服从宗教权 164
力。"* 在教会法律秩序要求自身优于国家法律秩序的时候,国家一如它在整个中世纪当中那样,在《撒克逊法鉴》中争取的不过是其法律秩序与教会法律秩序的平等而已。只有新的、具有主权自我意识的国家,才实现了把自己置于教会之上的要求,反过来是天主教会在其政治实践中,请求按同等地位学说享有等同于国家的平等——尽管正统的天主教理论至今仍认为教会享有在国家之上的优越地位,并且不得不坚持这一点。

因为人们应服从上帝甚于服从人,所以天主教的法律秩序连同高于世俗之剑的宗教之剑,就是根据天主教学说建立在上帝指示基础上的。教会并不是一种单纯出于人类目的性考虑,旨在帮助个人达到上帝所设的宗教目的的工具,上帝也未将自己囿于仅仅为个别基督徒的生活设定准则,而是为全体基督徒的生活建立秩序,这种秩序不仅培养和支持个人遵守宗教信条,而且它提供了宗教的内在价值作为本身的目的,而不考虑它是否为个体提供了

* 教皇圣谕《神圣教会》,载卡尔·米尔布特(Carl Mirbt)主编:《教皇和罗马天主教史料汇编》,1911 年第 3 版,第 163 页。——译者注

什么。“有序之处，即是上帝”（Guardini，瓜尔蒂尼[*]）。按天主教观念，除了教义和宗教仪式，教会法也是宗教中必不可少的内容。在教皇和主教掌握的法权之外，毫无福祉可言！

路德1520年12月10日在维滕贝格（Wittenberg）的埃尔斯特门前（Elstertore）焚烧教皇谴责路德学说的禁令（Bannbulle）与《天主教教会法典》时，想销毁的正是这种观念。新教教会以截然不同的观点挑战天主教教会法的观念：“教会法背离教会的本质”；[①]法律形式主义不能决定终极幸福，法律强制不适合培养基
165 督徒式的生活方式，这种生活方式在逻辑上只能源自基督徒的领悟。我们在以下对此予以分析。

依照新教教会观念，单独具有宗教内在价值的教会，根本不符合世俗一类：“只有在无形教会里面所有基督徒才在‘基督’身上合而为一”。依此观点，人所组成的团体不只存在于这个世界，“上帝面前”不只有个体的灵魂，还有包含着个体灵魂的共同体，这种“上帝的基督教天国”相对自由神学的纯个人主义的个性基督教（Personalitätschristentum）而言，受到团体时代感的影响而再次广为传播。但上帝的天国是超然于尘世的团体，无能力也无须尘

[*] 罗曼诺·瓜尔蒂尼（Romano Guardini），1885年生于维罗纳，1968年逝于慕尼黑；意大利裔的德国天主教神学家和宗教哲学家，先后任教于柏林和慕尼黑。对礼仪运动（die liturgische Bewegung）有重大影响。有大量关于基督存在和基督信仰基本现象的演讲和著述。——译者注

① 鲁道夫·索姆（Rudolf Sohm）：《教会法》第1卷（1892年）、第2卷（1923年）；较流行作品：《教会史大纲》（原“教会历史探源”），1911年第17版。

世法规的规范。因此,事实上无形教会与教会法颇难相容。*

《奥格斯堡信纲》(1530 年)所描述的"有形教会"存在于基督徒团体之中,在此"福音被祈祷,圣礼被施行[①]。"即使是有形教会,也可以不受法律形式的约束——"任何地方有两三人以我的名义聚集,我便在他们中间"(马太书 18,20)。一个按圣典进行祈祷和施行圣礼的异端教派在一定程度上同样代表着有形教会的一部分,这正如同法权"教会"(Rechts "kirsch")如果在违反圣典进行祈祷和施行圣礼时就不能代表这样的有形教会一样。

新教教会也知道一种教会法和法权教会——不过这种法权教会与有形教会的宗教本意无关,也不反映无形教会的宗教本意。法权教会与在宗教意义上的教会之间恰如以前我们所考察的法律与道德之间的关系。受法律形式限制、法律强制所调整的教会,虽不等同于有正确信念、正确祈祷、正确运用圣礼的教会,却具有手段和目的的关系,它在寻找有形教会的前提:它提供和保护正确的祈祷和正确施行圣礼,以此来提供并维持使其成员进入无形教会所必需的领悟前提。当其神职人员的教义背离教会信仰的时候,法权教会也需要保持免除他们职位的可能。不过,根据新教的观点,不是教义决定信仰,而是信仰决定教义,所以,如将教会的教义奉为唯一正确的准则,而将偏离教义的真诚信仰斥为异教,则不符

* 原译将无形教会翻译为"圣徒",有形教会译为"教友",系从其实质翻译,但不符合其形式,且"圣徒"仅指能够进入无形教会者,故用在此处也不尽达意。现直译为无形教会和有形教会。——译者注

① 《奥格斯堡信纲》(Augsburger Kofession),欣里希·文特(Hinrich Wendt)出版,1927 年,第十二章"论教会",第 41 页。原文称之为"die heiligen sakramente",使用了复数。

166 合新教教义——但即使是十分有名的1910年普鲁士法，也未敢以"异教法"自居。如果说所有的宗教信仰在宗教上都完全平等，而法权教会为了完成它的使命不得不保持其神父阶层的同质性，因此只能拥有一种宗教信仰，这样说也许并不矛盾。任何明确意识到自己只构成宗教生活一部分的教会，都不得以唯一正统的宗教自居，它必须承认，自己排斥的宗教团体，也有资格组成在宗教上有同等价值的新教会；就如同共同的目标可以通过多种途径达到，宗教意义上的教会统一性并不排斥法权教会的多样性。例如，即使在因说教偏差而被革除教职这样严厉的规定中，教会法仍然与宗教意义上的教会本质相协调。对于教会法违背教会本质的说法，需要一个限定解释，即只有这样一种教会法才会与新教教会制度相背：即它不满足于作为一种基于人类合目的性考虑而设置的达到宗教目的的工具，以期拯救尘世中本就充满宗教价值的个人灵魂，反倒是以上帝指令和自身宗教价值为依据。《奥古斯堡信纲》说道："人们所确立的教会秩序是要教导人们：遵守教会秩序，就算没有罪孽，也要去遵守，并且为了使教会实现和平和良好秩序而效力，但这方面已有了教训，即不要因此让人们的良知承担重负，即使这种东西对人们的幸福来说是不可缺少的。"①

天主教观念将法权教会作为本身目的，新教教会观念则将法
167 权教会视为拯救所有具有充分宗教价值的个人灵魂的工具，由此而产生的对立，如前所述，恰好与有机组织说和个人主义说之间的对立对应，这一对称性也决定了两种对立的必然后果。

---

① 《奥格斯堡信纲》，第十五章"论教会条例"（Kirchenordnungen），第62页。

同有机组织说的国家观念一样，天主教的教会观亦有保守性。神明揭示的，为极乐幸福所必需的教会法永恒不渝；新教义，例如教皇永无过错的信条，并非是新规定，而是对一开始就适用的、很多人未意识到或未怀疑过的宗教真实性的新确认。为了调和永恒不渝的神圣法律与变化无常的政治现实要求的矛盾，罗马教廷，“世上最古老最精于权谋者”，[①]把“反争辩事实”（protestatio facto contraria）的伎俩发挥至纯熟，使对时代的让步常常表现为对确定的基本原则的暂时偏离。新教教会观念与个人主义国家观念一样，在本质上（即使真实性上根本不然）具有进步性：它能够使那些宗教上毫无意义的，不是通过上帝的戒律，而是根据人类合目的性权衡而产生的制度观念大大方方地与时代的变迁相配合。

与在国家中发生的情况相似，在宗教领域里，个人主义观念趋向合作主义的组织，而超个人主义观念则导向统治组织。天主教会的历史就是不断加强统治组织的发展过程。根据新教教会历史学家的描述，我们首先需要考虑一开始无序的教区，那些精神上的贫穷者并不是被强制，而是自愿服从地受上帝恩典者、耶稣使徒、先知以及教师的引导而投入宗教的怀抱：“你们知道尘世的君王，其中的强者掌握着权柄。在你们中间则不然，欲成为你们中间的伟人，应是你们的仆人。”（马可书，10，42）随后（在2世纪）从法律上的同类教徒团体中出现了长老和神父，并且很快成为唯一的教会统治权的拥有者和区别于世俗之人的教士；这时候大多数主教 168

① 格奥尔格·耶利内克（Georg Jellinek）曾在多处论述过该观点，参见格奥尔格·耶利内克（Georg Jellinek）：《一般国家理论》，1914年第3版，第321页以下。

在同一个层面并无区别:教会具有贵族政治特征。即使在罗马主教对其他主教炫耀自身地位的时候,君主式教皇制度也未取得对贵族主教管辖制度的彻底胜利:高级神职人员大会中的全体神父,尤其在1415年康斯坦茨高级神职人员公会(Konstanzer Konzil)[①]的决议中,仍将自己置于教皇之上。直到1870年7月18日梵蒂冈的宗教大会,才有所退让,宣布教皇永无谬误,“自己有权作出决定,无须得到教会同意”,从此天主教中绝对君主统治的观念才得到完全贯彻。这种“梵蒂冈教会法”(施图茨,Stutz[②])最终在一部天主教大法典中得到完整表述,这就是教皇庇护十世(Pius der Zehnte)在1904年着手起草、教皇本尼狄克十五世(Benedict der Fünfzehnte)[*]在1917年圣灵降临节颁布的《天主教法典》(Codex juris canonici)。于是,和曾经适用达600年之久的民法大全(Corpus juris civilis)一样,原来的教会法大全(Corpus juris cononici)的法律生命力也归于终结,成为法律的历史。新教会法典中表现出其经历超脱世俗的每一过程,它也表现了诸如用精神力量弥补物质损失的观点,教会法不再为尘世,而仅仅为教会本身创造法律秩序的明智的自我限制,以及为实现这一受限制的纯教

① 康斯坦茨高级神职人员大会是中世纪西方国家最大的议会(Kongreß)。其职责在于:结束教会分裂状况,压制不同于教会官方观点的观念,以及教会改革。最重要的结果是:正式确认高级神职人员大会高于教皇的主权,免除三个同时在位的教皇的职位(Absetzung)。

② 乌尔里希·施图茨(Ulrich Stutz),1868年生于苏黎世,1938年逝于柏林;先后任教于波恩和柏林,法史学家和教会法学家。

* 本尼狄克(Benedict XV,1854—1922),意大利籍教皇,1914—1922年间在位。——译者注

会任务而集中教会力量,使其完全由独立的教皇掌握的严格集权化等。然而天主教实行的是绝对的选举君主制,于是这种所有专制制度中最让人惊讶的法律形态也明确意识到要保留民主的特征:出身卑贱不影响平民信徒进入教士阶层,以及从教士阶层向最高层的晋升:朱塞比·萨尔图(Giuseppe Sarto),德文名字为约瑟夫·施奈德(Josef Schneider),即以教皇庇护十世的名义戴上了教皇的三重冠。

路德教教会组织法恰好反其道而行之。它的出发点是可以想象的最民主的,即"普通教士"的信条。它没有天主教那种不同等 169
级拥有不同的宗教救赎能力的等级划分,他们在上帝面前都是平等的。即使新教将教士从平民信徒中区分出来,也不是宗教意义上的区分,而是基于人类社会的目的考虑产生的一种职业分工。路德的兴趣现在仅限于教会理论的改革——教会法只不过是没有宗教意义的人为产物而已。假如天主教管辖的教会能够实现真正的福音新教的教义内容,它就可能作为没有宗教意义的正统机构而一直存在。但天主教没有这样做,所以新教就不得不在天主教教会之外设立新的组织。可是路德在使徒理想主义中,却以危险的一视同仁的态度,反对所有无宗教意义的表象,认为法律上的组织并非宗教上的组织,而是属于尘世,因而也不是教会的,而是国家的使命。作为"教会优秀成员"的君主有义务使用君主权力协助教会,和国家一起并且在国家中组织和管理教会。新教即使因此被分裂成比存在的君主还多的教会,又有何不同?问题只不过在于法权教会缺乏统一性;而在无形教会中,所有基督徒的超尘世团体不会因为尘世的法律规定而被损害。即使作为教会成员的个人毫无权利地听命于绝对世袭君主的统治，又会有何区别？毕竟基督信徒的自由是产生于其信仰的内在自由，以外在法律形式存在的君主的教会统治，借助于通过正确的祈祷和圣礼维持的信仰根本不可能提供这种自由。在天主教以专制为本色而试图与民主进程发生联系的同时，新教却一反其民主特征，采取了君主式的组织形式。

随后的历史展示了福音新教力图挣脱国家权力控制的发展过
170 程。君主对教会的统治始自中世纪君主和国家应服务于基督教的观念；因而对教会的统治属于君主统治中的一部分，教会管理也是国家管理的一部分。只有到了自然法时代，才揭示了君主和国家服务于尘世的目的，教会的职能不属于国家职能。教会不是国家的一部分，即使它处于国家之中，服从国家统治，它的使命仍具有超国家性质，与那些处于国家之中，接受国家管理的歌咏协会和体操协会一样，其所歌所练的内容，均与国家职能的履行无关。在这一时期教会已经习惯于将所有组织以至国家当作协会来看待，它自身也成为一个协会，它不同于其他协会的唯一地方是，其会长是君主。宗教改革时代曾认为国家宗旨涵盖了教会宗旨，君主也是教会当然的首领。但根据新的观念，君主并非基于其君主权力，而只是借助君主权力而行使教会统治权，这就如同君主并非基于其君主权力，而只是借助君主权力对教会予以保护一样。由于历史的机遇，他才集两个角色于一身：既作君主，又作人们习惯称呼的最高主教（summus episcopus），即大主教，福音派基督教区的教皇。

但是，这种国家和福音新教由一身兼任首脑的认识（只要这种现象在这一时代仍存在),起初并未使教会在从国家获得更大自由方面受益。在警察国家时代,警察国家以其善意的专制主义,不仅对纯个人的事务要进行监护性的干预,对政治团体要予以束缚,同样它也不肯放过对协会,尤其是文化协会、教会的内部事务的干预。例如,1694 年前后一项维尔特－莱茵伯爵(wild-rheiningräfliche)领地的检查令,对在教堂里打瞌睡做了规定:"如有人睡着,两侧的人应将其唤醒,尤其在入睡者发出鼾声,身体来回晃动的时候,如未将其叫醒,应每人罚以 3 个阿布斯(Albus)①。同时,易于瞌睡者应更好地克制自己,在睡意来袭之时振作精神,起立聆听说教。" 171
直至 1848 年确立了协会自由原则,福音新教的管理和组织才开始从国家的行政和组织中获得解脱。宗教改革时代牧师以及在他之上的教会监理会已形成基层教区的教会管理机构。此时德国许多邦都陆续将原本由大臣领导的最高一级的教会管理从国家管理中分离出来,交由邦主直接领导的最高教会委员会接管(普鲁士 1850 年)。不过邦主仍一人兼任着教会和国家的行政首脑。

但是,纵然从此开始了政教分离,路德新教教会本身仍实行专制统治和官僚君主制。相反,教规改革从一开始在其组织中就表现出新教派的合作特征。加尔文(Calvin)作为法学家,借助天主教的方式,主张教区代表、教士阶层参与教会管理,不仅合乎人性,而且具有宗教上的必要性,他也实现了这一主张。促使国家迈向自治和宪政的运动,也使得专制的监理会组织和教士组织合二为

① 亦即白芬尼(Weißpfennig),1362 年铸造的银币,到 1842 年一直在黑森伯爵领地(Kurhessen)流通。

一(1873 年普鲁士教区和教会代表会议规章,1876 年新教最高代表大会规章)。在德国,几乎每个邦,教区理事会作为自治团体参与教区的行政管理,教会代表会议、县教会代表会议以及省教会代表会议则参与教区联合会的行政管理;作为教会议会的最高代表大会,参与对整个邦教会的立法。因此在教会君主制当中,也已实现宪政思想。

教会与国家一起在 1918 年从君主立宪制进入了共和制,由此也实现了政教彻底分离。国家与教会的共同首脑不再由一个体现为个人联盟的共同最高层,即特定的邦主来领导,而是由一个设置在教会最高层的纯教会机构来领导,在过去的普鲁士——它表现
172 为所谓的"教会最高委员会"(Kirchensenat)。在此意义上,《魏玛宪法》表明:"不设国教"[①]。然而,新的教会组织法在其实施中并没有完全贯彻共和民主的精神。尤其是在一段时间内,一个真正的平民教会原本可能重新得到它所失去的信徒,但旧普鲁士同盟的福音派新教教会组织法(1924 年)在选举教会最高代表大会方面,却以序言部分的狭隘教条信仰和过于谨慎的筛选制度表现出对人民群众的不信任,使得人民群众与教会进一步疏远。还有另一个疏略必须提及:取消君主作为最高主教,本来取消了将各邦教会统一为一个全德国福音派新教会的障碍,但德国教会并没有因此走上统一的道路——仅在普鲁士 1866 年吞并的地区,仍不断设立分立的教会,整个地区有 7 个不同的福音派新教教会,而在整个德国竟达 30 个! 唯有以联盟方式才使得德国福音派新教教会联

① 1919 年魏玛《帝国宪法》第 137 条第 1 款。

结起来：1922年升天节（Himmelfahrstag），德国福音派新教联盟在维滕贝格郑重宣告成立。

在教会作为社团得到承认，教会权力作为社团权力从国家权力中分离出来之后，国家依旧保留着对教会的统治：既然教会也是社团，它就要与设置于国家中并服从于国家社团主权的任何社团一样，服从国家对教会的主权。与其他社团相同，教会也要通过自身机关，依据自己的章程，即教会法来调整内部关系。对此，国家也拥有管辖权，因为教会与任何社团一样，它与国家里的其他社会力量，特别与其他教会以及与国家之间的关系，要由国家法律本身，即这里所谓的国家教会法予以规范。原来君主对教会的统治权，现在一分为二，教会权力交由教会最高委员会构成顶尖的教会本身机关行使，国家拥有的教会主权则以文化部作为上级的国家机关行使。我们已经看到，国家不仅对福音派新教教会，也同样对天主教世界教会声称拥有并且实施其教会主权，其中前者因其君主兼任大主教职位故从未抗拒过国家的教会主权，而后者则从未承认国家拥有这种主权。

由于国家拥有教会主权，因而国家可以通过三种不同方式确定它与教会的关系：政教合一、政教分离，以及介乎于两者之间的方式。福音派新教国家在宗教改革时代已经历了政教合一。这已成为历史：自从依据《威斯特伐利亚和约》（1648年），国家可以存在不同信仰的教徒以来，自从启蒙时代产生了自然宗教的思想，每个宗教都具有相同的分量之后，国家逐渐愈来愈少地认同特定的教会，即某一种信仰的特定教会。《普鲁士一般邦法》（1794年）颁布之后，人们不再只将一个教会作为国家中的组织，而承认所有教会都是国家中的组织或社团。可是,教会是极富影响力的特殊社团,一方面可以期望其权力给国家带来诸如培养人民一定的有价值的信念的好处,另一方面当国家与教会利益相反时,又必须提防其权力带来危害。因此,教会主权在两个方面不同于其他社团主权:一方面,国家赋予教会相对其他社团而言更多的利益,它允许人们通过出生而不是加入就可以成为教会成员,在金钱上资助教会,允许教会向教徒课税,通过行政手段协助教会强制收税,它还允许在国立的学校中设宗教课程,传授宗教信条,它还在大学设立神学专业,培养教会的教士,还承认教会的节假日;另一方面,国家通过保持对教会职位,特别对主教职位任命的影响,通过使教会立
174 法的有效性取决于国家的"赞同"(Placet),允许受教会纪律处分的当事人,向国家机关提起申诉,以及通过监察教会财政收支,从而使得对教会的监督程度更严于对一般社团的监督。与其他私人团体比较,获得特殊待遇的教会,以类似政治组织和地方自治协会的特征而作为公法社团出现。如此一来,一个国教的位置就由多个邦教予以替代;循着这一方向,下一步是邦教会制度向独立教会制度的转变,国家与教会的彻底分离,产生的新制度将在原则上摒弃教会较其他社团所拥有的特殊待遇,以及消除教会主权与社团主权之间的一切差异,从而使宗教信仰完全成为私人事务。加富尔(Cavour)[①]的名言所描绘的"自由国家中的自由教会",一开始即为美利坚合众国所接受,我们的近邻法兰西共和国在 1905 年也

① 卡米洛·奔索·迪·加富尔伯爵(Gamillo Graf Benso di Cavour),1810 年生于图林,1881 年逝于图林,意大利政治家。

已经采用——但基于颇为不同的原因。在美国，国家面对大量的宗教团体，因而从独立教会的利益出发，允许所有教会自由发展而不厚此薄彼；但在实际上只有一个教会，即天主教的法国，则基于不同的理由：如果说美国这个对宗教抱有好感的国家——美国的国会毕竟是以祈祷开幕的——想平等地保护所有宗教，那么法国则希望在一个感受到信仰失落的国家，取消国家对教会的辅助。纵观美国和法国的有关发展过程，我们不难发现，政教分离既可被用于笃信宗教，亦可被用于取消宗教。

独立教会制度是有益于宗教的。国家对教会的优待很容易以一种没有被意识到的贯彻国家意图的工具的面目出现。墨菲斯托式的恶魔所用的狂妄语言，反而可能适用于在此类比说明国家在教会的利益：这些国家

……确实很关心，
人们是否在虔敬淳朴地信守古风。
它们想，人们若能如此，
那对它们也会顺从。[①]

教会失去了相当一部分劳动大众，因为他们将教会看作"阶级国家"的同盟；而天主教之所以只失去了相对较小一部分劳动大 175
众，主要要归功于它暂时与国家相对立的立场。

---

① 约翰·沃尔夫冈·歌德：《浮士德》，"玛尔特的花园"，载《歌德文集》，埃里希·特伦茨(Erich Trunz)出版，第3卷，1976年第10版，第112页。

独立教会制度也有利于这样一些人，他们已经失去与宗教的内在联系，却又顾虑到国家价值观念而不敢解除与教会的外在联系。教会本身也冀望于政教分离之后，抛弃那些虚伪的信徒，从而无须物质动机的支持就获得实现宗教理想的凝聚力。

《魏玛宪法》尚未实现政教分离。它所实施的宗教团体价值等同，并未将所有宗教团体一视同仁地当作私人团体来看待，相反，它将所有宗教团体同等对待，从而使所有宗教团体都和邦教会一样成为公法社团。任何宗教社团和其他世界观协会，只要通过它的规章和成员数目能够确保自身的存续，就有权获得作为公法社团的认可。

除了规范教会内部事务的狭义教会法，以及国家确定教会在国家地位和存在的国家教会法之外，还有第三个需要加以区分的领域：教会的国际法，即在民族和民族教会范围内，教会所拥有的国际法律地位。教会之间组织的滥觞，首推通过乌普萨拉（Uppsala）* 大主教塞德布洛姆（Söderblom）[1]的努力创建的基督教生命与行为全体大会。在 1925 年，除了罗马天主教，几乎所有基督教会都参加了在斯德哥尔摩召开的世界高级神职人员会议（Weltkonzil）。但是，四分五裂的非天主教的基督教团体，迄今仍未成为可与国家平等交往的国际法主体。因此，在世界大战期间完全

* 瑞典乌普萨拉省省会，瑞典的宗教中心，信义会大主教所在地。——译者注

① 纳坦·塞德布洛姆（Nathan Söderblom），1866 年生于 Tröno，1931 年逝于乌普萨拉；瑞典路德教神学家，先后任教于乌普萨拉和莱比锡，1914 年以后任乌普萨拉大主教，是普世教会合一运动（die ökumenische Bewegung）的首脑，1930 年获得诺贝尔和平奖。

没有一个超民族的权威，能够面对福音派新教“战争神学”向《旧约》式民族宗教的可悲倒退，能够面对“德意志上帝”与“神圣战争”的说教，从而使西奈山训诫更进一步为世人所闻。当时只有依靠 176
天主教的首领继续从事基督教活动——他们以堪称典范的不偏不倚与坚定不移的态度保持了基督教将战争当作罪孽的观念，并且特别在照顾战俘方面获得实际效果，不论这种效果是何等微不足道，却无任何其他中立势力可以企及。因为教皇在教皇国归并意大利王国之后，根据1871年意大利的保证法获得其类似君主统治的独立性，并且保持着他个人的各种国家权力，他与国家首脑平起平坐，拥有派出罗马教皇使节的权利和缔约权利。然而从国家法学角度观之，这不过是迄今为止国际法形式在一个实际上完全不适用国际法规范调整的法律状况上的例外适用而已。国际法以作为法律主体的国家间平等承认为前提，国家与教会却必须互相毫不留情地争持各自的优先地位：教会必然因为归属自身的对灵魂的统治，而主张自己拥有相对于主管肉体统治的国家的优先权；相反，国家则必然坚持其对自身领土的统治，具有相对于没有国土的“国家”，即只能对信徒在非国土的地方实行单纯人身统治的教会的优先权。依照国家观点，与合法政府同革命势力可以依据国际法方式打交道相类似，国家与教会之间尽管也可以按国际法形式交往，但并未真正承认对方是国际法权利主体。鉴于教皇不完全具备国际法上的权利能力，海牙和平会议有正当理由将这位最胜任的和平使者排除在外，使他不属于国际联盟的成员。世界大战的经验却证明，对于教皇而言，国际法上的权利能力是何等重要——也许将来会出现另一些精神力量，不受地球上国界的限制

177 而成为真正的中立者。将它作为违反国际法且难以成立的概念来看待,会对国际法的概念更为不利！因而需要强化教皇在国际法上的地位,尤其保证其在战争时期也能与交战国自由交往和派出使者,甚至在意大利作为交战国之一的时候也应如此。这也是教皇与意大利国王 1929 年 2 月 11 日所达成的《拉特兰条约》的主要意义所在,该条约以"梵蒂冈城"形式,最小程度上恢复了教皇国。教皇因此再次成为君主,真正的国际法主体。可是教皇除了在疆土上具有国际法地位外,还保留了在此之前基于天主教首脑的性质而产生的国际法上的权利能力,人们在今后必须辨别,教皇究竟以何种国际法上的资格从事活动。教皇与国家签订的在该国领土范围内有关宗教事务的所谓的政教协定时,其身份当然不是梵蒂冈的君主,而是天主教的首脑。

对这类政教协定性质,过去有过,将来还会继续有争论。仅就表象而论,政教协定是平等权力之间的国际条约。表面上,缔约的当事人中任何一方都将自己向另一方作出的让步看作一种优待,作为统治者,他可以单方赐予臣民这种优待,也可以单方收回。政教协定对于教会而言,是它自愿地慷慨施舍于国家——它的仆人的一项特权,而对于国家而言,则是它自愿给屈从于它的教会以优待的法律——正是基于后一种国家观念,1817 年《巴伐利亚政教协定》被 1818 年颇具争议的宗教命令更改。后来,1924 年新的《巴伐利亚政教协定》又替代了 1817 年的政教协定。普鲁士的政教协定正在筹划之中。一个崭新的政教协定时代已经开始——标志着教会制度和天主教威严和权力的发展,说明它们在未来仍保
178 留着重大的历史使命。

第十一章　国际法

国际法在现代较以前任何时候都更受人注目，一方面，褒之者称之为美好未来的唯一保证，另一方面，贬之者则因国际法在目前实践中的软弱无力及其空泛的表面真实性而对之冷嘲热讽，而正是这种表面真实性使得国际法向来都自视具有一种法律秩序的本质。

过去就一直有争论，能否想象这样一种情形：一些国家实力均衡，或尽管自身弱小但却由于其他国家力量之间的争风吃醋而得以与其他国家共存于地球之上，而且互相之间遵从同一个法律秩序。如果国家在一般意义上就是主权，即地球上至高无上的权力，就不能设想还有更高的权力在国家之上作为立法权、司法权和行政权进行活动。人们认为，如果一个法律秩序没有法律创制、司法活动和权利保护机构，也就是说，如果法律没有国家，那这种法律秩序就只是一种不切实际的幻想。因此，人们不是从确凿无疑的国际法的法律本质出发，抓住机遇质疑所依据的法律概念的准确性，而是再三拒绝承认国家之间，超国家的国际“法”的法律本质。实际上，法律规范的产生与实现，并不以一个由法律所规定的组织为前提条件。甚至非组织化的人民团体，一如我们所见，也能以习惯法的形式创制法律。非组织化的国际社会也可以以习惯法的形式创造国际法，例如使节不可侵犯的法则。在那些通过习惯法而产生的国际法原则中，有一个原则允许我们在国际法领域从自发生长起来的习惯法向有意识的法律创制予以过渡，这个原则如同私人契约对其订立者有约束力一样，缔结条约的缔约国也受条约
179 的约束，至少当这种条约仍然有着约束力的时候，当构成其潜移默化的前提条件的政治状况继续存在时，国际法学者就要努力维护这些条约（所谓情势不变条款，clausula rebus sic stantibus）。个别国家间的国际条约产生特别国际法，所有国家间的国际条约产生一般国际法；例如，1864 年和 1906 年“改善伤兵在交战国待遇”的《日内瓦公约》，几乎创立了一般国际法。然而，通过国际条约的方法，并不能完全弥补国际法立法方面的缺陷：条约只能约束缔约国，目前国际法还没有使那些不愿缔约者也承担义务的方法，国际会议原则上也不可能将多数票所作的决议强加于少数派。因为这些具体国家既不屈从于任何更高的权力，也不屈从于多数票所代表的所有国家全体。故尽管有过严重的偏差，国际联盟还是坚持了一致原则。

尽管现时已有例外，和立法权一样，国际法也欠缺司法和强制执行权，这使得受害国只能采取自助措施，这本来会对国际法的法律本质有很大损害。就如同刚才所见，即使国内法的法规缺乏强制性，也并不意味着我们就认定其不具有法律特征。谚语曰：谁来监督监督者？（Quis custodiet custodes?）* 揭示了国内法的法律

* 拉丁法谚，实际为 Quis custodiet ipsos custodes? 源出苏格拉底对话录中所提出的问题：即谁来监督监督者，表明欠缺一个终极的权力界限。——译者注

秩序的强制可能性也具有极限。我们公认的对现行法的正常遵守不可缺少的保障，国际法对其需要的程度并不次于国内法。国际公共舆论所产生的压力，甚至迫使对国际法的违反远少于对国内法的违反；并且，国际法的违反者也不会毫不掩饰地承认其违反，而必定要依据国际法为自己诡辩。这种伪善是邪恶对美德的赞许，而且不是毫无价值：它是一种幽灵，谁呼唤它，就不能再任意摆 180
脱它。

自从《魏玛宪法》规定“公认的国际法的规定视为有拘束力的德意志帝国法律组成部分”以来，已彻底澄清了对国际法法律性质的疑虑。依照这一规定，国际法义务不仅是国家义务，也同样为国家机关和国民的直接义务。其中包含着一种愈来愈为人们所接受的观点，即国际法的权利主体与义务主体不仅仅是国家，甚至也可以是个人：如使节得根据国际法享有“治外法权”，要求豁免驻在国的司法管辖，而驻在国法官也要承担对享有此类治外法权的人的克制义务。

尽管迄今在国际社会中存在无政府无组织状态，国际法也已成为真正的法律。无政府主义的追随者习惯将国际法的存在解释为，这是今天的国家以及未来的人类能够无须统治机构而生存的证明，认为契约之所以能够约束双方，只是因为双方通过契约自我约束。但是，那种在无数怀有恶意和不可理喻的个人之间的不可思议的事情，却很可能在极少数的国家团体之间成为现实：国家意志能够为作出明智和正确判断提供个人意志所不能提供的保障，因为，国家意志是通过国家知识分子精英的共同协作而获得的，它与一个国家大多数民众的伦理价值判断相联系，同时国家也必须能够确信获得大多数民众的服从。

这里伴随着原则性的历史思考，即无政府状态是否的确是国际共同体的终点，即人们可以将其奉为民族共同体组织性的典范目标，或者相反地认为，它表明了一个类似于国内组织发展方向上的开端，即无政府主义的国际法是否正上升为一个世界组织、一个
181 世界联邦、一个人类国家法律。

可以用国际法的发展过程，说明它刚刚起步。国际法的诞生曾以两个条件为前提：一方面有多个同时并存的国家，另一方面，这些国家有建立在文化共性之上的彼此间的尊重。古代不具备第二个条件：当一个民族以唯一“正统”自居，视其他民族为“野蛮人”而认为自身肩负统治世界的使命的时候，民族间就难以承认对方拥有作为国际法前提条件的平等。相反，中世纪则不存在第一个条件。只要皇帝与教皇双头统治的基督教世界王国的观念统治着政治思想世界——即使不在现实的国家世界，人们就不能获得以多个国家作为前提的超国家法律的观念。当宗教改革挣脱了教皇统治的桎梏之后，人们从帝制出发，在主权这个概念里面为独立性找到了最好的法律表述，这种独立性在除了德国之外很多国家，尤其是法国久已存在；当人们看到不胜枚举的主权国家的首脑自由相处的时候，诞生国际法的时机才成熟。格劳秀斯（Hugo Grotius）[①]也是在这时因发表于1625年的作品而成为“国际法之父”。但是，国际法起初并未对所有国家产生拘束。只要宗教占据着文

① 胡果·格劳秀斯（Hugo Grotius）（1583—1645）：《战争与和平法》，1625年版，载《国际法经典著作》，瓦尔特·舍策尔（Walter Schätzel）出版，第1卷，1950年版。

化中心，国际法就十分难以跨越基督教与非基督教国家之间的鸿沟：仅存在一个基督教与欧洲的国际法。只有当基督教国家因文化的世俗化，在文化和交往上与非基督教国家更加靠近，而非因宗教相互疏远的时候，国际法才可能延伸到非基督教国家。克里米亚半岛战争结束后，土耳其在1856年被接受为“欧洲大家庭”的成员。1899年，日本在取得对中国的胜利后，[*]也被纳入国际法共同体；中国、暹罗、波斯则在第一届海牙和平会议时就已参加（1899年）；第二届海牙和平会议（1907年）是当时世界史上涵盖面最广 182
的国际会议，有45个国家应邀参加，由此证明，目前的国际法共同体除了微不足道的例外，已包括了整个地球。现时（1928年9月）国际联盟已拥有54个成员。

与国际共同体的扩展相适应，国际法——不论在立法或行政以及司法方面——也向着越来越稳固的国际社会联合的方向深入发展。国际会议，特别是每5年召开1次的万国邮政会议，代表了国际法共同体中立法机构的地位。因而，维也纳会议（1815年）规范了公使法和国际河流方面的法律，《巴黎海洋法宣言》（1856年）确立了海战中的重要原则，日内瓦会议（1864年）根据亨利·杜南（Henri Dunant）[**]的倡议而改善战时受伤者的待遇，在所有国际法的行政共同体（同盟）领导下的国际电报联盟（1865年），以及在万国邮政联盟（1878年）——其设立标志着现代国际法的诞

* 此处应指1895年中日甲午战争。——译者注

** 亨利·杜南（Henri Dunant），1828年生于日内瓦，1910年逝于Appenzell，瑞士人道主义者，因目睹战争受伤者的惨况，推动1864年日内瓦会议作出决议，从而成为红十字会的主要推动者，获得1901年诺贝尔和平奖。——译者注

生——所创设的统一的国际电信和邮政法，两次海牙和平会议(1899年、1907年)不仅对和平解决国际争端作出规范，而且也把陆战法编纂成法典。国际条约的实施，在某种程度上依靠国际共同体自身的国际行政机关，通过多数将总部设在伯尔尼的国际法联盟的办公处，例如万国邮政联盟的办公处、电信行政的办公处予以推动。最后，不久前诞生了审理国际争端的法院，但是海牙和平会议的成果尚未完善到足以阻止世界大战，而是如人们所说，大战导致了“国际法的崩溃”。

国际法果真在世界大战中崩溃了吗？

如上所述，两届海牙和平会议*除进行防止战争的工作外，还
183 制定了战争法，尤其制定了一部正式的陆战法典(1899年与1907年《陆战法规和惯例协定》)。伦敦会议也对海战法作出规范(1909年《海战法宣言》)。这个伦敦宣言未被批准，故根本未得到适用，但纵使开战时国家宣布愿受该宣言的制约，也不过是随时可以废除的自律，这个宣言也的确被英国废除了。但是如根据“共同负责条款”，任何陆战公约只应在所有交战国均为签约国时方产生效力。这并不符合世界大战中所有交战国的情况。因为上述的协定所规范的陆战法在未编纂法典之前，已作为习惯法而适用着，故虽有不胜枚举的违法行为，这一协定在极大程度上仍得以保留。在无数所谓违反国际法的行为中，必须区分哪些是战争心理的产物，哪些是针对不公正或臆断敌方的不公正而采取合理或臆断合理的

* 关于战争法、缩减军备以及国际争端的仲裁解决的问题的海牙会议。共有两次，第一次于1899年5月18日至7月29日举行，第二次于1907年6月15日至10月18日举行。——译者注

报复，并区分哪些因为对诸如潜艇和飞机等新型战斗方式无现成的法律规定，或因战争双方的法律观念不可调和的对立，而难以避免在法律上发生含糊多义的冲突。这种不一致的法律概念，触及战争法的根本。欧洲大陆与英美的战争观念存在着一种对立，在世界大战中所有英国的盟国都认同英美的战争观。德国的观念过去一直以1870年国王威廉一世的宣言来表明："朕与法国士兵，而非法兰西平民交战。"这种战争系国家之间，而非国民之间斗争的战争观，是由卢梭创立的(《社会契约论》，1762年)。根据过去英美所持观点，所寻求的并非是以国家的战斗力量，而是以国民的一切力量去击败敌人：不是国家战争，而是国民战争，不是武器之战，而是经济战、商业战和饥饿战。依照这种观点，处于战争法中心的是"敌对外国人"这一概念。毫无疑问，这种将一切投入战争，冷酷 184
无情地从实效出发的唯理论，较那种除要求猎人技艺熟练，还需具备狩猎正义感，与旧经济秩序相关的，不仅仅关心胜利，还要按照善良风俗对此予以评价的大陆战争观念，在技术上要更符合时代的需要。毋庸置疑，在世界大战中依照大陆国家的观念依然被认为不法或被认为是对不法采取的报复的行为，在将来可能发生的战争中会被各方作为适用的战争法予以重视。

然而不管怎样，即使从大陆国家的观念出发，海战法也不断维护着拥有绝对海军实力的英国的战争观念。陆战中私人财产不受侵害，不享有掠夺权，而海战中则不然，对敌方海上私人财产，以及为满足敌方战争需要或违反海上禁运的中立国的财产，一律可以夺取。"公海自由"是德国和美国(威尔逊，Wilson)过去常常表明的战争目的，希望藉此废除海上掠夺权(Seebeuterecht)、禁运权和封锁权，确保交战国与中立国的航行自由，使平民在战时得到照顾。但是，只要英国保持着海上优势，只要英国有单方面的利益保持其主宰的法律状况，而取消这种状况也只对其他国家单方面有利，这一目标就极难达到。世界大战带给我们最重要的启示在于，禁止战时使用一定的战斗方式是毫无希望的，主要的工作必须集中在阻止战争的爆发。然而，战前对海牙和平会议的评价却将对战争的规范化工作作为务实的政策，而将阻止战争的组织工作视为不现实。

第一届海牙和平会议设在海牙的常设仲裁法院，仅由一个常
185 设的法院办公处和一份仲裁员名单组成，争端双方可根据具体情况从中选择仲裁员。但对争端的提起是争端国家的自由，并未被强制规定；第二届海牙和平会议计划订立世界仲裁条约，规定所有国家在发生争端时有义务向仲裁法院提起仲裁，该计划因德国反对而搁置。然而德国原则上也表示愿与个别国家签订仲裁条约，这类条约在第一届海牙和平会议之后大量涌现，欧洲强国中间首先(1903 年)出现在英法两国。德国尽管不热衷于订立这类条约，还是与英国签订了为期 5 年的仲裁条约(1904 年)，并完全依旧约续期 5 年。依此条约，设在海牙的常设仲裁法院受理"有争议的法律问题，以及订约双方对订立的条约在解释上产生的争执……但以这类争端不触及两个缔约国性命攸关的利益、独立性或声誉，并且不牵扯第三国利益为前提。"德英条约具有的为其他仲裁条约共有的三重限制，其本身正好表明，恰恰至关战争要害的争端被排除在仲裁程序之外。

首先，涉及民族声誉的争端不属于仲裁管辖内容。根据一种

特定的个人名誉观念，有关个人名誉的争执要通过决斗、私下争斗解决，而不能在刑事法庭了结，于是人们认为，这一名誉概念同样适用于民族声誉，因此国际上的声誉争端也不能通过法律诉讼途径，而只能以战争解决。只要有好勇斗狠的无赖存在，以兵戎相见恢复受损害声誉的思想就会继续充满矛盾地获得支持。

其次，依据仲裁管辖权受理的争端，不得涉及争端一方性命攸关的利益。人们说，世界历史不能屈从于法学；一个由五位国际法专家组成的机构，不足以承受衡量决定两个民族命运天秤的重负。186
这只能表明那些相信对战争末世审判和神明裁判的人，已失去对人类理性的信任。第一个立法者，当他用人类孱弱的手去塑造在此之前一直由上帝掌握的权利时，必定有损害神明特权的犯罪感。可是，他毕竟敢于尝试——既然人类理性为了人民生活敢于代替直接的神的造福，那么为何不能对国际社会生活进行同样的塑造？畏惧新事物的同时，却不断向前探索，焦虑与骄傲共存，人类从历史发展中最终获得自信：如果我们不能使自身得到控制，世界就不复存在理性，我们面对新的事物始终需要自警：倾听理性的声音！(Sapere aude！)

最后，仲裁管辖权仅受理法律问题而非利益问题，只处理国际法律争端而非政治争端。这种限制的错误之处在于：它没有考虑到争端事件的本质并无国际法与政治的区别，区别仅在于观察角度的不同，任何国际争端既可以从政治角度，也可以从国际法角度观察。这样一来，它实际上使争端双方得以随心所欲地将一特定争端交由仲裁法院处理，或不让其处理。只有当人们最终对现存国家制度的巩固取得一致意见的时候，方可考虑没有这种限制而将所有国际争端交由仲裁法院处理。因为仲裁法院仅可从国际法角度，而不是政治角度观察争端，法律却往往站在“现状”（Status quo）一边。

同样，海牙有关文件对于那些并非需要一个法律裁决，而寻求一个法律变更的争端，也应作出补充规定。仲裁法院只能对法律争端作出法律上的裁决，对于利益冲突的政治调停则必须在仲裁法院之外另设调停委员会。但对国际法律争端的裁决不应成为为此而创设的国家联盟的唯一使命。为了成为和平联盟，它必须具
187 有较那种单纯的和平联盟更强的实力，即应该成为一个在国家之间促进人类福祉和文明的工作团体。在国家将自己的命运，尤其军备的限制，以及为了执行国际争端裁决而对经济和军事强制方法的确定和运用，毫无保留地交由一个国家联盟决定之前，必须首先通过共同工作取得彼此间的信任。必须先产生国际共识，它体现为一个有代表性的精英群体，他们在国际组织范围内，能够超然于纯民族的意识完成其国际使命。只有世界公民才能胜任世界法官，如果没有这类具有国际主义精神的人，我们就很难指望在国际争端裁决中，除了法学或外交的细小声音，以及个人充满着共同意识的虚伪的理性的声音之外，还能感受到伟大共同体的回响。在这个时候，我们才能从国际法院的审判中，不仅清楚地听见微弱的人的声音，还能感觉到改变世界历史的激情，这种激情以前大多数人只能从隆隆的雷鸣中找到。

为达到这一理想境界和威尔逊所描述的目的*，国际联盟的

* 《世界和平纲要》，由托马斯·伍德罗·威尔逊（美国第28任总统）在巴黎和会上提出，建立在各个国家民族自决权和基础上，体现在14点和平原则之中。——译者注

凡尔赛和约尚欠缺很多内容；但无视其中孕育希望的部分，则过于轻率。其产生之时最大的缺陷，是广泛性不足。直到今天，俄国和合众国仍未参加国际联盟。德国则从 1926 年 9 月 8 日起成为国际联盟的成员。

国际联盟开创了“世界组织”[①][*]的新纪元。当然，国际联盟并非一个联邦，并非一个成员国将主权交由其行使的凌驾于各个国家之上的超级国家。与以前的德意志邦联（1815—1866 年）相似，它不过是一个邦联，依照成员国的意志成立，成员国可随时宣布退出。与该特征相对应，国际联盟建立在成员国独立平等的基础上，不承认任何表决上的特权或优先权。然而这一基本原则已被严重 188
破坏：在十分重要的事项，甚至国际联盟盟约的变更方面，仅需要多数决定即可；另外“同盟和协约的强国”（英、法、意、日）及从 1926 年起的德国还通过在国际联盟理事会中的固有席位而享有特权——国际联盟盟约给它们一种统治地位，使联盟具有贵族统治的特征。除了这五大强国之外，国际联盟大会还会定期选出 9 个一般成员国出席国际联盟理事会，联盟权力主体为国际联盟大会，其中所有成员国有同等的席位和表决权；除了这两个非常设机构，唯一常设机构是国际联盟秘书处。理事会与大会的关系，既非政府与议会，也非议院制国家那种上议院与下议院之间的关系，而是一种独特的、尚需要进一步发展的类型。除拥有各自不同的管

① 引自德国和平运动无畏的先驱——瓦尔特·许金（Walter Schücking）的话。

* 瓦尔特·许金（Walter Schücking），1875 年生于明斯特，1935 年逝于海牙，德国法学家，先后任教于马堡和柏林；1919 年凡尔赛会议德国的主要代表，魏玛国民公会成员；1930 年任海牙国际法院法官。——译者注

辖权之外，两个机构对属于联盟的工作范围和涉及世界和平的事务均有权过问，故两者拥有竞合权限，并规定必须保持一致，进一步的发展将会表明，在取得必要谅解的情况下，这两个机构中哪一个会更有分量。未来的问题在于是否将大陆国家集团——泛欧、大英帝国、苏维埃国家、泛美、东亚——组成一个更大的国际联盟（库登霍韦·卡乐奇，Coudenhove-Kalergi）[*]。根据国际联盟的使命，它是一个文化和经济工作组织，一个政治主管机构，一个和平联盟。它促进国际社会与瘟疫、霍乱、伤寒的传播，贩卖鸦片、妇女与儿童，对向不文明国家输送武器和军备进行斗争。它在巴塞罗那召集大型国际会议（1921 年），完成了世界交通法的法典编
189 纂。在作为附属部分而并入（不是加入）国际联盟的国际劳工组织中，国际联盟拥有一个有关国际社会政策和国际劳工法的机构。国际联盟不断向着现代及未来的国际联合和机构的统治中心发展。作为政治主管机构的国际联盟，以受托人的身份托管萨尔地区的政府，对但泽实施保护统治，依据“委托”对以前“进步国家”的殖民地和其他中央权力的区域进行监管，并给予少数民族以保护。最终，作为和平联盟，国际联盟还致力于反对秘密外交，同时使其成员的国际条约的拘束性以在国际联盟秘书处的登记为依据，并且以军备限制的思想反对军备竞赛，“主要强国”在华盛顿会议（1921—1922 年）所签署的限制海上军备协议，标志着国际联盟在本身之外迄今为止取得的最大成果。最后，国际联盟盟约中原则

* 理查德·尼古劳斯·库登霍韦·卡乐奇伯爵（Richard Nikolaus Graf Coudenhove-Kalergi），1894 年生于东京，1972 年逝于施伦斯，倡导和平主义的政治家，任教于纽约，在 20 世纪 20 年代致力于推动欧洲国家联盟的实现。——译者注

上虽未排除战争,仍对防止战争做了规定。从目前整体发展考虑,盟约将国际争端划分为两类:由仲裁审理解决的法律争端,以及首先应由国际联盟理事会调停处理的利益争端。任何国家,如果没有首先尝试运用这类和平方式解决争端,或向另一个服从仲裁判决或国际联盟理事会一致调停建议的国家发动战争,或者在该仲裁裁决和调停建议作出三个月之内发动战争,即被视为与国际联盟所有成员国为敌,将会受到联盟在经济、财政和军事上的制裁。特殊情况下,这一规定甚至也适用于那些非国际联盟成员的国家。

早在国际联盟盟约中,已计划在海牙常设仲裁法院之外,设立一个真正的常设国际法院。1922 年 2 月 15 日,这一“常设国际法
院”在海牙隆重成立。与海牙仲裁法院仲裁员的名单可具体选择 190
不同,海牙法院一劳永逸地由预先任命的 15 名法官(11 名法官和 4 名候补法官)组成。尽管有关新法院的公约中并未包含一个世界仲裁协议,一个国家仍可通过预先接受选择条款,而与那些接受同一条款的国家,将它们之间的国际争端交由国际法院审理;这一可能性已在包括德国(1927 年)在内的许多成员国之间变为现实,依其效果,至少对这些国家而言一个有约束力的仲裁条约已经成立。此外,通过特别条约,将大量特别类型争执——少数民族争执、委托争执、交通争执、有关国际劳工法的争端——交由国际法院处理,从而使海牙法院一开始便获得较海牙仲裁法院更广泛的效力范围保障。

这一时期的《日内瓦和平公约》(1924 年)、《洛迦诺公约》(1925 年)以及《凯洛格公约》(1928 年)构成战争防御法的整体。《日内瓦和平公约》因英国反对而未正式适用。《洛迦诺公约》在有

限的国家范围内实现了《日内瓦和平公约》的思想。《凯洛格公约》则在更广泛的范围内重新采纳了和平思想。

按照过去的国际法，每一个国家都可以没有限制地将其与另一国家的和平状态转为战争状态。正义与非正义战争的区分属于道德而不是法律范畴。国际联盟试图从法律角度对那些须受联盟制裁的破坏和平的非正义战争予以界定，但未完全排除战争——甚至在国际联盟盟约中仍然允许侵略战争的存在。在"摒除战争公约"的意义上，《凯洛格公约》宣布任何侵略战争都是国际犯罪。
191 第1条："缔约国以其所代表的人民的名义声明，用作解决国际争端的工具的战争为犯罪，并拒绝在相互关系上将战争当作国家政策工具。"第2条："缔约国一致同意，相互间可能产生的争端或冲突，不论其种类及原因为何，其处理和裁决仅得依循和平方式进行。"* 根据这一公约，不仅声明不允许侵略战争，甚至彻底抛弃了传统意义上的战争。无疑，允许对侵略自卫，不过自卫并不属于传统意义上的战争。战争的概念包含着有资格拥有武力对峙的双方，整个战争法即建立在敌对国的平等之上。但按《凯洛格公约》，自卫对于侵略，如同正当相对于不正当；对犯罪国的执行权代替了战争，犯罪国抵制执行时，只会加重犯罪——不复存在决斗，只有一个执行！《凯洛格公约》赋予侵略与自卫的对立以更深的含义。国际法却对侵略与自卫这一对在历史上极少清晰明了的概念保持缄默。大多数战争中，任何一方都声称自己是对另一方的侵略进

* 《凯洛格公约》，1928年8月27日该公约由15个国家签署，其中包括美国、英国、法国、德国、日本和意大利。——译者注

行自卫。因此,《凯洛格公约》未能仿照《日内瓦和平公约》对侵略的形式要件予以明确界定,不能不使人遗憾。同样令人惋惜的是,它既未具体规范如何通过和平方式处理国际争端,也未针对悍然发动侵略战争的国家设定保障。《凯洛格公约》对侵略战争设置的唯一障碍,只是在获得国际公众舆普遍接受时方产生作用的,国际法上对该战争的谴责判决。这种谴责的绝对性因各种各样的保留 192 而大打折扣,通过这些保留,个别国家从一开始就给《凯洛格公约》设定了负担。无论如何,不久前还是可望不可即的梦想,现已成为创造世界的务实政治家认真考虑的对象和决策的成果,是国际法历史的里程碑,是已开始迈向永久和平,而且永远不会停步的征途中的一站。

《凯洛格公约》的漏洞,已被一定范围的国家所达成的《洛迦诺公约》文件填补。其中的法国、比利时、德国承诺,任何情况下绝对不向另一方发动侵略,其他签字国家,即英国、意大利,也承诺向受侵略国家提供紧急援助;最后,德国不仅与比利时、法国,而且也与波兰、捷克斯洛伐克通过仲裁条约详尽地规定了以和平方式的程序解决争端,而且基于我们已知的基本原则:法官处理法律争端,调停委员会处理利益争端!然而,国家对其本身和平文件的信任远远无济于事。它们仍保持戒备,不相信那些使它们恐惧的军备可能被解除。真正的而非字面上的对《凯洛格公约》以及《洛迦诺公约》的批准,只能在和平公约产生裁军的事实之后成为现实。没有什么比这句话更能误导人:倘欲获得和平,必须准备战争(si vis pacem,para bellum)。

面对世界大战,偶尔似乎有这样一类人,他们看不到战争的罪恶和灾难，只看到战争的必要性和男性的自我实现，并将之视作“上帝确立的世界秩序的一部分”（莫尔特克，Moltke）*。众所周知，我们的敌人也不反对“尼采、特赖奇克、伯恩哈迪”（Nietzsche、Treitschke、Bernhardi）**这种表达方式。这种罕见的三位一体恰好证明，肯定战争的理由可以出自完全对立的世界观，在个人主义与超个人主义国家观念的范围内均不例外。

从个人主义国家观念出发，个人是具有绝对价值的实体，国
193 家，或者我们从它与其他国家的关系着眼，称之为民族，只不过是这种实体的结合，与人类并无不同。因此，在个人主义者看来，民族向人类的发展过程不过是个人组成国家的同一发展过程的延续，民族对于个人而言，仅仅是迈向人类的阶梯。相反，依照超个人主义国家观念，国家为绝对价值实体，个人不过是其中一个部分，人类是这类实体的结合，个人与国家之间的关系根本不同于国家之间、民族与人类之间的关系，而且要比后者狭窄。连结个人与国家的路线，并非毫无间断地伸向人类。个人主义观念中个人为“个体”，国家有机组织说则认为国家为“个体”，一个个体与其他个体发生交往，对个人主义者而言是在民众社会中，而对超个人主义者来说则是在民族社会中。但作为整个尘世都向往的最终价值实

* 赫尔穆特·莫尔特克伯爵（Helmut Graf von Moltke），1800年生于帕希姆（Parchim），1891年逝于柏林，是普鲁士军方最高统帅，1858年任参谋部参谋长，将参谋部由一个军事、技术办公室改造成为军方中央统帅部，该引文无法得到查证。——译者注

** 弗里德里希·冯·伯恩哈迪（Friedrich von Bernhardi），1849年生于圣彼得堡，1930年逝于库勒斯道夫（Kunersdorf）；普鲁士将军，通过他的著述对德国参加第一次世界大战的准备发挥了重大影响。——译者注

体的个体，不可能无条件地建立与其他个体的联系，为了使其他个体有益于己，但又不致主宰自己，这个个体必须保留在紧急情况下自行反抗这一共同体的权利。因而，个人主义宣布个人有“权”进行反对国家的革命；有机组织国家说则主张身处国家共同体中的国家有进行战争的权利。人们倾向于将人划分为憎恶战争、美化革命的一类，以及谴责革命、颂扬战争的另一类。

超个人主义的、有机组织的国家观念，寻求在战争中庆祝胜利。平时只有很少人意识到国家，只有在战时国家对于民众才变为活生生的现实。在那些标志，那些由战争所产生的，每一次战争都会赋予其新的含义的徽章和旗帜上，体现着有形国家的存在。旗帜，平时不过是悬挂在旗杆上的一块方布，现在却成为人们为之
牺牲的生动标志。在和平时期超个人主义的、抽象的国家，如同其 194
他抽象的东西一样，在诗歌中是不存在的。在战争时期，这些诗歌却向那些为民族而战的人们提供了温柔而热烈的名字和画面，正是这些画面，如同暗夜里在火柱上给以色列人指引道路的以色列民族之神，指引那些斗士高歌猛进，前仆后继。超个人主义保守的信念因此认为“长胜的战争即社会崇高的目标”。*

然而，个人主义也会从另一面崇尚战争。就如同超个人主义观念追求用战争完善国家人格，按照个人主义观念，只有战争才能使个人的人格完善：如果没有战争，阿喀琉斯**只能在吕克曼特(Lykomede)的女儿们中间消磨光阴。没有人比席勒(Friedrich

* 此处作者用了《圣经·出埃及记》中耶和华召唤摩西引领以色列人出埃及的故事。——译者注

** 阿喀琉斯(Achilles)，荷马史诗中的希腊英雄。——译者注

Schiller)借助民歌的曲调,更有力地表达出这种声音:

男儿的天职正可见于疆场,
在那里,他的灵魂经受衡量。
在那里,没有人给他支援,
他全凭自己屹立于天地之间!*

在雄壮的合唱旋律中:

和平令人颓唐,
安逸将勇气埋葬。
法律是弱者之友,
它只想把一切变得平淡同样,
使世界呈现生平的浮光。
但战争则表明力量,
它把一切变得不同寻常,
就是懦夫也被赋予勇气胆量。**

* 弗里德里希·席勒:《华伦斯坦的阵营》,第 11 幕(Auftritt),载《席勒文集》,尤利乌斯·彼德森(Julius Petersen)和赫尔曼·施奈德(Hermann Schneider)出版,第 8 卷,1949 年版,第 52 页。另见弗里德里希·席勒:《文艺年鉴》(1798),"骑士之歌",载同书第一卷(诗歌卷),1943 年版,第 377 页。在这里"Wert"这个词在第一行写作"th"。——译者注

** 弗里德里希·席勒:《墨西拿的新娘》,同上引书第 10 卷,1980 年版,第 51 页。——译者注

但这首诗极易用以反对国际和平，甚至用以反对法律安宁，故我们有必要最后再回顾一下整体的法律秩序。

我们可将科学与法律秩序、自然法和规则视为一种伟大的尝试，其目的在于消除世上的不可知和意外。但是假设它们成功地使生命中的一切都可清楚预见——生存还有什么价值？意外、不 195
可预见、不可期待、惊喜、失望，还有那节奏缓慢的甜美折磨和快节奏所带来的诱人的危险，不正汇集成迷人的音乐，使得我们去热爱生活："或然先生——这是世上最古老的贵族"*（尼采）。如果我们不再期待"奇迹"，生命将会是怎样？那些未沉湎于琐事的人，宁可选择毫无把握的幸运，也不要有把握的"幸运"。屋顶之雀好过手中鸽子！尽管如今法律秩序还远远未成为不可预知的主宰，可愈来愈多的人们却忍受着战争之前市民生活那平淡无奇的循环往复情形下的更为精致的生活。究竟还有多少人，在他们诞生之时，或者至迟在他们选择职业的时候，人们还不能草拟他们的悼词？将自己置于危险边缘的冒险冲动，浮士德式的突进，即从我向世界从我去扩张的突进，对实在（Dasein）生活杂乱无章的喜好，这一切使人们从内心深处倾向对抗法律秩序和规则，并且有意无意地将人们驱向1914年前的战争浪漫主义和1918年后的秘密同盟浪漫主义。

这种观点也体现了伦理的要求。法律愈成功地在人与人之间架起保护的藩篱，人们就愈不易通过互相间的争斗来考验自己。

* 弗里德里希·尼采（Friedrich Nietzsche）：《查拉斯图拉如是说》，第3部分，"在太阳升起之前"，载《尼采全集》，Richard oehler/Max Oebler/Fr. Ch. Würzbach 出版，第13卷，1925年版，第214页。——译者注

大批的人未能将自己的生命用于履行自己的义务，未能将自身的伦理价值证明给自己和他人，就已离开了人世。自从法权将美德的伦理价值取走之后，美德就变得无足轻重了。如果我们过去认为，法律的宗旨在于产生义务感，那么现在将这种义务感的实现和考验限于越来越小的范围，则是法律必须达到的效果。义务意识只是在法律与和平的保护之下才会产生，但无政府主义和战争作为“义务履行的辅助物”（费希特）和“道德的砺石”（康德），似乎有其长处。

无疑，法律一方面限制了人们赖以考验自己道德的任务范围，
196 实现道德观念的粗鲁形式以及用利剑肉搏的勇敢，其适用范围将逐渐消灭。但另一方面，在法律与和平的保护下，会在道德方面产生新的任务领域：通过它们的需要，规范更复杂多样化的人们之间的细腻关系。俾斯麦曾说过：“战场上的英勇是我们的共同财富，然而我们会常常发现，许多值得尊敬的人恰恰缺乏公民勇气”（Zivilcourage）*。对于随着不断增加的法律和平秩序的重新建立，“人性会沉沦于物质主义”（莫尔特克），地球将会成为“一个自私自利的神庙”（特赖奇克），我们大可不必恐惧。事实上，古老的真空恐惧（horror vacui）法则也适用于担忧和义务，即因为一个离去而空出的位置，立即就会被另一个占据，确实要担心的是精美与痛苦的文化冲突，这种冲突使我们渴望重归那没有文化的实实在

* 俾斯麦（1864）采用的一个很特殊的表达 Zivilcourage，按照俾斯麦的理解，它是指敢于面对专制制度，不计后果公开表达自己观点的勇气。这个概念最早出现在法国（1835 年），即 courage civique，意味着作为公民具有自己判断和公开表达的勇气。——译者注

在的冲突之中:要用利剑才能斩开那人们解不开的戈尔迪乌姆之结。[*] 尼采说:“战争曾是所有潜伏得太深的幽灵的最大智慧。”[**]但诸如政治生活这样理性的合目的性问题,根本无须通过细致的心理感觉和历史疑虑来分析,只有头脑细密的人才会这样分析,相反,只需要简单而又充满自信的正常理解力,形象地说,只需要用普通商人的秤而非黄金秤来衡量,用较少的“文化”但却较多的“文明”作出考虑。

战争浪漫和战争伦理妨碍了许多人对战争保持清醒的头脑,尤其是那些具有糊涂观念的青年人,他们认为:战争必须爆发![1]然而正是由于战争浪漫和战争伦理把人们一步步带向灾难,就如同面临深渊的晕眩和恐惧,并驱入深渊一样,又使得人们产生了相反的意愿:绝对不允许战争再次发生!战争浪漫和战争伦理只属于过去的战争,不属于今天的战争。自从战争意味着残杀、饿死,
不仅男人,还有妇孺的死亡;自从战争等同于剥削、舞弊、少年无人 197
管教及各种各样的罪恶和犯罪以来,战争早已丧失了它的声誉。人们只能对视战争为“长生之源”和“含铁温泉”这类天真的和平观念感到羞愧。战争循着自身的逻辑而走向最后结果之时,已使其在道德上全无立足之处。1879 年,雨果(Victor Hugo)为纪念伏尔泰(Voltaire)而在一个不久前被征服的人民中间发表了一篇讲

[*] 戈尔迪乌姆结(Gordische Knote),比喻只有用激烈行动否则极难解决的问题,源出希腊神话。相传亚历山大以佩剑斩断结,最终使自己成为亚细亚王。——译者注

[**] 弗里德里希·尼采(Friedrich Nietzsche):《偶像的黄昏》,前言,1889 年版。——译者注

[1] 有关青年对战争经历的争论,参见维特科普(Philipp Witkop)1929 年出版的精彩文集《阵亡学生战场遗书》。

演，这也许是人类讲演艺术最有力的发挥，他在这篇讲演中呼吁：
“鄙视战争！”（Déshonorons la guerre！）让我们也发誓，恳求、呼吁
198 全世界：永远告别战争！

第十二章 法学

正确的法律理念，
是否已为人所知，
这实在大可质疑：
以我全部的意念看，
似乎事实一直不然。
这就是说：
两可之事，
难以为科学之事。*

这是30年战争时期前后的弗里德里希·冯·洛高**[参见《纪念莱辛》(Lessingschen Angedenkens)]写的诗句，他本人也是

* 这首诗原载《弗里德里希·冯·洛高讽刺诗全集》，古斯塔夫·埃特纳(Gustav Eitner)出版，原书名是《所罗门·冯·戈拉夫德语讽刺诗》(Salomons von Golaw Deutscher Sinngedichte，弗里德里希·冯·洛高即所罗门·冯·戈拉夫)，1872年版，第386页。——译者注

** 弗里德里希·冯·洛高男爵(Friedrich von Logau，1604—1655)，巴洛克时期最重要的讽刺诗人；通过他的讽刺诗激烈抨击当时道德和信仰的败坏以及社会的不公正。莱辛通过共同出版他的作品来纪念他。——译者注

个法学家。200 年后，即 1847 年，基尔希曼(J. H. Kirchmann)*，这位柏林的检察官，一个勤谨的法律工作者，具有哲学头脑并在后来的批评指责中经受了考验的先驱者，发表了他那后来闻名于世的报告：《论作为科学的法学的无价值性》。由于洛高世界观的出发点具有主观性，故他轻蔑地否定了自然的、理性的、正确的及应然的法律理论的科学性；同样，由于法律目的的任意性和多变性，基希曼也否定了应然法律的科学性，否定了或然的制定法的科学性："立法者三句修改的话，全部藏书就会变成废纸。"** 即使在今天，虽然对此别有定论，但对法律科学性的这种怀疑，究竟还没有沉寂，对法学方法的研究也愈来愈多。就像因自我观察而受折磨的人多数是病人一样，有理由去为本身的方法论费心忙碌的科学，也常常成为病态的科学，健康的人和健康的科学并不如此操心去知晓自身。

面对法律，法学家的任务有三：解释、构造、体系。不过我们在此只区别为解释或阐释两种。一方面是哲学的阐释，它要求从一种思想产物中揭示创作者放置其中的思想，这是一种思考的反思。
199 面对法律的法学家不可以采用这种方法。因为法律的创造者并非某一个别人，相反，它是许多人共同致力的产物，是起草法律草案的部委官员、政府代表人和议会议员，他们对有关法案予以讨论或

* 尤利乌斯·赫尔曼·冯·基尔希曼(Julius Hermann von Kirchmann)，1802 年生于梅泽堡，1884 年逝于柏林，法律人、检察官、哲学家、政治家。在议会的活动主要在经济和交通政策领域富有影响力；在哲学上主要不是通过自己的学术而是通过翻译和评论古典哲学家而具有意义。1868 年建立了哲学图书馆。所说的演讲标题是"论作为科学的法学的无价值性"(1847 年)，出版于 1848 年。——译者注

** 前注基希曼："论作为科学的法学的无价值性"，第 17 页。——译者注

仅默认或表决，共同致力于修改或只接受其不修改；不过，这些为数不少的人，可能对同一法律规定的意义有非常不同的理解，即使他们可以确实证明所有人都考虑到了同一点，也毕竟不对阐释的法学家们具有拘束力。因为对法学家来说，法律不是法律起草人、政府代表和议会议员的集合意志，而是国家的意志。这种国家意志与任何个人想要放入法律中的意志并无关系，它在任何情况下都根本不可能见诸法律之外，而只能在法律之中生存。因而法律的“材料”，立法者给予法律草案的动机，国会或其委员会谈判的记录，不是关键的阐释方式，而只是一种无拘束力的阐释尝试。不过，法律本身所体现的国家意志对它的创作者来说，充其量也是一种陌生的意志，就像对后来的阐释者一样。这些法律的创作者为了自己的信念，在法律中表达了一种确定的思路，但这种思路在法律解释上并不优先于后来的阐释者在其中所解读出的其他思路。只有法律本身的内容才是关键所在。

由此，这种法律阐释就与其他一些法律阐释合流了。这些其他的法律阐释也和这种法律阐释一样，与哲学的解释相对立，不是寻求一个历史事实，一个在这个精神产物之后任何人实际上都可能想到的观念，而是追究存在于这个精神产物本身中的，无论其是否为人所知地置于其中的意义。因为给予人类创造比其创造者本人所知还深刻的含义，正是人类创造的神秘力量所在；而且，如果我们将一种形成物，已通过不可知的自然过程变成了某种意义的承载体——一个钟乳石洞，它描绘了一个哥特式教堂或一对崖峰、 200
和尚和尼姑——称为自然游戏，那么我们就可以说，每一人类的作品同时也都是自然游戏的一部分。所以，人类的作为展现了他们的能力，这些能力远远超出了其有意识追求的目的(在目的转变的名义下，我们已面临着这个事实)。所以，每种思想都蕴含了超越其创造者意识的意义，而且创造者愈是艺术家，他的创作的意义事实上就愈深刻。因而，一件艺术作品并不是出自哲学解释，后者只是探究了前者对于创作者的意义，而艺术作品需要另一种阐释，这种阐释探究艺术作品对我们的意义。而每一种语言学上的意义都是一种始终固定的历史事实。如果这种艺术作品已失去了有生命力的艺术享受，并且完全已归于艺术史，那么，每一个新一代艺术的享受者就将创造新的和其他的超历史意义，然后则愈来愈僵化。只要荷马的太阳还在照耀，那么它就会给每一时代带来不同的色彩。这类解释的双重性，我们也可见之于神学和哲学之中，除了神学教条史和哲学史的哲学、文学处理方式，它以传记的方式探究大神学家和哲学家思考过的观念的历史联系。还有一种方式，它不顾及思想家实际的观念和关系，径直阐释其体系的意义，构建一个对于其创造者而言完全未曾实施的思想发展过程，换句话说，这已经是一个自己的思想过程了。在这种解释框架中，最后也还有一种法学的阐释。法学阐释要去努力探究的意志，是立法者的意志，即仅在法律中体现的国家意志。不是法律起草人的意志，不是一种曾想到过的观念，不是一种终结的历史事实，相反，它一直处在不断发展中，它回答着具有新意义的，改变了的时代关系所提出的法律需要和法律问题，而对于这种意义，法律起草人根本不会知道。一个法律思想被写入法律之中，并不意味着该法律思想的历史暂时终结，紧随而来的对该法律思想的不同解释也并不就是一
201 部误解的历史，相反，在一个接一个而来的各种解释的平均多数

中，来源于思想家全部预见中的那些思想成果都得到了扩张发扬。正是凭借这种丰富的思想成果，思想家思想的发展和变化与其所处的时代才实现了一致和共鸣。

但是这类成果也有它的局限；人们不只将法典视为那种令人瞩目的、深思熟虑的人类创造的成果，而且还想附带地赋予它以神的启示的完美性，就如同《圣经》在神学里面所具有的完美性一样。尽管明知法律制定者的局限性，但人们却还是希望他们有力量对所有可以想象的问题作出解答。但是，当法律解释和“立法者意志”未能表达时，即有法律的构造和“法律的目的”作为补充出现。传统的法学方法对我们来说就是，对于在法律本身中没有回答的法律问题，则就按照最能符合法律目的的思路回答。为此，构造可起到准备工作的作用。在数学、历史乃至法学当中，我们把那种将先前被人为分解开的各个部分予以整体上的再创造称为构造。其目的在于，使我们意识到各个部分互相之间的必然联系，它们相互之间和总体共同的依赖性。在法律解释将确定法律制度的个别规则逐字地清楚阐明之后，构造应将其作为一种统一原则的必然结果加以概括和发展。

法律构造，即“概念法学”早已被耶林，[①]现在又被自由法学派的个别追随者当作猛烈攻击的对象；但是这种攻击实际上根本不是针对法律的构造，而只是针对一种错误的法律构造方式，它以为从一种法律制度的“概念”、“实质”可以引出其法律规则，就像把法

① 耶林(Rudolf v.Jhering)：《法学中的戏谑与严肃》，1901 年第 10 版；参见他在《罗马法不同发展阶段的精神》(此处原文略为“Geist”，实指耶林的巨著《罗马法不同发展阶段的精神》，现多简译为《罗马法的精神》)第 2 卷中有关法学方法的天才论述。

人称作为有机体和大写的人，从而引申出法人具有和自然人一样的侵权责任能力和刑事责任能力一样。这种对于一个法律制度实质的阐发，充其量只是对其目的的形象描绘；我们先前正是如此揭示了作为所谓超个人主义确定目的纯粹形象的法人有机观念。不
202 是法律制度的实质，而是法律制度的目的才是唯一的原则。法律的具体规则可以溯源于这种原则，而只有对那种本体论的，不是目的论的构造才能合理地与之斗争。为具体法律制度进行的目的论构造，进一步发展了整个法律秩序的体系(对此不应该与教科书中只有教学意义的体系安排相混淆)。如今的情况是，通过构造而获得的具体法律制度的目的，被作为达到更高目的以及所有法律的最高目的的手段来把握和表达。这个法律系统学不可达到的理想，正是出于统一的目的原则而对整体法律秩序进行无可争议的体系构造。

不过，这种法权内容的目的论构造和系统化因基于法律形式进行的构造和系统化而难以贯彻：公法和私法、物法和人法。这些法律制度的基本划分恰恰不是出于法律的目的，而是出自法律的形式。所以，人们可进一步以双重方式将程序加以构造和系统化：一是出于目的原则的方式，如同在程序法的章节中所说的那样；二是出于法律形式的方式，实际上是一种在交错的法律状况中发展的法律关系。法律目的论和法律形式的构造与系统学不是偶然处于相互冲突的状态：我们在行政法中了解到了法学方法对国家学方法的胜利，而且，假如经济法和劳动法从私法中分裂出来，那么相反地，相对于以法律形式统一性为特点的法律领域，新的因目的统一而非形式统一划分的法律领域就会要求一种体系上的特殊

存在。

但是，并非只是由于形式和目的论系统学的矛盾才有法律系统学的问题；目的论系统学自身就已包含着严重问题。它毫无指望地把现行法律的所有规定理解为旨在达到一个最终的统一目的 203
的手段。因为一方面，立法也能为其目的突然想到不适当的手段，另一方面，立法也不会永远都追求同一个最终目的：根据立法权柄是在保守的、自由的或民主的团体手中的具体情况，个人主义或超个人主义的目的也分别成为它们的标准；那些统率多种多样、各不相同的法律材料的目的中，只有一个是相同的，那就是它们都在追寻唯一正确的法的幻象。因而它不可能从现行法律的规定踱回到同一法律的统一目的，而后又从这种统一目的回到用现行法律判决原来未能解决的法律问题。相反，法官所要面对的是针对实际而设置的法律问题，而法学家所要面对的是针对可能而预设的法律问题，但所有这些都不外是法官或法学家根据其对法律目的的理解而去作出裁判。这样一来，注定不会有完整的法律制度出现了，它自下而上、徒劳无功地从现行法的具体规定中寻求统一目的；而另外一种法律体系则自上而下，即从一个统一的，但却是按照法律制定者的裁量而设定的目的出发，它同样也必然不可能是完整的。这种自上而下的法律体制之所以也不可能完善，是因为尽管立法者的意志可能有漏洞，或者立法者将目的追求和目的产生本身等同起来，但其逻辑仍然能够贯彻，可是与此相反，这个逻辑又必然要与产生于另外一种目的追求的实在法规则相安无事，即使这些规则没有可能作为结论纳入该法律体系。只有两种缺乏彼此推动的、残缺不全的法律制度，而不是一个统一的法律制度，才能是法律科学的成果。对于法律科学来说，它不得不把规范科学的目的和方法与一种经验主义科学的对象和出发点相联系，它不得不实现一个手段和目的的制度，但却不是像伦理道德那样，可以从一种既定的目的出发，并为了实现这个目的以科学上的自由去探究其必要的手段，而是受制于现行法律的偶然事实，这实在是
204 一种不可改变的厄运。

因此，我们处于法学的双重任务中：一方面是解释，另一方面是构造和体系，它暴露了经验理论和实践目的的任务之间完全不可调和的纠缠混乱，它只是使这种科学具有了与福音新教神学结构相比拟的特点；这种混合同时以一种更倾向于历史经验主义的和一种更倾向于哲学目的论的双重可能性为运行基础，确定了法学史从不断地一个极端走向另一个极端的钟摆式运动；因而最终也决定了法学对具体的人的吸引力，并且成为这样一个问题的问题——它或许就是一个手中有这本书的年轻读者要提出的问题：我应该学习法律吗？

仅有为数不多的父母有能力且愿意，让他们在大学受教育的子女用一个或两个学期去大概了解一下更多科学领域，其目的不过是以此检验他们的兴趣从而选择他们未来的生涯。一般情况下，在年轻人跨过学术生涯门槛之前，必须作出这种决定。因而，学校的任务之一就是要有意识地设法使学生获得职业选择的基础。但是对即将选择法学的法科学生来说，他将来的工作领域会教他学会什么，这根本不清楚；而对即将选择其他专业，如哲学、历史、神学、医学、化学及此外所有专业的学生来说，即使在现在的中学里就已对其未来的职业有所了解。法学学生如同包西亚的追求

者一样（Freier von Porzia），选择了一个封闭匣子中的未知内容。普遍的情况表明，法律工作是否完全像其他职业一样，也要求一种特别的兴趣和天分，这点似乎不那么完全清楚。但它有一点比其他职业有过之而无不及：法律思维的民族异化特征则是一个公认的事实，虽然也广受谴责；一个在所有学科领域都具有本土特点的人物，即威廉·冯特（Wilhelm Wundt），曾把法学称之为"所有科学中最复杂的科学"*。因而，出于本来兴趣而选择了其职业的法
律工作者，如今少之又少。我将尝试略用笔墨来说明将来法律人 205
的类型，我认为在战前可以将其划分为三种类型。

第一种类型是人所共知却又颇为令人惋惜的，以至于人们不必而且也不想对这种类型做过多的探讨。只要不是面临着开始学期，法科学生就可以毫不担心地沉溺于葡萄酒、女人和歌唱中，然后又可以在无痛苦的填鸭式大量复习中加以补救。对于这种类型的法科学生而言，他们在法律职业中无动于衷的精神至多也就是放到与法律职业相连的社会地位上：向优士丁尼致敬（dat Justinianus honores）。今天，我们每个人都知道，这种体现在等级偏见中的不公正典型曾给我们的民族造成了损害。然而，这个时代终究成为过去。

第二种类型包括缺乏明显思想个性、过分理智的年轻人。他们具有善于理解的天分，而且没有特别明显的好恶，这种好恶本会

* 冯特（Wilhelm Wundt，1832—1920），德国生理学家、心理学家、实验心理学的奠基人。晚年完成了他用 20 年精力撰写的 10 卷巨著《民族心理学》。他此处所说的话最早应出于海因里希·海涅（Heinrich Heine）的《回忆录》，载《海涅全集》，奥斯卡·瓦尔策尔（Oskar Walzel）出版，第 10 卷，1915 年版，第 305 页。——译者注

使他们忽略一个学科对于其他学科的优点，他们给学校里所有专业的学生都树立了学有所成的榜样。如果父母的愿望及他们自己对另一些学科欠缺兴趣从而把他们引向法学，那么他们就有能力以其冷静的头脑，凭其实际兴趣但却不会朝秦暮楚的严谨态度，从而使他们能够取得良好的成绩，至少像现今的大多数情况那样，完成形式主义的、非创造性的法律工作者的任务。因而，如今有相当一些勤谨尽职的法律工作者都出自于这个行列中，无论其为理论家还是实践者。

属于第三种类型的人是具有强烈和高雅兴趣的人，诸如对哲学、艺术，或者社会和人文科学的爱好。他们或者由于外在的原因，如缺乏经济手段而不能当作家或学者这种总是不太明朗的生涯，或者由于内在原因，如在强烈感受中缺乏艺术创造力，因而不能将自己的职业建立在他们的主要兴趣基础之上，于是便将法学作为一个逃避之所，因为他们觉得法学是一门可能对其智能要求最少且能舒服地应对的科学，这样他们就可以保留充足的时间和精力以培养其真正的爱好。这些人当中的有些人沉沦于大学生波西米亚同学会（Studenten-Boheme），* 把它作为主要的生活场所。然而有一些人还是发现了他们天生的职业出路或在记者职业里面
206 找到了一种替代职业。不少人也是听天由命，可此后恰巧又偶然地通过其他职业活动而丰富了法律职业活动，使得本来看上去与法律无关的爱好带来了有价值和特点的科学成就。但是他们所有人都可能必定会面临先前已因其职业而遭受到灵魂的困窘，就像

* 指生活自由散漫甚至放荡的大学生群体。——译者注

除他们之外的确只有那类年轻的神学者感受到的一样，因为他们脆弱的理智良心和对科学的充分敬重阻止了他们像最初所想的那样如此轻易地接受法律职业，以至于勉强自己每天都热切地去拥抱他们内心必定是颇为痛恨的思想。文学史为我们保留了许多这样的证据。每个人都知道墨菲斯托斯(Mephistos)* 与学生的对话，在这里，歌德(Goethe)发泄了他对法学的恼怒：

> 我真不想为法学那广博高深去勉强自己。
> "我不会因此而迁怒于你们。"**

席勒也用了两年的时间在卡尔斯学校(Karlsschule)学习法律，克里斯托芬·席勒(Christophine Schiller)对此描述道："但他对法学连一点兴趣也没有，这种牺牲对他来说实在很大，可以说，从这时起，他的病况就已见端倪"。*** 席勒自身的灵魂痛苦地体会到了生计科学的灾难，对此，他在专门涉及法学的学术就职讲演中曾完全道出。瓦肯罗德(Wackenroder)**** 因父亲的愿望而被迫

* 《浮士德》中将收买浮士德灵魂的魔鬼。——译者注

** 约翰·沃尔夫冈·歌德：《浮士德》，"书斋"，载《歌德作品集》，埃里希·特伦茨(Erich Trunz)出版，第 3 卷，1976 年第 10 版，第 64 页。——译者注

*** 类似的引语可见于：《席勒的人格、时人对他的评价以及文档》，马克斯·黑克尔(Max Hecker)编纂，第 1 部分，1904 年，第 34 页。席勒的姊妹克里斯托夫·赖因瓦尔德(Christoph Reinwald)讲道："经过很长时间的斗争，他最终选择了法律，尽管他对法律一点兴趣都没有。"——译者注

**** 瓦肯罗德(Wackenroder，1773—1798)，德国作家。《威廉·海因里希·瓦肯罗德致路德维希·蒂克的信》，载《威廉·海因里希·瓦肯罗德的作品和信件》，1967 年版，第 387 页。——译者注

学习法律，他在给蒂克(Tieck)的信中不无感人地抱怨说:“在心烦意乱之时，还需冷静的理智”，“我永不想成为法官，也不想做一个伟大的法学家”。诺瓦利斯曾这样说道:“我是一个与法律完全无缘的人，对法律既无感受力又无需要。”不过霍夫曼(E.T. A. Hoffmann)*却能够做到同时是空想家、放荡不羁的艺术家，又是普鲁士最高法院顾问，并且依据他的同事希茨西(Hitzig)的说法他还是一个细致敏锐的法官，不仅如此，就像他在充斥蛊惑的时代中处变不惊的正派所表明的一样，他也是一个能够始终保持其职务尊严的法官。这种柏林——魔术式的双重存在对他本身来说就曾是一个问题，一个在其诗中一再出现的浪漫主义讽刺诗的主题——从林都斯特的秘密档案(Geheimen Archivarius Lindorst)，而这个人原本就是一个有魔力的怪人，到宰相助理施努斯
207 贝尔波德(Schnüspelpold)，他同时也是一个犹太秘教的男巫师，都是如此。乌兰德(Uhland)在一首诗的开始写道:

> 当我致力于法律学习之时
> 每每感到内心的窒息……**

海因里希·海涅(Heinrich Heine)虽然与“法学理智成婚”

* 恩斯特·特奥多尔·威廉·霍夫曼(Ernst Theodor Wilhelm Hoffmann)，1776年生于普鲁士柯尼斯堡，1822年逝于柏林，因崇拜莫扎特(Mozart E. Th. Amadeus)而改名为恩斯特·特奥多尔·阿马多伊斯·霍夫曼。——译者注

** 路德维希·乌兰德(Ludwig Uhland，1787—1862)，德国作家。其著作《新缪斯》，载《乌兰德作品集》，第1卷，阿达尔贝特·西尔伯曼(Adalbert Silbermann)出版，1908年版，第67页。——译者注

(Vernunftheirat mit Jurisprudenz),但对这种"最狭隘小气的科学",对那本"最令人恶心,称作魔鬼的圣经的书——罗马人的《民法大全》",对萨维尼,也愈来愈表现出恼怒和嘲讽:

学说汇纂那优雅整洁,
楚楚媚人的抒情诗人。*

而谁又不知道舍费尔(Scheffel)滑稽的感叹呢:

罗马法啊,你就像是,
置于我心头的梦魇,
沉在胸中的磨盘,
钉上了板子的头脑。**

奥托·哈特雷本(Otto Erich Hartleben)*** 在他那风趣的薄伽丘文体中,对当时那些违心参加法律考试的候选人和法律实

* 海因里希·海涅:《回忆录》,载《海涅全集》,第 10 卷,奥斯卡·瓦尔策尔(Oskar Walzel)出版,1915 年,第 305 页;《供认》(Geständnisse),写于 1854 年冬季,载上引书第 10 卷,1915 年版,第 192 页;海因里希·海涅,时代诗第 18 首,"Die Menge tut es",上引书第 3 卷,1913 年版,第 382 页。——译者注

** 约瑟夫·维克托·冯·舍费尔(Joseph Victor von Scheffel,1826—1886),德国诗人、小说家。著有《泽金恩的打鼓人》(*Der Trompeter von Säckingen*),前面附有阿图尔·库切尔(Artur Kutacher)博士的导论,1924 年版,第 22 页。——译者注

*** 哈特雷本(1864—1905),德国诗人、剧作家和短篇小说家。以写自然主义著作为主。曾学习过法律,担任过实习法官。最后成为自由作家,过着豪放不羁的生活。——译者注

习生做了文学上的典型描绘。但是没有任何人像弗里德里希·黑贝尔(Friedrich Hebbel)那样更为痛苦地看待法学:“凄惨的法学,自我从理论的而非实践的一面对它有所认识以后,它就使我作呕……”[*]“假使某人获得了超越上帝的某些经验,那么法学所要求的那种奴隶般的埋头苦读也许就会将他杀死。”伟大的画家奥诺雷·杜米埃(Honoré Daumier)[**]由一个执行司法的实习生成了对司法最有名的嘲讽者。只有古斯塔夫·福楼拜(Gustave Flaubert)[***]在他回首以往时作出了较温和的评判:“假使我的大脑更为发达聪颖,那我也许不会因法律学习的枯燥烦闷而加以诟病,我可能从中获益而不是痛楚。”这不过是略举几例而已,①没有什么其他科学居然被其年轻的学子们在其纪念册上写下了如此多的咒语!②

对此问题,即为什么具有艺术倾向对科学感兴趣的学人们对
208 法学会有如此这般的深深厌恶,首先提出法律工作者特征学问题

* 弗里德里希·黑贝尔(Friedrich Hebbel,1813—1863),德国诗人、戏剧家。原籍丹麦,出身低微,有文史哲功底,故能在其作品中运用历史、哲学的概念设置和描写人物内心和人物之间的冲突。“致朔佩博士夫人的信”,载《黑贝尔全集》,由理查德·玛丽亚·维尔纳(Richard Maria Werner)提供,第3部分,《书信集》,第1卷,1904年版,第210页。——译者注

** 杜米埃(Honoré Daumier,1808—1879),法国画家。——译者注

*** 福楼拜(Gustave Flaubert,1821—1880),法国19世纪现实主义文学大师。代表作有《包法利夫人》等。——译者注

① 参见列夫·托尔斯泰(Leo Tolstoi)论及法律的最后文字:《与一个法律人的书信往来》(1909年)。

② 乔治·米勒(Georg Müller)所提供的与之相反的各种丰富资料:《我们诗歌中的法律和国家》(1924年)。

的人，狄奥多·施特恩贝格（Theodor Sternberg）作出了回答。[①]这是因为，从事科学和理论的人在比较法律法则（Rechtsgesetz）的专断性和自然法则（Naturgesetz）的必然性时，感觉到在他们致力于偶然性的实在法过程中有些贬低了自身。那么，什么是我们的作品的价值呢？他引用基希曼的话说，如果立法者大笔一勾，它们就会成为垃圾！进行艺术实践的人将法律工作者的法律束缚性与艺术家或政治家的创造自由性比较，从而感到自身在形式压迫下的被奴役，他不能接受在他与他的正义理想之间塞进一片纸，故用路德维希·克纳普（Ludwig Knapp）尖酸的话说："法律的表壳就是法学的核心。"[*]法学所包含着的必然性和束缚性，对搞理论的人来说太少了些，但对从事实践的人来说则包含得太多，不过两者同样都要因此承受那种法律人因人类规则而不能将自己的活动与必然性和绝对性联系在一起的痛苦。

事实上，自由法运动已教会了我们，法律工作者可以而且应该努力通过法律的各种缺陷直接地与公正打交道，我们没有忽略对从实在法特别奴役下将法律王作者解放表示敬意，高兴地向新的社会法律工作者致意。不过，我们同样可以不必对此忌讳，即自由法运动至今还仅仅是突出强调法律职业被忽视的一个方面，而对此被忽视的方面自由法运动本身尚不能给出实质性的解释。实现正义是法律工作者的使命，但这只是在法律明确或默示地给他以

① 参见狄奥多·施特恩贝格的《基尔希曼及其对法学的批判》（1908年）以及其引用的著述。

* 路德维希·克纳普（Ludwig Knapp）：《法哲学体系》，1857年版，第239页。——译者注

指示时才如此。他可以只遵从正义，因为法律授权他这样做；但是反过来说，他也有服从法律的义务，即使可能法律与正义相背。正义虽然是法律的目的，但是一旦它将其生命寄托于法律，那它就不复生存，而取代其生命的法律却继续生存，并且很可能与其制造者不那么相似。目的是法律产生的依据，而不是法律存在的依据，法
209 律更像是瓦格纳的荷蒙克鲁斯（Wagners Homunculus），[*]一出生就已成年，走它自己的路，而且自身就是目的。很遗憾，我们在法律领域中所要求的，其实是我们抱怨的，在所有其他生活领域中作为一种特定劳动分工的副产品：达到目的之手段的独立性。形式应该服务于内容——如今内容则必须屈从于形式，自由法运动实际上就是教会我们尽可能多地让形式为内容服务——不过却不破坏形式本身的意义。法律工作者是正义形式的仆役，而不是正义内容的仆役。我们思考的对正义的热爱，不是体现在明智的法官身上，而是体现在对抗法律工作者及其法律而又自以为是的罪犯身上，比如米夏埃尔·科尔哈斯（Michael Kohlhaas）或卡尔·莫尔（Karl Moor）身上。[**] 在法学中，具有家长式正义意味的天才个性没有任何空间。由于正义和个性是不可分离的，所以尽力取消所有个性的东西却又正是法学的实质。萨维尼给予罗马法学家的最高赞扬是：人们在他们的文献中，“发现的个别性较之于任何其他一种文献中都少”，他们或曾是“可替代人”（fungible Per-

* 瓦格纳的荷蒙库鲁斯（Wagners Homunculus）是歌德《浮士德》中瓦格纳医生所造之人。与音乐家瓦格纳无关。——译者注

** 此处两个人名均为文学作品人物，前者是克莱斯特小说的著名主人公，耶林在《为权利而斗争》中即有所提及，后者则是席勒《强盗》中的主人公。——译者注

sonen），而我们的法院组织法则有意地在司法判例中只让这种“可替代人”，即“平常人”（普通人，Durchschnittsmenschen）去讲话。合议庭的设置恰恰也是以其判决的非个性为基础。这种非个性一方面是就其产生而言：当独任法官依其权威能够在判决中打上自己的烙印之时，在合议庭的不记名多数中，法官隐于法庭之后，他们的判决与共同履行职责的官员的偶然个性无关，只因其职务原因而享有尊严。这种非个性另一方面是就其内容而言：合议庭的多数经常被指责，被认为在多数中所表现的不是数字，而只是参与的心理能量的平均，然而恰恰是这种珍贵的中庸窒息了个人特点，这被人们视为是合议庭的优点。

因此，法律工作者对于法律的这种直觉关系不能通过绕道正义取得，因为虽然正义与法律的内容大多一致，但法律却也常常欠缺正义。这种直觉关系根本不能以变幻莫测的内容为基础，而只 210
247
能以法律秩序的效力为基础。从每一种效力、每一种应然产生出一种颇有魅力的激情，从这种激情中人们感觉到了人类精神的勇敢无畏，而这种精神承担了这样一种不可能，即自己去建立一个自身的、完全脱离事实因果关系的飘摇不定的帝国，而且它越是在人类的需要方面毫无情感，也就越是如此。不过，即使这种激情，这种产生于无视人性所有要求的法律无情的激情，甚至本就产生于正义的激情，这种残忍无情、绝对专制和无目的性的，“世界毁灭，正义尤行”（fiat justitia，pereat mundus）的冷酷无情，也不可能成为生活的要素。但我们早已知道，不公正的法律并非没有目的，法律在根本无视其正义的情况下也以其效力实现了一种目的，即法律安全的目的。如果有人要与法学修善结缘，就须凭感觉来理解这种目的。

法律安全有双重要求：法律规定适用于所有情况，但究竟只在其生效的情况下适用；法律安全是一方面，而面对法律的安全又是一方面；一方面是秩序，另一方面是自由。于是，能够和法学发生内在联系的就不仅仅是正义意识，而且还有自由意识和秩序意识。由此，可以明确地将法律工作者分成两类，从这种分类中，我们也许可以重新发现表现为两种类型的法律工作者的对立，它其实为本书奠定了基础，这就是：个人主义法律观和超个人主义法律观的对立。在德国，秩序意义上的法律工作者实际是具有代表性的类型。① 该类型具有一个相应的特征，我们真是万分感激这一特征（对此不需过多阐释），它每每倾向于文化威胁的夸大并且以这种夸大使得每个能够在外国观察的德国旅行者都注意到，这些人似乎只是为了发现这些国家欠缺“德意志纪律”而以其过分的优越感去明察暗访。给规范化和理性化倾向提供一种均衡，是出于自由思想的法律工作者的一种历史使命，从行政法院法官对警察行政命令权的干预这样一种表现，直到保护人针对淫荡观者来保护艺
211 术品，都是如此。这些法律工作者是对抗我们那具有天生警察国家倾向的法治国家的前哨。但是，法治国家对我们来说不是一个政治概念，而是一个文化概念。它意味着保持相对于秩序的自由，相对于理智的生活，相对于规律的偶然，相对于成规的丰富，总而言之，就是相对于仅具有目的性和只对此目的才有充分价值的东西所具有的目的与价值。

---

① 对这种安东尼奥·萨尔沃蒂（Antonio Salvotti）所称的秩序意味上的法律人，理查·胡赫（Ricarda Huch）做过堪称经典的素描，参见《意大利的民族复兴》1908 年版。

没有什么东西能比大法学家传记的课程更能使年轻的法律工作者对其学问以心相许——这是一种现今学院课程中太少开发的、塑造性格的职业伦理源泉的课程。① 因而此处的思索就想以安塞尔姆·费尔巴哈(Anselm Feuerbach)之语来作结束语，这是他在向一个陷于职业困境中的儿子所说的，而许多违心从事法律学习的法律工作者也可从中获得安慰："从少年时代起，我就从心底里不喜欢法学，而且直至今日也没有把它当作科学而被吸引。我的爱好最终还是历史，特别是哲学方面；我最初的大学时光完全只奉献给了这两个情人，除了她们我不想任何东西，我不能想象没有她们去生活。我那时已获得了哲学博士学位，以便作为一个哲学教师出现在人们面前。但是你看！我和你的母亲相识了。这使我去考虑一种专业，它可比哲学快一些带来职位和收入。这时我草率但又坚决地决定由心爱的哲学转向令人讨厌的法学，它并未使我多久不开心，因为我很快知道，我一定要赢得她的欢心；于是，我的孜孜不倦，我的由于纯粹义务而生的激奋勇气，使我在两年后
就已升到了讲座席位；我的强制、紧迫和生计科学通过著文立说而 212

① 参见斯琴·兰茨贝格(Stintzing Landsberg):《德意志法学史》，尤其是19世纪部分由恩斯特·兰茨贝格(Ernst Landsberg)撰写的第3部分，下卷2，1910年版；麦克唐纳和曼森(MacDonel and Manson):《世界上的大法学家》，伦敦，1913年版；弗兰茨·达尔(Franz Dahl):《法学家速写》，哥本哈根，1920年版；汉斯·普兰尼茨(Hans Planitz):《当代法学的自我描述》(两卷本)，1924、1925年版。此外还有爱立克·沃尔夫(Erik Wolf):《论历史上的法学大家》，载倭铿(Rudolf Christoph Eucken)[*]创办的杂志《实践世界——精神生活创新杂志》(*Die Tatwelt, Zeitschrift für Erneuerung des Geisterslebens*)，1926年7月到9月期。

[*] 倭铿(1846—1926)，又译：鲁道夫·克里斯托夫·奥伊肯，德国唯心主义哲学家，1908年获诺贝尔文学奖。——译者注

丰富，并由此获得了一个立足点。由此立足点开始，我突然成名并且极为幸运地出人头地，而且在同时代的人那里赢得了响亮的证明：我的人生已有所作为。”*

一个老的，在此又一次证明了的经验是，每一个职业所要求的爱好和能力，在那些之前没有发现这些爱好和能力的人身上，都是慢慢产生的，也就是说，理解力也因职务的缘故产生。最后，我们来考察一下法律理解力，即法律科学注定要给予其仆役的特征。

亥姆霍兹（Helmholtz）** 曾经说：“如同青少年要受到语法方面的训练一样，出于类似的理由人们也要以法律学习作为一个成年人的教育手段，即使不是出于实际职业目的的需要。”事实上，法学乐于给知识分子提供或许是科学思维技术方面的最好教育，每一个从法学向另一个学科过渡的人，都将感激地记起法学的培育。当经院哲学所精心造就的争辩艺术不再表现为科学教育的一个特别组成部分之后，逻辑技能的使用在任何领域的教习都不如在法学领域。形式逻辑毕竟主要来自于诡辩家们关于公开演讲，尤其是法庭演讲技术的课程中。法律工作者习惯于以一种程序的概念去思考每一种科学上争议的问题，将它清楚地分解成命题、争辩、反命题，再回到较为清楚些的少数几个争议点上。法律工作者由

* 保罗·约翰·安塞尔姆·冯·费尔巴哈（Paul J. Anselm von Feuerbach）：《安塞尔姆·冯·费尔巴哈骑士的传记遗产》，第 2 卷，由其子路德维希·费尔巴哈出版，1853 年第 2 版，第 137 页以下。——译者注

** 赫尔曼·冯·亥姆霍兹（Hermann von Helmholtz），1821 年生于波茨坦，1894 年逝于夏洛特堡，天才的自然科学家，对理论物理学、生理学和感知心理学有重大贡献。传世的主要著作有：“论自然科学和科学整体的关系”，为海德堡大学副校长学术就职演讲，1862 年，载《赫尔曼·冯·亥姆霍兹报告演讲集》，第 1 卷，1896 年第 4 版，第 174 页。——译者注

此成了天生的讨论主持人；法律工作者知道一切，这句格言事实上如此真实，以至于他比任何另外一个专业的代表人更有可能为讨论一个漫无边际的话题作出贡献，因为没有任何人像他一样在理解使用这些在所有科学领域同样适用的思维形式时如此技艺高超。但是，如果没有一个与实际兴趣相应的限度伴随，则每一种技术上的高超精湛都将是危险的。对于优雅地展开争辩的乐趣可以
颇为轻易地完全耗掉对于争辩结果的兴趣；所有东西都可能争辩， 213
这是唯一的信念；以智慧的形式去理解一切的能力，却与以真实的感觉去把握任何什么东西的无能力，即一种全面的怀疑相伴而行，这种全面怀疑从来不是作为一种缺点，而是作为长处在发生作用。完全一样的是，这种法学思维方法还可用于诱导与此完全不同的、草率地信以为真的错误。法官只知道确定的判断，有罪判决和无罪判决，而从不说有疑问的判断，从不说“案情不明”（non liquet），而法学家们则习惯于提出反命题、从而对判决形成压力，即使他们面对其他学科的代表时也不会放弃——精神病专家知道如何对此加以阐明——而且，如果涉及其他陌生的知识领域，如历史，他们则习惯于在有缺漏的知识基础之上建立完整无缺的体系。最后，以程序中当事人主张为模式发展而来的法学思维方式的反命题，隐藏着一种渐渐蔓延到非职业生活领域的唯理智论危险。对于这种唯理智论来说，感觉世界和感知世界的过渡不知不觉地分解为处处都不连贯的概念系列，并且只知道同一性和反命题，而不复知道那造化无穷的大量的细枝末节，即是与不是、半斤八两、大概之间，这些或此或彼地给仓促设定的反命题提供说明的范围，恰恰正是生动活泼和美好完善的真正思想空间。法律工作者有一天可能

会非常不幸地意识到，大千世界丰富的色彩变幻为贫乏的基本色调的七彩作出了贡献。

在此，历史似乎是在相反的意义上重复，它由那个旨在咒骂，但却又以祝福代替咒骂的人来予以描绘。* 但是，谁想对法律职业在其从业者那里所产生的其他颇有价值的特点视而不见呢？每个人大概都会领教过一次，年长的法官以其充分的理解来考虑一切人性特点，他既原则分明，又无言地予以宽容；既超越于争议观点不偏不倚，又在不可动摇的法律创制面前意识清醒。但每个人
214 都知道他的反面，即具有委曲求全自我意识的和蔼可亲的自我嘲讽者，他们缺少职业乐趣的固定支持，从而无以向上发展。有那么一些职业，它们从来就是错误的职业——某种程度上讲，法学并不属于这种职业，它只是特别经常地成为一种错误的职业。但错误的职业就是最大的罪孽，也是有悖圣灵的罪孽——有悖于其本身的，因此而失去了活力、残跛了和扭曲了的精神的罪孽。

每一个人的面前都竖立着，
一幅应是他未来的肖像；
只要他还未成为这肖像的化身，
那他就不能完全安详。**

---

* 此处作者又用了《圣经》里面的典故，即圣保罗皈依基督的故事。当初，圣保罗参与迫害基督徒，但后来却皈依基督并为基督徒祈祷。——译者注

** 弗里德里希·吕克特（Friedrich Rückert）：《诗选》，约翰内斯·普法伊费尔选编，1963年版，第55页。原引文在《弗里德里希·吕克特诗选》第7卷中文字上略有不同，参见1882年新版，第372页。——译者注

附录一　拉德布鲁赫生平年表

1878 年 11 月 21 日	生于德国北部城镇吕贝克
1892—1898 年	在凯特琳中学读书
1898 年	于慕尼黑开始学习法律
1898—1900 年	转至莱比锡大学学习法律
1900 年	复转至柏林大学学习法律
1901 年 5 月 20 日	在柏林高等法院完成第一次国家考试
1901—1902 年	于吕贝克实习，旋回到柏林参加李斯特的刑事法学讲座
1902 年 5 月 27 日	于李斯特门下攻读博士并取得博士学位
1903 年 6 月 12 日	在海德堡大学卡尔·冯·利利恩塔尔门下通过大学讲授资格论文
1905—1906 年	以私人讲师身份讲授民事、刑事诉讼法；随后又讲授刑法、刑法改革和刑事政策
1907 年	与丽娜·歌茨结婚(1908 年离异)
1908 年	当选为海德堡市委会的社会民主党委员
1910 年	任副教授，发表《法学导论》(生前至第 7/8 版，死后至第 13 版)
1910 年	任海德堡市委会委员

1913 年	在苏黎世参加倍倍尔的葬礼及纪念仪式
1914 年	应聘往柯尼斯堡大学任副教授
1915 年	作为志愿人员于战时红十字会登记与吕迪亚·申克结婚，同年生女蕾娜特
1915—1918 年	参加第一次世界大战
1918 年	生子安舍尔姆
1919 年	任基尔大学正教授，主讲刑法和法哲学；加入德国社会民主党
1920 年	当选为社会民主党的国会议员
1921 年 10 月 26 日—1922 年 11 月 22 日	出任维尔特内阁的司法部长
1923 年 8 月 13 日—1923 年 11 月 2 日	再度出任施特雷泽曼内阁的司法部长
1926 年	先于基尔大学重执教鞭，旋去海德堡大学执教
1933 年 5 月 9 日	因纳粹分子的排斥而离开讲坛
1945 年 9 月 7 日	重返讲坛，被委任为海德堡法学院院长，重建法学院
1948 年 7 月 13 日	结束教学生涯
1949 年 11 月 23 日	于海德堡去世

附录二　拉德布鲁赫的主要著述

《适当原因说》	1902 年
《行为概念在刑法制度中的意义》	1904 年,1967 年
《助产与刑法》	1907 年
《刑法改革的政策预测》	1910 年
《自由刑制度的预案》	1911 年
《监禁心理学》	1911 年
《刑法改革》	1919 年
《信念犯》	1924 年
《安舍尔姆·费尔巴哈,一个法律斗士》	1925 年
《法学导论》	1910 年,1929 年(第 7/8 版) 1952 年(第 13 版)
《法哲学大纲》	1914 年,1932 年
《法哲学》	1950 年,1970 年,1973 年
《论刑事责任的心理学》	1928 年
《刑法改革和刑事诉讼程序改革》	1928 年
《犯罪理论系统学》	1930 年

《刑罚中的教育思想》	1932 年
《刑法改革和国家社会主义》	1933 年
《一个法学家的生平——P.J.安舍尔姆》	1934 年,1957 年
《权威者和社会的刑法》	1933 年
《刑法中的法学》	1936 年
《刑事法学的优雅》	1938 年,1950 年
《安舍尔姆·费尔巴哈——比较法的先驱》	1938 年
《安舍尔姆·费尔巴哈和比较法学》	1940 年
《案例分析的刑法导论》(合著)	1946 年
《19 世纪的三位刑法学家》	1949 年
《犯罪学史》(合著)	1951 年
《普通德意志刑法典草案》	1952 年
《法律创制学》	1905 年
《论法律比较的方法》	1906 年
《论法学家的心理》	1913 年
《论法律感》	1914 年
《法哲学大纲》	1914 年,1922 年,1932 年,1950 年,1956 年,1963 年
《社会人民国家中的法律》	1919 年
《法律援助》	1921 年
《从个人主义到社会法权》	1930 年
《大陆法学家眼中的英美法学》	1936 年
《国际关系中的正义与公平》	1936 年

《五分钟法哲学》	1945 年
《英国的法律渊源和法律发现》	1946 年
《英国法精神》	1946 年，1947 年，1956 年，1958 年
《法律的不公正与超法律的公正》	1946 年
《法律与法权》	1947 年
《法哲学入门》	1948 年，1959 年
《法律思想形式的事物本质》	1948 年，1960 年，1964 年
《法律与道德》	1959 年
《法律中的人》	1946 年
《公正与慈悲》	1949 年
《论文化的概念》	1911 年
《威廉·麦斯特的社会政治使命》	1919 年
《人民高等学校和世界观》	1920 年
《社会主义的文化理论》	1921 年，1927 年，1949 年
《法律意识教育》	1930 年
《法律教研的改革》	1929/1930 年
《人物与思想》	1945 年
《义务的履行与精神》	1948 年
《战争哲学论》	1917 年
《阶级法权和法律观念》	1929 年
《中世纪至近代的德国农民阶层》	1941 年

（蕾娜特·拉德布鲁赫开始，拉德布鲁赫完成）

《人权的国际草案》 1947 年

《法学家——罪恶的基督徒》 1916 年

《法律的宗教哲学》 1919 年，1931 年

《宗教问题》 1920 年

《抒情诗的生活伴侣》 1946 年，1958 年

《心路历程——我的生命的自画像》 1951 年，1961 年

《书信集》 1968 年

附录三 有关拉德布鲁赫的研究文献

《法律思想家拉德布鲁赫》(E. Wolf) 1963年

《古斯塔夫纪念文集》(G. Löffler) 1968年

《古斯塔夫思想中的相对主义和自然法》(A. Baratta) 1959年

《爱是知识的伟大女儿——纪念拉德布鲁赫七十诞辰》(O. Jacobsen) 1948年

《法律中的人——纪念拉德布鲁赫八十诞辰》(A. Kaufmann) 1958年

《拉德市鲁赫全集》(A. Kaufmann) 1987年

《古斯塔夫·拉德布鲁赫——法律思想家,哲学家,社会民主主义者》(A. Kaufmann) 1987年

《作为司法部长的拉德布鲁赫(1921—1923)》(Hans Peter-Schneider usw.) 2004年

《古斯塔夫·拉德布鲁赫的民主思想》(Martin. D. Klein) 2007年

附录四 第9版编者序言

古斯塔夫·拉德布鲁赫在“二战”之后曾想对他的“导论”进行一次重新整理,然而由于其他工作的缘故,他没能正式着手此事。在他本人的手本上可见到“作为1945年重新整理笔记”的如下提示:“为了那些从战场上归校的各年级的大学生重新整理——或许特别要加进与纳粹统治时代有关的法律恢复与重构。至于在一段时间内处于完全流动状态的法律,相关的实在法部分也许必须删除,而只保持原则部分。思想方面虽另有强调,但并不作改动。”编者在此后很久方受吕迪亚·拉德布鲁赫夫人委托进行此项工作,故只能有限地奉守这一提示,而这种限制乃是1945年以来我们法律的进一步发展所强加的。过去曾一度适用的,首先便不再适合于“上前线的一代”,因为他们在当代大学生群体中几乎不复有代表性。此外,1945年期间“流动状态的法律”已如此固定,以至于似乎也有必要保留实在法部分,并使之反映最新的情况。

在此产生这样的问题,即这部在语言风格和写作艺术方面具有如此个人特色的著作,是否在1929年版的最近未修订的版本中得以再现,而且自那时以来于每一小节后附加的,有关1929年以来法律发展的观点是否阐明有新意,或者正在进行中的再次整理本身是否应该进行。编者以为,不论此项任务有何问题,也都不应该影响现今的再版修订工作。拉德布鲁赫最喜欢把那些处于职业选择阶段,即将成熟的法律工作者们“作为一部法律科学导论的读者”来考虑。这种特点要求具有严密的整体性,而对于作者的崇敬只能在此界限内实现。由此想法出发,编者尽可能努力地使这种重新整理确实就像古斯塔夫·拉德布鲁赫本人所为一样,反映实在法的现实状况,从而使我们仍能由此得到他的赐益。不过这些努力并未能得到完全成功。如果人们以拉德布鲁赫思想的独有特点加以审视,那么,编者所作的多处改动或增补均显示为与原文风格不同的异体文字。拉德布鲁赫的手本几乎没有提供任何具体的提示。本子中的行距都是空白的——除了少量文献提示和注解外(总共16处),而所有这些毕竟都出于1929年到1932年。因而,编者不得不对实在法部分自行斟酌取舍。但不管怎样,由于这是拉德布鲁赫去世以后的第一版,故它尊重了吕迪亚·拉德布鲁赫夫人的愿望,不作全面的整理,而只应把真正的拉德布鲁赫的导论置于新的立足点上。因而,编者在不涉及实在法内容而涉及法律政策评价时,始终把自己的个人看法置于古斯塔夫·拉德布鲁赫的观点之后。它所以不令我感到为难,是因为1929年拉德布鲁赫就此所写的话直至今日仍萦绕耳际,它给这部著作赢得了如此众多的朋友。

针对非实在法篇节,全面的保留首先对有关“法律与公正”(这是拉德布鲁赫本人注明的新题目)这一开始的部分和关于法学的这个部分来说是必要的。为了保持最初法哲学这章与拉德布鲁赫晚年的信念相一致,编者主要能够借助于这种方式,即把1949年出版的“法哲学入门”逐字加在适当的地方,以表明拉德布鲁赫开始抛弃“二元方法论”和“相对主义”。这些理论在他有关“法律的不公正和超法律的公正”，事物本质及作为他早期现象公正概念修正的人权等方面的意见中得以体现。如果这种努力不能如愿以偿——它们也许在某一部分不能完全达到拉德布鲁赫本人所设定的最终目的——则编者请求谅解。这也说明了书中注解——专业文献方面的提示——何以要适当地予以增加。第 2 页的格言和第 4 页的献辞乃依照古斯塔夫·拉德布鲁赫注明的愿望而作。

康拉德·茨威格特
（Konrad Zweigert）
1952 年 9 月于图宾根

附录五　第13版编者序言

以前各版遵奉的原则，即在最大程度上爱惜拉德布鲁赫著述的前提下设法将其重新整理，仍是我在本版中的准则。根据某种思路——从纯粹的进一步引导的说明出发——而对一开始法哲学一章加以补充的想法，我又一次放弃了。拉德布鲁赫的法哲学观点已有定论并且引起独立的，同时也是批评性的深入思考。它并非仅在我们这里，而且——或许更为强健——还在外国有生命力。所以，与其他法哲学思路，如与出于马克斯·舍勒（Max Scheler）和尼科莱·哈特曼（Nicolai Hartman）或出于胡塞尔（Husserl）和海德格尔（Heidegger）法哲学思路的一种对峙，可能会使年轻的读者轻率地为这种特有的深思熟虑所妨碍或迷惑。而在这方面，他或许也应该从拉德布鲁赫的“法哲学”中获得启迪。同样，结尾的一章也无须改动。教会法这章经过基本的重新整理，我非常衷心地感谢慕尼黑州教会署的格哈德·特罗格尔（Gerhard Troeger）先生，他对教会地位和国家教会法做了成功的阐释。第9版序言中我的所有其他想法都有最新的发展，即使它们在文中的渗透这次又进一步深入。近些年来各方面的改革在此也必须要予以反映。对学术批评和来自于读者方面的指教，我现在和将来都会感谢，即使它们与我仔细考虑过的相左。第13版是在1978年完成的,当年11月21日我们纪念古斯塔夫·拉德布鲁赫诞辰一百周年。为了使人们充分意识到拉德布鲁赫的思想是多么有影响和多么广泛地继续存在,我首次建议青年法学家们,当然不只是青年,去读读埃里克·沃尔夫(Erik Wolf)的论文——《古斯塔夫·拉德布鲁赫的生平与著述》(见古斯塔夫·拉德布鲁赫:《法哲学》,埃里克·沃尔夫/H.P.施奈德编,斯图加特出版社,第8版,1973年),或冈特·施彭德尔(Guenter Spendel)的《古斯塔夫·拉德布鲁赫——一个法学家的生平传略》(1967年)。在其诞辰一百周年之际,因一个简要而有同感的评价,我们得感谢阿道夫·劳夫(Adolf Lauf)的《真实、人道、正义——古斯塔夫·拉德布鲁赫》(见1978年"JUS"第657页及以下)。

就这版的文字版式,要感谢我的同事哈特穆特·迪特里希博士。我的助手马丁·沃尔夫也给予我指教并提出建议。

康拉德·茨威格特

(Konrad Zweigert)

1980年5月于汉堡

译　后　记

翻译古斯塔夫·拉德布鲁赫《法学导论》的念头最初萌生于1988年，当时译者正在德国进修。1991年在中国大百科全书出版社的《外国法律文库》首次编委会上，这部书作为推荐的翻译书目，得到了编委们的一致首肯。但未及动笔，译者已往澳门政府工作。这大概是此书迟至今日方才完成译事的主要原因。当然，此书内容涉及广泛，思想深邃，也是译笔难下的原因之一。时至今日，也只好以已尽了努力来自我解脱了。

值此译稿付梓之时，译者要向拉德布鲁赫文化遗产管理人、慕尼黑大学（Universität München）的阿图尔·考夫曼（Arthur Kaufmann）教授、汉堡马克斯·普朗克外国与国际私法研究所（Max-Planck-Institut für ausländisches und internationales Privatrecht）的海因·克茨（Hein Kötz）教授、科隆大学现代中国研究部（Universität zu Köln，Moderne China-Studien）的何意志教授（Robert Heuser），表达衷心的谢意。他们在对选题的肯定和支持，有关资料的提供及必要的翻译授权诸方面，给了译者以热忱和周到的宝贵帮助。此外，考夫曼教授在久病之中为本译著作序，实诚领其厚意。译者的老朋友何意志教授从始至终关心着本书的译事，并提出不少宝贵的指教。我们真的希望能以这部译作答谢所有关心我们译事的朋友和同行。

本书由米健译第一、二、三、十二章及附录的资料，朱林译第四—十一章；译后两译者进行了互校。在此，尤其应该提到的是，法学研究所谢怀栻教授严谨的学风和诚恳精到的指教，使本书的译事深得其益。现在的译文中，包含着谢先生的劳动与教益，谨向他表示尊敬和感谢。

译者

1996 年 4 月

修译后记

商务印书馆陈小文博士告知我拉德布鲁赫的《法学导论》被选入该馆的汉译世界学术名著丛书，令我大受鼓舞；转而征询先出此书的法律出版社朱宁女士意见，得其莞尔默许。感谢这两位主事人多年以来的支持和理解，特别是对这个译本的期待和耐心！当然，同时也要感谢两个出版社的编辑为此译作出版所付出的热情和劳动。

从我着手修订拉德布鲁赫《法学导论》到完成，时间居然过去了三四年，这是我起初完全没有想到的。不仅如此，修订这部篇幅并不算很大的译作的困难，也是我起初未能想到的。这项工作拖了如此之久，以至于它似乎都成了我的一块儿心病。正因如此，当我终于收笔束稿时，确实长舒了一口气，感到格外的轻松，又一次真切地获得了读书人久违的愉悦和满足。

这次修译事先征求了原译者之一朱林先生的意见，承蒙他同意完全由我处理此次修译的各项事宜。可惜的是，出于尊重修译者和校对者的辛勤工作，他坚持放弃在修订译本中署名，以至于最后只能尊重其意。尽管如此，这部译作仍包含有朱林先生的劳动与贡献是不言而喻的。

就修订工作本身而言，我首先要特别感谢沈建峰和袁治杰两位博士，他们在德国进修学习期间，对这部十几年前出版的译作做了认真、细致、严格的通读和校对。他们的认真负责让我感动，尽管我并没有全部接受他们的校订意见。让我吃惊的是，原译确有不达不雅之处。在沈、袁两位博士通读校订的基础上，我逐字逐句地根据德文原文对1997年的译本进行了通篇校译。此后我又与曾经留德学习，现在澳门科技大学执教的张清波博士和毕经纬两位年青学者进行了讨论，毕经纬还帮助我誊写了原译本的附录部分。韩光明和张国华两位博士在最后阶段又一次通读了译稿校样。我相信，经过此次修订，拉德布鲁赫《法学导论》的思想、观点和风格将会更清楚准确地传达给中文读者。

此次修订对确认为误译的，毫无保留地进行了改正；但在文字上，除非太过陋拙，原则上保持了原译。同时，沈、袁两位博士根据考夫曼主编的《拉德布鲁赫全集》给出的注释增加了一些译注，连同译者所加的注释，为方便起见，一并以"译者注"标出，以期帮助中文读者理解。另外，采纳商务印书馆马冬梅博士的建议，将原本放在译文之后的一篇文字"拉德布鲁赫的生平及其思想历程"提置于译文之前，或可有导读之用。2008年我在德国帕骚偶识布劳恩(Johann Braun)教授，欣喜地发现他是一个因拉德布鲁赫而确立自己人生职业方向，以拉德布鲁赫为榜样"肖像"的拉德布鲁赫迷。为使中国读者更进一步了解拉德布鲁赫这部著作在德国的影响及其意义，我请他写了篇序言。借此机会，向他们一并表示谢意。

此次修译虽然用去不少时间和精力，而且一段时间里的确成了一种精神压力，但当我最后结束这项工作后，却深感这种代价是值得的。这不仅在于整个译本的翻译质量会得到提高，而且还因为，在整个修译工作过程中，我又一次和一个思想者进行了思想的对话和灵魂的沟通，又一次让我走近了一个真正的学者和哲人，它使我的思想和灵魂又一次得到澄清和洗礼。拉德布鲁赫，他的思想与人格，不只是德国人的典范，而且还是中国人的典范，它们似乎与中国人和东方文化传统有着某种天然的接近。我想，这其中肯定有一种能以人性和心灵予以诠释的深刻原因。

米健，庚寅晚秋于澳门氹仔海洋花园

图书在版编目(CIP)数据

法学导论:修订译本/(德)拉德布鲁赫著;米健译.—北京:商务印书馆,2017
(汉译世界学术名著丛书:120年纪念版:珍藏本)
ISBN 978-7-100-14475-9

Ⅰ.①法… Ⅱ.①拉… ②米… Ⅲ.①法学 Ⅳ.①D90

中国版本图书馆CIP数据核字(2017)第154110号

汉译世界学术名著丛书
(120年纪念版·珍藏本)
法 学 导 论
(修订译本)
〔德〕拉德布鲁赫 著
米 健 译

商 务 印 书 馆 出 版
(北京王府井大街36号 邮政编码100710)
商 务 印 书 馆 发 行
北京新华印刷有限公司印刷
ISBN 978-7-100-14475-9

2017年12月第1版 开本710×1000 1/16
2017年12月北京第1次印刷 印张19¾
定价:98.00元